总体国家安全观框架下
制止资助非法行为国际法问题研究

INTERNATIONAL LEGAL ISSUES ON THE SUPPRESSION OF THE FINANCING OF ILLEGAL ACTS UNDER THE FRAMEWORK OF THE HOLISTIC APPROACH TO NATIONAL SECURITY

李嘉怡◎著

法律出版社
LAW PRESS·CHINA
北京

图书在版编目（CIP）数据

总体国家安全观框架下制止资助非法行为国际法问题研究 / 李嘉怡著. -- 北京 : 法律出版社, 2025.
ISBN 978-7-5244-0172-8

Ⅰ. D99

中国国家版本馆 CIP 数据核字第 20255EZ744 号

总体国家安全观框架下制止资助非法行为国际法问题研究
ZONGTI GUOJIA ANQUANGUAN KUANGJIA XIA ZHIZHI ZIZHU FEIFA XINGWEI GUOJIFA WENTI YANJIU

李嘉怡 著

策划编辑 班运华
责任编辑 孙英慧
装帧设计 苏 慰

出版发行 法律出版社
编辑统筹 编校部
责任校对 王语童 张翼羽
责任印制 吕亚莉
经　　销 新华书店

开本 A5
印张 10　**字数** 234 千
版本 2025 年 6 月第 1 版
印次 2025 年 6 月第 1 次印刷
印刷 北京虎彩文化传播有限公司

地址:北京市丰台区莲花池西里 7 号(100073)
网址:www. lawpress. com. cn
投稿邮箱:info@ lawpress. com. cn
举报盗版邮箱:jbwq@ lawpress. com. cn

销售电话:010-83938349
客服电话:010-83938350
咨询电话:010-63939796

书号:ISBN 978-7-5244-0172-8　**定价**:58.00 元

凡购买本社图书,如有印装错误,我社负责退换。电话:010-83938349

序　一

通过阅读《总体国家安全观框架下制止资助非法行为国际法问题研究》一书,你能够发现国际法和国际刑法中一些有趣的问题并愿意继续深入挖掘,就是它的意义。

该书以《制止向恐怖主义提供资助的国际公约》的规定为主线,从国际刑法的角度主要探索以下问题:恐怖主义和资助恐怖主义的关系是什么?资助恐怖主义行为作为恐怖主义犯罪的帮助行为,如何构成单独的犯罪?资助恐怖主义犯罪是否构成习惯国际法中的未完成犯罪?资助恐怖主义犯罪是否构成国际刑法中的未完成的犯罪?资助恐怖主义犯罪有何责任形式?在制止资助恐怖主义犯罪时,国家在公约下是否需要履行义务?具有官方身份的个人实施的资助恐怖主义犯罪,是否直接导致国家责任?该书对上述问题的探索有利于加深对《制止向恐怖主义提供资助的国际公约》的理解,以便将理论更好地应用在实践中。

当前,恐怖主义活动已从传统的暗杀、劫机,发展成为有组织的攻城占地,甚至成立了所谓"伊斯兰国",从个人或小团体的零星活动发展成为拥兵自重的非国家武装团体,已经成为国际和平与安全的重大威胁。所有这些,没有足够的财政资助是不可能实现的。作为打击恐怖主义的最有力方式之一，制止向恐怖主义提供资助的重要性日益凸显。《制止向恐怖主义提供资助的国际公约》为有效制止与预防资助恐怖主义行为提供了法律依据。该公约规定了单独犯罪、共同犯罪、间接共同犯罪、非完成的犯罪，还将资助以共同目的行事的团伙犯罪列为一级犯罪责任形态。

在关于习惯国际法的讨论中，该书提出，截至2019年7月，大约74%的联合国会员国已将为恐怖主义提供或募集资金的行为规定为国内刑事犯罪的要求。在关于未完成的犯罪的讨论中，该书根据公约的规定，认为资助恐怖主义犯罪的资金无须实际用于实施恐怖主义犯罪，因此即使在恐怖主义行为未实际发生的情况下，如果资助人存在提供与募集资金的行为且资助人具备将资金用于实施恐怖主义行为的故意或明知，即构成资助恐怖主义犯罪，这对制止与预防资助恐怖主义行为和恐怖主义行为均具有至关重要的作用。该书比较了普通法系国家与大陆法系国家国内刑法对未完成犯罪的规定、国际刑法中未完成犯罪的构成与分类、普通法系国家的未完成犯罪与我国刑法的未完成的形态的异同，辅之以学者观点和在《制止向恐怖主义提供资助的国际公约草案》谈判过程中国家代表的相关讨论，认为资助恐怖主义犯罪构成未完成犯罪，该论证具有一定的新颖性。

在《制止向恐怖主义提供资助的国际公约》下，国家有防止和制止在其境内的个人或组织实施或协助实施资助恐怖主义犯罪的义务和开展国际合作制止资助恐怖主义犯罪的义务，公约并未明确规定国家作为主体资助恐怖主义的刑事责任。但是，国家需履行公约义务，承担未能防止和制止个人或组织实施资助恐怖主义犯罪的责任，国家因违反公约的义务而承担的责任不具有刑事性质，但国家应承担相应的国家责任。

李嘉怡博士在荷兰莱顿大学读书期间，曾定期参加我在荷兰海牙举办的国际刑法的讲座。硕士毕业后，李嘉怡博士曾在位于海牙的联合国前南斯拉夫问题国际刑事法庭实习。实习期间，她积极协助Prlic案的上诉工作，并对临时释放、战争中保护文化财产、责任形式中的帮助与唆使犯罪和共同犯罪组合进行了研究，形成30余份研究报告。李嘉怡博士在中国政法大学就读博士期间，我指导她对"制止资助恐怖主义"、"对缔约国整体义务"（obligation erga omnes partes）、"普遍管辖权"、"或引渡或起诉"等相关国际法问题进行了较为全面的研究。

李嘉怡博士脚踏实地，不骄不躁，敏而好学，持之以恒。《总体国家安全观框架下制止资助非法行为国际法问题研究》一书条理清晰，论证丰富，全面地展示了国际刑法中的资助恐怖主义犯罪的具体问题。作者秉持常识，勇于实践，积极探索国际法上的新领域与新问题，并以善意解释国际法的精神，值得鼓励与发扬。

联合国国际刑事法庭余留机制法官

国际常设仲裁法院仲裁员

国际法研究院院士

序　二

第二次世界大战后,日益猖獗的恐怖主义犯罪对国际和平与安全构成严重威胁,引起了国际社会和各国政府的高度关切。为了防止和制止恐怖主义犯罪,联合国和其他国际组织主持制定了一系列国际公约,在打击恐怖主义犯罪方面取得了显著成效。由于必要的资金支持是恐怖主义犯罪的物质基础,因此,切断从事恐怖活动的组织和个人的资金来源对恐怖主义犯罪具有釜底抽薪的作用。因此,1999 年联合国大会通过了《制止向恐怖主义提供资助的国际公约》,使其成为制止资助恐怖主义犯罪方面最重要的国际法文件。

李嘉怡博士的《总体国家安全观框架下制止资助非法行为国际法问题研究》一书是她对博士学位论文进行补充修改后完成的一部学术著作。作者聚焦于资助恐怖主义犯罪这一特定的国际罪行,在广泛搜集资料和总结国内外最新研究成果的基础上对制止资助恐怖主义犯罪的有关问题进行了全方位的深入研究。该书兼具系统性、理论性和实践性,同时紧贴中国反恐融资的实际,其学术价值值得肯定。

首先,在系统性方面,该书全面阐述了建立在《制止向恐怖主义提供资助的国际公约》、联合国大会和安理会决议、区域性国际文件和金融行动特别工作组建议基础上的制止资助恐怖主义犯罪的现行国际制度，说明了恐怖主义和资助恐怖主义的概念以及资助恐怖主义犯罪的法律性质，并对资助恐怖主义的个人责任和国家责任进行了深入分析，特别是对制止资助恐怖主义犯罪的国际合作做了充分的论述。

其次，在理论性方面，该书通过对部分有代表性国家的立法、联合国大会的决议和各国政府立场的归纳总结，得出了制止资助恐怖主义犯罪属于习惯国际法的结论。同时，该书在对普通法系国家刑法和国际刑法中未完成犯罪的理论和实践进行研究的基础上，指出制止资助恐怖主义犯罪是一种不需要与目标犯罪的实施相联系的、独立于恐怖主义犯罪的未完成犯罪。此外，根据《制止向恐怖主义提供资助的国际公约》的规定，国家并非资助恐怖主义犯罪的主体，即使个人或组织资助恐怖主义的行为可以归因于国家，也不能追究国家资助恐怖主义的责任。在国际法上，国家只承担未防止和制止个人或组织资助恐怖主义犯罪的责任，国家违反公约义务的责任不具有刑事性质。该书显然具有一定的理论研究价值。

再次，在实践方面，该书采取案例研究的方法，通过引用国内和国际刑事司法机关的案例，论证了《制止向恐怖主义提供资助的国际公约》规定的实施资助恐怖主义犯罪、以共犯身份参加犯罪、组织或指使他人犯罪、协助以共同目的行事的团伙实施犯罪等责任形式。特别是引用国际法院对乌克兰诉俄罗斯违反《制止向恐怖主义提供资助的国际公约》案的判决，说明了国家在防止和惩治资助恐怖主义方面的义务和责任：国家有义务把资助恐怖主义行为定为国内法中的犯罪；国家违反《制止向恐怖主义提供资助的国际公约》规定的防止和制止资助恐怖主义犯罪的义务将导致国家责任。

最后，打击恐怖主义和资助恐怖主义犯罪是中国涉外法治建设的重要组成部分，也是推动构建人类命运共同体的重要环节。该书紧贴中国反恐融资的实际,全面阐述了中国加入《制止向恐怖主义提供资助的国际公约》和其他有关公约及国际组织的情况与打击资恐犯罪的国内法律制度、组织机构和司法实践,特别是对制止资助恐怖主义犯罪国际合作中的反洗钱、引渡和司法协助、收益处理等制度做了充分的分析论述,在肯定已有成效的同时提出了进一步完善的建议。

李嘉怡博士曾于2017年在位于海牙的联合国前南斯拉夫问题国际刑事法庭实习,在刘大群法官的指导下参与了法庭工作,具有国际法庭工作的实践经验。后来,她有幸成为刘大群法官作为中国政法大学特聘教授招收的第一名博士研究生。由于刘法官工作繁忙,我也参与了对她专业课程学习和博士论文写作的指导工作。李嘉怡博士为人诚实谦虚,行事大方得体,学习认真努力,持之以恒,且英语水平极佳,具有很强的学术研究和写作能力。此书对制止资助恐怖主义犯罪问题的研究无疑处于国内领先地位,具有重要的学术研究和实践参考价值,值得推荐。

是为序。

马呈元

2024年12月22日

目　录

第一章　概　述

总体国家安全观为实现和平与发展、推动世界普遍安全提供了科学指引。在总体国家安全观的指导下,我国多层面和各领域的安全问题得以统筹规划、综合应对。总体国家安全观涵盖的重点领域,既包括政治安全、国土安全、军事安全等传统安全领域,也包括经济安全、社会安全、网络安全、资源安全等非传统安全领域。其中,制止资助非法行为[①]作为维护我国国土安全和社会安全的重要方面,体现了我国的核心国家利益。因此,必须以健全的法治体系为依托,实质性保障该领域的安全与规范运行。

为全面深入地研究国际法上的资助恐怖主义犯罪,第一,本章将阐述恐怖主义形成、发展及国际社会对恐怖主义的定义难以达成一致的原因,尝试

① 本书所指"制止资助非法行为"应狭义理解为《制止向恐怖主义提供资助的国际公约》中规定的制止向恐怖主义提供资助的行为。

界定恐怖主义犯罪并分析恐怖主义犯罪的构成要件;第二,依据《制止向恐怖主义提供资助的国际公约》(以下简称《制止资恐公约》)的规定,分析资助恐怖主义犯罪的相关术语和犯罪构成要件;第三,归纳与整理制止资助恐怖主义犯罪相关的国际文件,为系统全面地认识资助恐怖主义犯罪提供基础。

第一节 国内外研究现状

截至 2023 年 1 月 10 日,中国知网搜索“反恐融资”共 16435 条结果;搜索“资助恐怖主义”共有 430 条结果;搜索“金融反恐”共有 554 条结果,其中搜索“金融反恐法律制度”共有 427 条结果;搜索“恐怖融资犯罪”共有 98 条结果。① 截至 2023 年 1 月 10 日,通过谷歌学术搜索“financing of terrorism”共有约 368000 条结果。② 虽然围绕本选题的相关研究较多,但实际上大量的研究集中在 1999 年通过《制止资恐公约》后,尤其是 2001 年 9 月 11 日美国遭恐怖袭击后,因此,本书主要集中收集与整理了 1999 年至 2023 年的文献。本书的参考文献包括著作、译著、中文期刊论文、外文期刊论文、国际法院和法庭判例及网站资料。

一、国内著作

中国国家图书馆收藏与恐怖融资相关的专著至少 23 部,国内对

---

① 本书中使用的“反恐融资”、“金融反恐”与“资助恐怖主义”含义相同。由于《制止资恐公约》使用“向恐怖主义提供资助”,因此,本书大多使用“资助恐怖主义”。在文献综述部分,为和研究作者保持一致,有时会交替使用“反恐融资”和“金融反恐”。

② 中国知网,https://kns.cnki.net/kns8/defaultresult/index,2023 年 1 月 10 日访问。

于资助恐怖主义问题研究的专著较多,但主要集中于经济学领域。刘磊、谢玉科2022年的《反恐怖融资战略体系研究》中以经济学作为理论基础,结合国际反恐融资的机制,为我国建立更加完善的反恐融资机制提供了分析思路。王宝运2020年的《反洗钱和反恐怖融资理论与实践》从反恐融资的理论基础、国际规则、我国反恐融资的法律制度、金融机构反洗钱和反恐融资内部控制与风险管理等多方面多角度分析了反恐融资行为。王永宝2019年编著的《反洗钱与反恐怖主义融资教程》系统地介绍了资助恐怖主义行为的理论与实践。张成虎2016年的《反洗钱与反恐融资》主要从经济学角度出发对打击资助恐怖主义策略进行了研究。王宝运2015年的《反洗钱、反恐融资政策与实践》介绍了反恐融资的概念、理论基础和国际框架。蒂姆·帕克曼的《精通反洗钱和反恐融资:合规性实践指南》从反恐融资的国际框架、反恐融资合规性管理的角色定位和反恐融资国际合作角度为从业人员提供了帮助。李东荣2013年主编的《FATF建议反洗钱/反恐怖融资合规性及有效性评估方法》分析了金融行动特别工作组(Financial Action Task Force on Anti-Money Laundering,FATF)反洗钱和反恐融资的评估标准、各项目标、指标和数据。童文俊2012年的《恐怖融资与反恐怖融资研究》主要从资金募集、资金转移的角度对资助恐怖主义行为的形成和一般规律作了综合分析。杜金富2011年主编的《银行业反洗钱与反恐怖融资培训手册》为银行业打击资助恐怖主义行为提供了指引。理查德·普拉特2008年编、王燕之审校的《反洗钱与反恐融资指南》收集了17位反洗钱专家学者的学术论文以指导监管资助恐怖主义行为。上海大学法治建设与法学理论研究部级课题组2008年的《金融反恐趋势与对策——以指标检测法分析》阐述了金融反恐检测指标的建立与分析、金融反恐的趋势、完善建议和案例分析等内容,系统论述了金融反恐的趋势和应对策略。此外,中国人民银行反洗钱局分别于

2021年、2020年、2019年出版的《金融行动特别工作组年度报告及最新标准指引》是对FATF 2019年至2020年、2018年至2019年、2015年至2016年年度报告的编译。刘向民、郝敬华2019年的《金融行动特别工作组年度报告及洗钱/恐怖融资类型研究报告:2015—2016》是对FATF 2015年至2016年年度报告的编译。冯菊平、刘争鸣2012年的《金融行动特别工作组年度报告及洗钱/恐怖融资类型研究报告:2009—2010》是对FATF 2009年至2010年年度报告的编译。刘争鸣等2011年的《金融行动特别工作组年度报告及洗钱/恐怖融资类型研究报告》是对FATF 2008年至2009年年度报告的编译。唐旭、刘争鸣2010年的《金融行动特别工作组反洗钱/反恐怖融资指引与最佳实践》是对FATF 2007年至2008年年度报告的编译。

关于国内专门对制止资助恐怖主义的法律制度的研究,唐彬彬2020年主编的《反洗钱和反恐怖融资法律制度实用手册》主要是对国际和我国反洗钱与反恐融资法律制度的汇编。王沙骋2019年主编的《世界金融反恐研究》分两编介绍了世界主要国家的反恐融资情况。费袁伍、苑士威2017年的《〈关于完善反洗钱、反恐怖融资、反逃税监管体制机制的意见〉及政策解读》是对我国制止资助恐怖主义犯罪的法律文件的汇编与解读。杜金富2013年主编的《部分国家(地区)反洗钱/反恐融资规定选编》系统分析了欧盟、美国、澳大利亚、中国香港和中国台湾的反恐融资规定。可见,国内对于资助恐怖主义行为的研究主要集中在经济学领域,对于资助恐怖主义行为的法律制度主要是从比较法的角度出发,着重比对分析了各国(地区)打击资助恐怖主义犯罪的立法与实践,对于国际法上的资助恐怖主义犯罪的法律制度的系统性研究较少,需加强研究的广度与深度。

二、国外著作

国外研究资助恐怖主义的专著很多。迈克尔·龙奇科夫斯基2021年的《恐怖主义和有组织的仇恨犯罪：情报收集、分析和调查》全面涵盖了与恐怖主义相关的执法部门对反恐情报监管时涉及的问题。多伦·金巴斯特2020年撰写的《全球反恐融资和软法》解释了打击资助恐怖主义的必要性，介绍了联合国安理会与各组织的法律文件，结合193个国家的实践，对全球打击资助恐怖主义犯罪的法律作了综合介绍。娜塔莉·雷贝2020年的《打击资助恐怖主义：国际最佳实践和法律》审查了各国打击资助恐怖主义犯罪的法规和政策的优缺点，促进各国在报告、信息交流和收集以及执法方面加强合作。本·索尔2020年主编的《国际法和恐怖主义研究手册》第七部分专门讨论了资助恐怖主义相关的问题。安妮·伊莫博斯特格·哈维2019年的《反洗钱与反资助恐怖主义法律与政策——以澳大利亚为例》一书指出，打击资助恐怖主义犯罪可能存在侵害个人的基本权利和自由、对官方机构的司法审查减少、缺乏对打击恐怖主义的法律审查等问题，通过对澳大利亚的反资助恐怖主义的立法和案例的深入研究，有助于国家探寻反资助恐怖主义的前进之路及其对民主的影响。费宾·泰希曼等2018年的《跨国公司的合规性：贿赂、洗钱、恐怖融资和制裁中的商业风险》对100位专家进行了访谈，从实践层面指导从业人员。科林·金等2018年的《帕尔格雷夫刑事和恐怖融资法手册》主要介绍了资助恐怖主义法律、反恐融资的总体情况及慈善机构的治理等问题。金伯利等2018年编辑的《恐怖犯罪组织：通过有组织犯罪资助恐怖主义》主要讨论了恐怖活动组织的犯罪。科林·克拉克2015年的《资助恐怖主义、叛乱和非常规战争》分析了恐怖活动组织的资金来源、方式及应对。维伟克·查达2015年撰写的《恐怖主义的命脉：反恐融资》分析了资助恐怖主义行为的资金来源、面临的挑战、打击资助恐怖主义行为的国际标准和打击资助恐怖主义行为的策略。罗伯特·迪里额 2013 年的《在国际法中重新思考洗钱和资助恐怖主义》对洗钱、资助恐怖主义的相关国际法及人权问题进行了分析。

维克多·拉姆拉吉等 2012 年主编的《全球反恐法律和政策》中,凯文·戴维斯撰写的反恐战争一章关注了资助恐怖主义犯罪。蒂姆·帕克曼 2012 年撰写的《掌握反洗钱和反恐融资》包含资助恐怖主义的概念、法律框架、客户尽职调查、信誉风险、识别和国际合作等内容。贾耶什 2012 年的《恐怖融资、洗钱和逃税:金融情报机构的绩效检查》介绍了恐怖主义犯罪的资金来源、资金转移、使用平衡计分卡进行绩效衡量和风险管理及改善打击金融犯罪的方法等内容。雷切尔·埃伦费尔德 2011 年的《资助邪恶:如何资助恐怖主义——以及如何制止它》涉及恐怖活动组织的基本情况与资金来源及未来的改变方向。蒂莫西·维蒂希 2011 年的《了解资助恐怖主义》以连贯且系统的方式解释了恐怖融资,为更好地理解个人或组织实施的资助恐怖主义行为提供了基础。乔迪·维托里 2011 年撰写的《恐怖融资和资源》包括恐怖活动组织的资金来源、资助恐怖主义的演变、跨国恐怖主义、国家赞助的组织和跨国公司等内容。威廉·吉尔摩 2011 年撰写的《赃款:打击洗钱和资助恐怖主义的国际措施的演变》旨在为负责打击洗钱和资助恐怖主义问题的监管机构、银行、非银行金融机构、律师和会计师等专业人士提供参考。埃米尔·范·德和德·维勒布瓦 2010 年的《非营利组织和打击恐怖主义资助——相称的反应》指出恐怖活动组织募集和转移资金的方式之一是利用非营利组织进行资金转移。阿维·约里奇 2009 年撰写的《被污染的钱:我们正在输掉洗钱和恐怖融资的战争吗?》指出预防、识别和执行的措施对于打击资助恐怖主义行为同等重要。托马斯·比尔斯特克和苏·埃克特 2008 年主编的《打击资助恐怖主义》包含三部分，主要关注了恐怖活动组织、资金的募集和流动、应对资助恐怖主义的策略。简2006年的《制止资助恐怖主义和反洗钱》主要分析了打击资助恐怖主义和反洗钱的国际标准的演变和实施。保罗·艾伦·肖特2006年主编、由世界银行出版的《反洗钱和打击资助恐怖主义的参考指南》主要分为三部分，包括问题的提出与国际社会应对、构建有效的打击资助恐怖主义的措施、世界银行和国际货币基金组织的角色。马克·佩斯2002年的《资助恐怖主义》筛选了与资助恐怖主义相关的六篇文章。可见，国外专著已对有关打击资助恐怖主义行为的立法、执法、有效性，对资助恐怖主义行为的应对方式等问题进行了分析，也对各国打击资助恐怖主义犯罪的整体情况进行了合规性分析；但都限于对资助恐怖主义的综合介绍，并未深入分析资助恐怖主义犯罪的个人刑事责任、国家责任以及国际合作中的具体问题。

三、国内外学术论文

国内与国外有关资助恐怖主义行为的学术论文非常丰富。①

关于打击资助恐怖主义行为的综合分析。利莫迪·奥尼古拉2022年调查了资助对恐怖袭击的影响，并指出在给定地点和时期内，资助的金额越高，在同一地点和时期会产生更多的恐怖袭击。戴维斯·杰西卡2022年将打击资助恐怖主义的政策方法分为七种，其中最主要的方法是将资助恐怖主义规定为犯罪和金融制裁。罗查·因马库拉达·马雷罗2022年通过研究打击恐怖融资对全球恐怖活动组织演变的影响，分析了犯罪与资助的关系。王剑波2020年指出金融反恐的主要措施包括打击与预防两类。谢兴林2020年分析了在互联网金融背景下恐怖融资的特征。古达和阿纳斯2019年

① 以下学术论文的文章名称、刊物名称等信息见参考文献。

调查了腐败机制和法治对资助恐怖主义的影响,研究证明良好的制度对于阻止资助恐怖主义犯罪的重要性。伊琳娜·施特耶娃·沙普切夫斯基2017年分析了恐怖活动组织的资金来源,并提出移民问题是打击恐怖主义的薄弱环节。同样,赵繁2017年指出了打击资助恐怖主义行为能有效打击恐怖主义行为的发生。拜萨加托娃·戴安娜·别克博拉托夫娜2016年探讨了打击资助恐怖主义和极端主义的国际标准的问题。菲利普科夫斯基·沃伊切赫2016年介绍了国家和国际层面打击资助恐怖主义的体制框架。艾门·迪安2013年评估了国际社会对资助恐怖主义威胁的反应。郝琦2013年分析了恐怖融资的概念、资金来源,并为全球打击恐怖融资提供建议。谢胡·阿卜杜拉什2012年主张金融包容性、有效的反洗钱和打击资助恐怖主义相辅相成。比卡·瑞纳文2011年指出由于新技术的发展,洗钱行为和资助恐怖主义行为对金融系统的稳定性构成了威胁。列维·迈克尔2010年描述了反恐政策向预防的转变。巴雷特·理查德2009年关注了2001年9月11日袭击事件后打击资助恐怖主义的法规的发展。世界银行2009年的《工作手册6》是专门针对打击资助恐怖主义犯罪的措施。王文华2008年指出了国际金融反恐的措施应符合人权保障理念。袁达松对国际上打击洗钱和资助恐怖主义的措施进行了整理。潘林君2007年主张通过反洗钱合作打击恐怖主义行为。麦卡洛克·裘德2006年在反恐战争背景下对先发制人刑事司法框架的转变进行了描述和分析。菲利普2005年指出与实施恐怖活动的个人的金融交易可能是计划中或即将发生的恐怖袭击的重要指标。麦卡洛克和裘德2005年重点进行了替代性汇款或非正式银行系统的案例研究。宋利红2003年分析了反恐部门金融反恐对策。国际货币基金组织2003年记录了《制止资恐公约》立法的准备工作文件。简·马克2003年提出了一个初步但全面的恐怖主义定义。

关于资助恐怖主义的法律制度的研究。塔斯尼姆·安华等2023年分析了来自荷兰和英国的案件诉讼程序,基于后殖民主义,研究了法庭如何审理资助恐怖主义行为的心理要件。康蕊2022年梳理了自1997年《刑法》实施以来我国有关规制恐怖融资行为的刑事立法,明确在规制恐怖融资行为中刑法应保护的法益。刘大群法官2020年指出没有资金的支持,恐怖主义行为不可能持续很长时间,文章详细讨论了《制止资恐公约》中的个人刑事责任和国家责任的问题,并主张将《制止资恐公约》第2条第5款所列的除未遂外的所有规定都视为对于责任形式的规定,同时主张资助恐怖主义犯罪本身构成未完成的犯罪。文章还指出《制止资恐公约》缔约国具有防止资助恐怖主义犯罪的义务,因此,缔约国有不为恐怖主义提供和募集资金的义务,并对任何违反这一义务的行为负责。克里莫夫·阿蒂克2020年分析了现代风险管理的主要问题及在打击洗钱和资助恐怖主义方面的有效性。哈米德·托方萨兹2018年分析了《制止资恐公约》通过的背景以及谈判历史,具体讨论了公约在起草阶段的两个问题:第一,如何界定恐怖主义、恐怖主义行为和恐怖活动组织及与之相关的资助问题;第二,如何将资助这一犯罪准备阶段的行为单独定罪。梁立峥等2018年分析了国际社会对反恐融资的法律规定和英、美、俄的立法和实践,梳理了我国反恐融资的实践并提出完善措施。李颢骅2013年提出了打击恐怖融资应当适用的刑事政策的理论依据和具体方式。王俊2009年指出了应进一步明确恐怖主义概念,促进金融机构和监管部门加强合作。黄卓昊2008年指出了应通过"反洗钱立法打击恐怖融资"。薛亮2006年指出了我国应完善立法,建立独立的金融情报机构,健全交易报告制度,完善银行开户制度。安东尼2001年指出了两个问题,即资助恐怖主义犯罪的范围和如何惩治参与资助恐怖主义的法人。罗伯托2000年指出了《制止资恐公约》的一些条款可能需要法庭在判决中进行进一步解释。

关于资助恐怖主义犯罪中的资金识别方法的研究。泰希曼2022年分析了恐怖主义资助人获取和转移金融资产的特定的低风险方法。维维克2022年分析了恐怖活动组织与实施恐怖活动的个人如何获得资金并达成恐怖主义目的。阿克拉姆和图巴2022年提出用股票市场变量来识别资助恐怖主义的收益,从而进一步识别资助恐怖主义行为。阿拉托雷·南希·加布里埃拉2022年通过对非法金融服务提供商和专家学者进行的30次半标准化专家访谈,查明了预防机制中的漏洞。罗查和约瑟夫2021年提出了使用神经网络和异常指标综合模型以检测金融系统中与洗钱和恐怖主义融资相关的可疑交易。莫尔斯·朱莉娅2019年介绍了国际组织如何使用全球绩效指标,通过跨国市场的压力来推动政策变化。台希曼·法比安2020年指出反洗钱和反恐融资机制很容易被规避,因此应为银行制定预防机制。埃克特等2019年建议单纯以定量研究不足以分析现有打击资助恐怖主义行为的政策,而应借助全面的收支分析。欧文·安吉拉和吉尔等2014年指出了虚拟环境和虚拟货币构成洗钱和资助恐怖主义的威胁。安德鲁2009年指出了手机金融服务、网上银行和支付服务、数字货币等新技术的工作原理及各国处理各类新支付方式时面临的挑战。以上方法都是通过识别和评估风险将合法的金融活动与资助恐怖主义行为予以区分。

关于资助恐怖主义行为的资金的来源、渠道、流通、转移的研究。童文俊2012年指出了互联网背景下的恐怖融资的特点。迈克尔2011年通过理论确定了评估不同的恐怖主义资金来源的标准。靳锐2011年提出了我国反恐融资工作应"完善立法、重视金融信息的作用、加强恐怖融资类型研究、加强部门间反恐合作"。库尔奇2002年通过讨论哈瓦拉系统的发展,评价了其对经济产生的影响和监管问题。总的来说,恐怖主义行为的资金来源主要包括国家赞助、非法活动所得、合法活动所得和慈善捐赠四种，资金通常是通过合法的企业和机构（例如非政府组织）以及各种慈善机构提供或转移给恐怖活动组织和实施恐怖活动的个人的。

关于资助恐怖主义行为与洗钱行为的关系的研究。童文俊2012年指出了“恐怖活动组织和洗钱具有天然联系”。刘慧明2012年指出了在恐怖融资中，洗钱犯罪与恐怖主义犯罪具有极强的关联性。黄卓昊2008年指出了“金融反恐与反洗钱不能完全等同，应针对恐怖融资犯罪自身的特点加强金融反恐立法的资金追踪功能”。可见，资助恐怖主义行为和洗钱行为之间的关系十分密切。

关于金融机构、从事金融服务的其他行业、非营利组织打击资助恐怖主义犯罪的研究。付姝菊2022年主要考量了“附条件的匿名、有保障的技术安全、国内机构的职能优化等措施对于寻找规制反恐怖融资的金融监管路径具有理论和现实意义”。范·布罗克霍芬·利亚和哥斯瓦米·桑吉塔2021年讨论了多方利益相关者对话过程。恩杜卡和布诺伊曼纽尔等2021年调查了西非国家经济共同体成员国如何监管指定的非金融行业中的漏洞。宋伟锋2020年提出了在“一带一路”视域下对恐怖融资的监管。舒铭2019年指出，为了有效预防非营利组织恐怖融资犯罪，“一方面要在募集阶段中具体认定恐怖组织实力控制非营利组织，另一方面在转移阶段要对非营利组织资金的往来加强监测”。兰立宏等2019年指出应明确虚拟货币的虚拟资产性质，形成监管合力。达里特里·德维迪2011年指出，非营利组织和慈善机构被视为全球反洗钱和打击资助恐怖主义的薄弱环节。冯怡2011年指出，“我国特定非金融行业反洗钱工作尚未启动，应该尽快出台与《反洗钱法》配套的法规，防范洗钱和恐怖融资风险”。西姆瑟·杰弗里2011年指出了可以通过改进打击资助恐怖主义的系统以降低金融机构的成本和风险，并在可操作的情报和用于推进该目标的机制之间寻求平衡。哈杜安·帕特里克 2009 年指出,需要建立以反恐网络和合作战略为基础的公私伙伴关系,以使国家和私营部门更有效地遵守国家立法要求。霍尔德和威廉 2003 年讨论了国际货币基金组织打击资助恐怖主义犯罪的三项具体举措。

关于制止资助恐怖主义犯罪相关的新技术发展的研究。普拉克西·基里尔 2020 年基于当前流行的图数据库管理系统中的信息安全问题,分析了大数据处理洗钱和恐怖融资刑事案件生成过程中创建信息的问题。安德里亚诺娃·阿纳斯塔西娅 2019 年对资助恐怖主义行为的主要资助方法进行了评估。普拉克西·基里尔 2018 年探讨了应用大数据对金融调查数据进行分析的可能性和优势。列维 2010 年审查了通过正式金融系统控制资金流向指定恐怖活动组织的措施,主张对打击资助恐怖主义和核扩散的措施采取更合理的评估指标。对大规模毁灭性武器扩散融资的研究见于飞 2016 年撰写的博士学位论文。

关于联合国、欧盟、FATF 打击资助恐怖主义犯罪的研究。帕夫利迪斯·乔治 2021 年审查了 FATF 的特征。乌纳尔·塞菲廷等 2021 年用描述性和系统性的方法对 15 名专家进行了半结构化访谈并进行分析,指出打击资助恐怖主义犯罪对于打击恐怖主义犯罪十分重要。格洛托夫 2020 年介绍了欧盟和欧盟成员国通过评估风险、制定和实施旨在打击在犯罪活动中使用加密资产的措施,降低洗钱和恐怖融资风险的法律措施。科斯特和哈罗德 2020 年指出了修订规则、加强监管、支持跨境合作的机制等完善策略。贾亚塞克拉·西西拉·达玛斯里 2018 年指出特定国家的收入水平与反洗钱和打击资助恐怖主义的有效性水平呈正相关。孙陵霞等 2017 年分析了不合作国家和地区黑名单制度的产生原因和评估方式的变迁,黑名单制度取得的成绩、存在的问题及对我国的启示。金雅·史蒂芬 2015 年评估了欧盟与 FATF 的合作。布尔佐斯卡等 2011 年通过对欧盟反恐政策中的有效性和效率研究,指出有效性的评估影响了反恐融资。托尼·简等 2007 年讨论了对非国家行为者适用联合国安理会第 1267 号和第 1373 号决议的困难。维切克·威廉 2006 年通过分析 2005 年 9 月欧洲初审法院关于打击资助恐怖主义而采取措施的案件,指出了需要进一步研究对欧盟居民实施金融制裁而对人权方面造成的影响。

关于各国或地区的打击资助恐怖主义法律与实践的比较研究。西尔维亚 2022 年分析了东南亚国家打击资助恐怖主义的转型和挑战。法玛基·鲁皮尼 2021 年指出,恐怖活动组织通过开采自然资源为开展活动提供资金,并分析了“伊斯兰国”在叙利亚和伊拉克的案例。纳希姆和穆罕默德 2020 年指出,阿联酋不断发展的金融网络已创建了一个全球货币转移链,为反洗钱和打击资助恐怖主义犯罪提供了保障。特卡奇·尼科拉 2020 年指出,国家金融控制和审计体系在预防资助恐怖主义犯罪方面的作用,并着重强调了乌克兰在打击资助恐怖主义犯罪方面的实践。黎宜春 2017 年比较了中国与东盟国家反恐怖融资刑事立法现状,认为中国与东盟国家已具备了开展打击资助恐怖主义犯罪的国际司法合作的法律基础。库珀·凯伦 2016 年介绍了英国反恐立法和实践,评估了预期和结果间的差异。奥斯曼·拉迪亚 2014 年指出中断资金流动比冻结账户更为重要。程昉 2011 年指出美国反恐融资执法为我国刑事打击恐怖融资提供了经验。丘库梅里·安德鲁 2006 年为实现法律一致性的目标提出了建议。此外,国际货币基金组织对各国打击洗钱与资助恐怖主义行为的整体情况提供了国别报告,FATF 也提供了详细的各国打击洗钱与资助恐怖主义行为的互评报告。

关于我国打击资助恐怖主义的立法与实践的研究。陈娇等 2021 年指出,在推进人类命运共同体的背景下,中国也贡献了自己的力量打击资助恐怖主义犯罪。肖欢 2020 年指出,我国打击恐怖主义融资犯罪起步较晚，实践经验少。国际货币基金组织2019年阐述了截至2018年7月27日中国实施的打击洗钱和打击资助恐怖主义的措施。付炜2018年指出应当将我国《刑法》第120条之一的罪名修订为恐怖融资罪。刘磊2017年从定义、恐怖融资的基本情况、与洗钱的关系、机制措施四方面进行了研究综述。吴光升2017年提出设置“反向洗钱罪”。范玉民2016年指出我国《反恐怖主义法》未对反恐融资作详尽要求、区域间沟通协作不畅等问题。皮勇等2015年指出现行法律规定对煽动实施恐怖活动罪的法定刑等设置不足。刘凡2013年指出我国反恐融资法律规定存在的主要问题。胡小平2012年指出“我国应建立符合国际标准的反恐融资法规体系，构建国家反恐融资法律执行机制”。莫洪宪2005年指出我国政府高度重视金融反恐，有利于减少未来发生恐怖袭击的可能性。

就完善我国打击资助恐怖主义犯罪制度而言，张博隆2019年指出我国应“完善立法、健全部际联席会议机制、积极参与国际合作、寻求技术支持和充分利用公安机关的情报资源”。刘磊2018年基于马克思主义基本观点与经济学的基础理论，比较分析了国际组织和部分发达国家反恐融资的实践，对我国相关的政策提出建议。兰立宏2018年指出完善我国反恐融资刑事法律应同时加强国际金融情报信息共享交流、国际定向金融制裁等国际合作。史改莹2018年指出《刑法修正案（九）》在立法方面对恐怖活动犯罪刑罚处置过于前置。陈大尉2017年从资助恐怖主义犯罪的概念、犯罪构成以及行为特征等角度对犯罪的防范策略进行阐述。陈振云2017年指出通过加强非金融领域立法、加强金融情报机构的作用、加强信息和情报共享等方面，完善我国的反恐融资法律制度。朱作鑫2016年通过分析恐怖融资的趋势，并从组建专门机构、构建监控网络和加强国际合作方面分析了我国的应对策略。黎宜春2015年指出“从反恐融资国际标准的角度分析认定资助恐怖活动罪的关键”。李春2015

年指出“以洗钱犯罪和资恐罪为代表的法律控制的价值体现和制约因素,并从构建法律控制体系、完善行政监管机制、提倡共赢的国际合作理念提出防止恐怖融资犯罪的完善路径”。范万栋2014年指出“应加强对涉恐人员账户的监控、加强对非正规资金汇兑系统的管控、加强重点地区旅客携带现金出入境查控工作”。童文俊2012年主张“反洗钱与反恐融资的主要违规制裁制度包括民事罚款、刑事处罚、其他制裁措施和公布制裁”。黎宜春2010年指出应“根据国际标准,对资助恐怖主义的行为犯罪化、冻结和没收恐怖主义资产”。何萍2008年以FATF评估报告为基础,指出未来应完善的措施。史振郭2003年从刑法理论分析了“资助恐怖活动犯罪的概念、特征、认定及其适用范围,并指出了完善建议”。另外,“基地”组织资金的募集情况和特点见方金英2002年及徐方2009年的研究。

总之,《制止资恐公约》通过时间较晚,国际法院与法庭对其适用和解释较少,资助恐怖主义犯罪的法律性质、个人刑事责任、国家责任以及国际合作中的具体问题在理论和实践层面都很重要,但尚无系统和深入的研究。最为相关的研究是刘大群法官撰写、2020年由剑桥大学出版社出版的《战争资助者的国际刑事责任》中所载的《论资助恐怖主义行为的刑事责任——基于〈制止资恐公约〉分析》和哈米德·托方萨兹2018年撰写的《资助恐怖主义的刑事立法:从理论到实践》。两篇文章分别对国际法上的资助恐怖主义犯罪的个人刑事责任和国家责任、资助恐怖主义犯罪的法律性质等方面进行了详细分析,为本书的写作提供了一定的参考。

第二节 恐怖主义概述

一、关于恐怖主义

(一)产生与发展

当代所指恐怖主义自古有之。有学者认为,恐怖主义最早可以追溯到古罗马时期的凯撒大帝遇刺事件或我国西汉时期司马迁在《史记·刺客列传》中记载的谋刺活动。① 一般认为,现代意义上的"恐怖主义"一词来源于法语"terreur",最早为法国大革命期间雅各宾派所广泛使用。起初雅各宾派的领导人马克西米连·罗伯斯庇尔将恐怖主义与正义、美德等联系在一起,代表一种积极的含义,但雅各宾派采取恐怖统治,致使18000至40000人被处以极刑。② 热月政变后,雅各宾派采取的恐怖统治使得恐怖主义变为贬义词。如今,"恐怖主义"一词带有明显贬义。③ 19世纪末至20世纪中叶发生了三起严重的恐怖主义刺杀活动,包括1881年俄国沙皇亚历山大二世遭暗杀、1914年"萨拉热窝事件"中奥匈帝国王储斐迪南遇刺、1934年10月9日南斯拉夫国王亚历山大一世与法国外长巴尔都在马赛被马其顿内部革命组织成员开枪暗杀,引起了民众对恐怖主义的关注。

1934年暗杀事件后,经法国提议,1937年,27个国家的代表在

---

① 参见阮传胜:《恐怖主义犯罪研究》,北京大学出版社2007年版,第2页。

② 参见王沙骋主编:《世界金融反恐研究》,中国人民公安大学出版社2019年版,第62页。

③ 恐怖主义是指"使用暴力、威胁或其他恐吓手段,在公众中制造恐怖气氛以达到某种政治目的的犯罪"。参见马呈元:《国际刑法论》(增订版),中国政法大学出版社2013年版,第642-643页。

日内瓦签署了《防止及惩治恐怖主义公约》,即使该公约最终没有生效,也为其他部门性的恐怖主义公约以及联合国大会、联合国安理会决议的通过奠定了基础。1988 年,"基地"组织成立并从事一系列恐怖主义行为。上述事件推动联合国安理会通过了多项关于打击恐怖主义的决议。1994 年阿富汗塔利班兴起,由于其炸毁巴米扬大佛、以残忍手段处死默罕默德·纳吉布拉、为乌萨马·本·拉丹提供庇护等,与塔利班相关的个人及实体被联合国安理会制裁。2001 年 9 月 11 日"基地"组织制造了骇人听闻的"9·11"恐怖袭击事件,造成近 3000 人遇难和大额的经济损失,引起了全世界人民对恐怖主义的关注。21 世纪初,"伊斯兰国"变得活跃,欧洲发生的一系列恐怖主义事件被证实与其有关。

各国正面临着恐怖主义的长期威胁,而厘清恐怖主义产生和发展的根源是打击恐怖主义的必要前提。恐怖主义的产生和发展有政治和经济、意识形态、文化和宗教、武装冲突、全球化和现代化等原因:(1)对政治、经济的不满情绪可能滋生恐怖主义。例如,政治制度缺乏连续性或政权不稳定,可能助长恐怖主义的发展。① 贫穷国家比经济富裕国家更容易遭受恐怖主义威胁,经济增长和繁荣有助于降低恐怖主义发生的频率。② 斯坦利·霍夫曼认为,当代伊斯兰恐怖主义"是由于抵制不公正的经济全球化和抵制威胁当地宗教和文化的西方文化而产生和壮大的"③。(2)意识形态、文化和宗教信仰可能对恐怖主义的产生和发展有影响。恐怖主义是恐怖活动

---

① See Jennifer L. Windsor, *Promoting Democratization Can Combat Terrorism*, The Washington Quarterly, 2010, p. 48.

② See Glenn Firebaugh, Frank D. Beck, *Does Economic Growth Benefit the Masses? Growth, Dependence, and Welfare in the Third World*, American Sociological Association, p. 631 – 653.

③ Stanley Hoffmann, *Clash of Globalizations*, Foreign Affairs, 2002, p. 112.

组织以宗教或意识形态的名义使用的手段，但宗教或意识形态不是恐怖主义。约翰·埃斯波西托指出："政治和经济的不满是主要原因，宗教则是恐怖主义合法化和动员的手段。"①"任何政治意识形态或观点都不能成为恐怖主义。"②(3)武装冲突更容易导致恐怖主义的发生。利亚指出参与战争的国家国内有更大的可能会产生恐怖主义。③

（二）恐怖主义的概念

恐怖主义、恐怖主义行为、恐怖主义犯罪是有联系但不同的概念。《法律百科全书》指出，"恐怖主义并非有国际法上之定义。一般认为是基于特定主义与主张，强使国家接受其主张，或在社会上施以人体之杀伤的恐怖手段，以便达到既定目的"④。美国国防部将恐怖主义定义为"精心策划使用非法暴力或威胁使用暴力来制造恐惧，其目的在于强迫或恐吓政府或社会，以追求一般政治、宗教或意识形态的目标"⑤。我国《反恐怖主义法》规定，恐怖主义是指"通过暴力、破坏、恐吓等手段，制造社会恐慌、危害公共安全、侵犯人身财产，或者胁迫国家机关、国际组织，以实现其政治、意识形态等目的的主张和行为"。桑顿指出，恐怖主义是指通过使用暴力或暴力威胁影响政治活动。⑥ 大卫则认为，恐怖主义是个人或组织为实现地

---

① Juergensmeyer M. ,*Addressing the Causes of Terrorism*,The Club de Madrid Series on Democracy and Terrorism,2005,p. 27 – 34.

② Bekir Cinar, *The Root Causes of Terrorism*, METU Studies in Development, 2009, p. 111.

③ See Lia Brynjar, Skjølberg Katja, *Causes of Terrorism: An Expanded and Updated Review of the Literature*, Norwegian Defence Research Establishment, 2004, p. 20 – 32.

④ 谢瑞智总编纂：《法律百科全书·国际法》，台北，三民书局2008年版，第153–154页。

⑤ Revision of Joint Publication 3 – 07.2, 14 April 2006, p. I – 1.

⑥ See T. P. Thornton, *Terro as a Weapon of Political Agitation*, Internal War: Problems and Approaches, Free Press Glencoe, 1964, p. 71 – 90.

方性、国家性或国际性的目的而实施的暴力行为或威胁。① 荷兰学者亚历克斯·施密德根据1936至1981年间109名学者对恐怖主义的概念界定,将与恐怖主义联系最为紧密的词条依次排列为:"(1)暴力、武力;(2)政治性;(3)恐惧、恐怖;(4)威胁。"②可见,与恐怖主义联系最为密切的两个因素为暴力、武力与政治性,说明恐怖主义既可以代表一种主张,又可以是一种行为。

至今,各国政府、学者对于恐怖主义的定义难以达成一致意见。本书认为,恐怖主义是指使用暴力或威胁手段,制造恐慌或迫使政府或国际组织以特定方式行事的主张或行为。恐怖主义行为是指使用暴力或威胁手段,在公众中散播恐惧的行为。恐怖主义行为包含的范围较广,因此,并不是所有的恐怖主义行为都构成恐怖主义犯罪。恐怖活动组织是指"三人以上为实施恐怖活动而组成的犯罪组织"③。恐怖分子包括两类,第一类是指"实施恐怖活动的人",第二类是指"恐怖活动组织的成员"。④ 各国认可的恐怖活动组织与恐怖分子包括联合国安理会第1267号决议公布的制裁综合清单中列明的⑤和各国自行公布的恐怖分子与恐怖活动组织的清单。

(三)《关于国际恐怖主义的全面公约草案》的编纂

为了打击一切形式的恐怖主义,1996年印度提议并起草了《关

---

① See David Krieger, *What Happens If? Terrorists, Revolutionaries, and Nuclear Weapons*, Sage Publications, p. 44 – 57.

② 参见陈彦羽:《恐怖主义概念研究》,载《山东青年》2016年第4期。

③ 我国《反恐怖主义法》第3条第3款。

④ 我国《反恐怖主义法》第3条第4款。

⑤ United Nations Security Council Consolidated List, Generated on 7 September 2024, https://main.un.org/securitycouncil/en/content/un – sc – consolidated – list, accessed on 7 September 2024.

于国际恐怖主义的公约草案》[①],2000 年印度在联合国大会第 55 届会议上提出修订后的《关于国际恐怖主义的全面公约草案》(以下简称《全面公约草案》)。[②] 联合国大会根据其第 51/210 号决议设立的特别委员会和联合国大会第六委员会每年商议《全面公约草案》,联合国大会 2021 年 12 月 9 日第 77 届会议的第 76/121 号决议中决定建议第六委员会设立一个工作组以完成《全面公约草案》的制定。遗憾的是,《全面公约草案》尚未制定完成。

从《全面公约草案》的起草与修订的历程看,国际社会难以对恐怖主义的定义达成一致主要有以下原因:

第一,是否区分殖民统治或外国占领地区领土上的民族解放或民族自决运动与恐怖主义行为?2016 年 10 月 31 日,联合国大会第六委员会工作组主席罗汉·帕雷拉(Rohan Perera)向联合国代表非正式会议汇报了《全面公约草案》的最新进展,但是该工作组主席提议的最新草案仍然不能为所有国家所接受[③],主要原因是伊斯兰会议组织(现更名为伊斯兰合作组织)与联合国其他会员国对《全面公约草案》第 3 条存在意见分歧。双方同意该公约草案第 3 条第 1 款,但是伊斯兰会议组织认为该公约草案第 3 条第 2 款的措辞未能涵盖民族解放运动的情况,民族解放运动不是“武装部队”(armed forces)从事的,而是“在外国占领下武装冲突的当事方”(parties to

---

① Draft International Convention on the Suppression of Terrorism, Annex to UN Doc A/C. 6/51/6, 11 November 1996.

② Draft Comprehensive Convention on International Terrorism: Working Document Submitted by India, UN Doc A/C. 6/55/1, 28 August 2000.

③ See Report of the *Ad Hoc* Committee Established by General Assembly Resolution 51/210 of 17 December 1996, Sixteenth session, 8 to 12 April 2013, available at https://documents-dds-ny.un.org/doc/UNDOC/GEN/N13/292/52/PDF/N1329252.pdf? OpenElement, accessed on 8 August 2022.

an armed conflict in situations of foreign occupation)实施的。[①] 因此，伊斯兰会议组织成员国的提案建议对《全面公约草案》第3条有关内容进行修改。[②] 阿根廷的提案也提议在公约序言中重申《联合国宪章》等国际公约或宣言中规定的民族自决权。[③] 但是，欧洲国家不赞成将民族解放运动排除，因为《全面公约草案》是一项执法工具，涉及个人刑事责任，而不是解决政治问题的工具。对于是否在恐怖主义犯罪的定义中对民族解放运动明示排除，各方难以达成统一意见，这是《全面公约草案》一直未获通过的最主要原因。

第二，国家是否能成为恐怖主义的主体？一些国家主张在和平

---

① 《联合国大会1996年12月17日第51/210号决议所设特别委员会第十六届会议》，2013年4月8日至12日，A/AC. 252/2013/L. 1，与《全面公约草案》序言和第3条[第18条]有关的案文以及所附决议草案的案文，第15页："1. 本公约的任何规定均不影响国际法特别是《联合国宪章》的宗旨和原则及国际人道主义法对国家、民族和个人规定的其他权利、义务和责任。2. *国际人道主义法所指的武装冲突中武装部队活动，由国际人道主义法加以规定，不由本公约加以规定*。3. 一国军事部队执行公务所进行的活动，凡国际法其他规则已有规定的，不由本公约加以规定。4. 本条的任何规定均不容许非法行为或使非法行为合法化，也不排除根据其他法律起诉；构成本公约第二条所述犯罪的行为仍可根据这些法律予以处罚。5. 本公约不妨害适用于武装冲突的国际法规则，特别是适用于按国际人道主义法为合法的行为的规则（重点标为斜体）。"

② 《联合国大会1996年12月17日第51/210号决议所设特别委员会第十六届会议》，2013年4月8日至12日，A/AC. 252/2013/L. 1，伊斯兰会议组织成员国提出的案文，第18页："1. 本公约的任何规定均不影响国际法特别是《联合国宪章》的宗旨和原则及国际人道主义法对国家、民族和个人规定的其他权利、义务和责任。2. *国际人道主义法所指的武装冲突中各方的活动，包括外国占领情况下各方的活动，由国际人道主义法加以规定，不由本公约加以规定*。3. 一国军事部队执行公务时所进行的活动，只要符合国际法，本公约就不加以规定。4. 本条的任何规定均不容许非法行为或使非法行为合法化，也不排除根据其他法律起诉（重点标为斜体）。"

③ 《联合国大会1996年12月17日第51/210号决议所设特别委员会第十六届会议》，2013年4月8日至12日，A/AC. 252/2013/L. 1，第17页："重申《联合国宪章》、《给予殖民地国家和人民独立宣言》和《关于各国依联合国宪章建立友好关系和合作的国际法原则宣言》规定的民族自决权。"

时期一国军队的行为应该从《全面公约草案》的范围中“排除”。①但是一些国家指出,《全面公约草案》不应为一国的军队寻找不受惩罚的理由。② 虽然随后这一问题被认为属于适用范围的问题,而非恐怖主义定义相关的问题,但是就这一问题的分歧仍然很大。与此类似,在《制止核恐怖主义行为国际公约》的起草过程中,一些国家提议将国家从事的核恐怖主义行为纳入该公约的管辖范围,但是最终草案编纂工作组没有采纳该提议。大多数与恐怖主义相关的公约并未明确规定国家是否可以作为恐怖主义犯罪的主体;但是,联合国秘书长在2004年的报告中指出,反对将国家恐怖主义纳入恐怖主义的全球定义是不具说服力的。从联合国安理会第1373号决议的文本来看,该决议禁止国家在另一国境内从事“组织、煽动、协助或参加”恐怖主义的行为,并且要求国家防止和制止在其境内由个人或组织实施或参与的恐怖主义行为。③ 从联合国安理会的决议来看,国家可以作为恐怖主义行为的主体。简而言之,国家恐怖主义这一行为可能存在,但是大多数公约并不适用于国家实施或参与的恐怖主义行为。

第三,一项造成财产损失的行为是否可以构成恐怖主义犯罪?这并不是《全面公约草案》编纂期间对恐怖主义定义产生分歧最大的问题。英国对恐怖主义犯罪的定义中包括对各种形式的财产及

---

① 联合国大会第六十二届会议,大会1996年12月17日第51/210号决议所设特别委员会的报告,A/62/37,第7页。

② 联合国大会第六十一届会议,消除国际恐怖主义的措施,A/C.6/61/SR.21,2006年12月28日,第40段。联合国大会第六十二届会议,大会1996年12月17日第51/210号决议所设特别委员会的报告,A/62/37,第5页。

③ 联合国安理会第1373号决议,2001年9月28日安理会第4385次会议通过,S/RES/1373(2001),2001年9月28日。

对基础设施的破坏①,《全面公约草案》对恐怖主义犯罪的定义中也包含造成财产损失的行为②。例如,行为人或组织对世界贸易组织的部分财产的破坏行为将可能构成恐怖主义行为。但一些与恐怖主义行为相关的公约仅将造成个人死亡或重伤的行为规定为犯罪,而不包括造成财产损失的行为。造成财产损失的行为既不被涵盖在安理会第1566号决议所列出的行为清单中③,也不属于针对"反恐问题的保护人权和基本自由问题"特别报告员所主张的恐怖主义行为。④

本书认为,恐怖主义犯罪的定义不应过于宽泛;恐怖主义犯罪的对象应仅包括个人,而不包括财产。除此之外,《全面公约草案》与其他部门性的恐怖主义公约的关系问题在草案编纂期间也产生较大争议,但是本书的关注点并不在此,因此不再过多讨论。

二、关于恐怖主义犯罪

恐怖主义是指使用暴力或威胁手段,制造恐慌或迫使政府或国际组织以特定方式行事的主张或行为。恐怖主义既可以指一项主

---

① UK Terrorism Act, 2000, Article 1(2)(b) and (e). Australian Criminal Code Act, 1995, Article 100.1(2)(b).

② UN Draft Comprehensive Convention against International Terrorism, Doc. A/59/894, Article 2(1)(b) and (c), 12 August 2005.

③ United Nations Security Council Resolution 1566(2004), S/RES/1566(2004), 8 October 2004. The Resolution defines terrorism as "criminal acts, including against civilians, committed with the intent to cause death or serious bodily injury, or taking of hostages, with the purpose to provoke a state of terror in the general public or in a group of persons or particular persons, intimidate a population or compel a government or an international organization to do or to abstain from doing any act".

④ Martin Scheinin, Report of the Special Rapporteur on the promotion and protection of human rights and fundamental freedoms while countering terrorism; promotion and protection of human rights, E/CN.4/2006/98, 28 December 2005, para. 38.

张,也可以指一种行为。恐怖主义行为是指使用暴力或恐吓手段,在公众中散播恐惧的行为。恐怖主义行为的范围较广,但并不是所有的恐怖主义行为均构成恐怖主义犯罪。从国际法的层面,恐怖主义和恐怖主义犯罪往往不加以区分。恐怖主义犯罪是恐怖主义行为中违反国际公约和各国刑法的行为。

在实践中,国际法庭、国际组织和各国刑法中也分别规定了恐怖主义犯罪的定义。黎巴嫩问题特别法庭指出,根据联合国决议及各国的立法和司法实践,关于和平时期恐怖主义犯罪的习惯国际法规则是存在的,并包括以下要素:"(1)行为人故意从事犯罪行为;(2)行为人具备散布恐怖或迫使政府采取或不采取行动的特殊的心理要件;(3)行为人实施了犯罪行为;(4)恐怖主义行为具有跨国性质。"①2000 年《全面公约草案》②、2002 年《欧盟反恐怖主义

---

① Interlocutory Decision on the Applicable Law: Terrorism, Conspiracy, Homicide, Perpetration, Cumulative Charging, STL - 11 - 01/I/AC/R176bis, 16 February 2011, p. 3.

② "本公约所称的犯罪,是指任何人以任何手段,非法和故意地实施一项行为,其目的是:(a)致人死亡或重伤;(b)致使国家或政府设施、公共交通系统、通信系统或基础设施遭受严重损毁,希望对这些地方、设施或系统造成广泛破坏,或造成的破坏导致或可能导致重大经济损失,而且根据行为的性质或背景,其目的是恐吓某一人口,或迫使某国政府或某一国际组织从事或不从事某种行为。""Any person commits an offence within the meaning of this Convention if that person, by any means, unlawfully and intentionally, does an act intended to cause: (a) Death or serious bodily injury to any person; or (b) Serious damage to a State or government facility, a public transportation system, communication system or infrastructure facility with the intent to cause extensive destruction of such a place, facility or system, or where such destruction results or is likely to result in major economic loss; when the purpose of such act, by its nature or context, is to intimidate a population, or to compel a Government or an international organization to do or abstain from doing any act." Draft comprehensive convention on international terrorism: working document/submitted by India.

法案》[①]、1998 年《阿拉伯制止恐怖主义公约》[②]、2001 年《打击恐怖主义、分裂主义和极端主义上海公约》[③]等均对恐怖主义犯罪予以规定。各国对恐怖主义犯罪的定义主要突出暴力行为,例如美国《刑法》第 2331 部分对于国际恐怖主义犯罪和国内恐怖主义犯罪

---

① “每个成员国均应采取必要措施,确保以下(a)至(i)项中提到的故意行为,鉴于其性质或背景,可能严重损害一个国家或国际组织,应被视为恐怖主义犯罪:严重恐吓民众,或不适当地强迫政府或国际组织采取或不采取任何行动,或严重破坏一个国家或国际组织的基本政治、宪法、经济或社会结构,(a)攻击个人的生命并可能导致死亡;(b)攻击人身安全;(c)绑架或劫持人质;(d)对政府或公共设施、运输系统、基础设施,包括信息系统、位于大陆架上的固定平台、公共场所或可能危及人类生命的私人财产造成广泛破坏或造成重大经济损失;(e)扣押飞机、船舶或其他公共或货物运输工具;(f)制造、拥有、获取、运输、供应或使用武器、炸药或核武器、生物武器或化学武器,以及研究和开发生物和化学武器;(g)释放危险物质,或引起火灾、洪水或爆炸,其后果是危及个人的生命;(h)干扰或破坏水、电或任何其他基本自然资源的供应,其影响是危及人类生命;(i)威胁实施(a)至(h)项所列的任何行为。”

② “1. 任何人无论其动机或目的如何,为了推进个人或集体犯罪,在平民中散播恐怖,通过伤害平民或将其生命、自由或安全置于危险之中,或试图对环境、公共或私人设施或财产造成损害或占领、没收它们,或试图实施危害国家资源的任何行为或威胁。”“2. (a)根据国际法原则,一切为了民族解放和民族自决而以任何方式进行的斗争,包括武装斗争,都不应被视为本犯罪。本规定不适用于任何损害阿拉伯国家领土完整的行为。”

③ “1. 为本公约附件(以下简称“附件”)所列条约之一所认定并经其定义为犯罪的任何行为;2. 致使平民或武装冲突情况下未积极参与军事行动的任何其他人员死亡或对其造成重大人身伤害、对物质目标造成重大损失的任何其他行为,以及组织、策划、共谋、教唆上述活动的行为,而此类行为因其性质或背景可认定为恐吓居民、破坏公共安全或强制政权机关或国际组织以实施或不实施某种行为,并且是依各方国内法应追究刑事责任的任何行为。”

的定义[①]、1996 年《俄罗斯刑法》第 205 条对恐怖主义犯罪的规定[②]、2000 年《英国恐怖主义法》对恐怖主义犯罪的定义[③]、德国宪法保卫局 1985 年对恐怖主义犯罪的定义[④]、1994 年《法国刑法》第 421 - 1 条对于恐怖主义犯罪的规定[⑤]、黎巴嫩国内对于恐怖主义犯罪的

---

① "'国际恐怖主义'一词是指以下活动:(A)违反美国或任何州刑法的暴力行为或危害人类生命的行为,或者在美国或任何州的管辖范围内实施构成违反刑法的行为。(B)该行为旨在故意:(i)恐吓或胁迫平民;(ii)通过恐吓或胁迫影响政府的政策;或者(iii)通过大规模破坏、暗杀或绑架影响政府行为。(C)发生在美国的领土管辖范围之外,或就其完成的方式,或故意恐吓或胁迫的人或他们的犯罪者寻求庇护的地点超越国界。""'国内恐怖主义'一词是指以下活动:(A)涉及危害人类生命并违反美国或任何州刑法的行为。(B)行为旨在:(i)恐吓或胁迫平民;(ii)通过恐吓或胁迫影响政府的政策;或者(iii)通过大规模破坏、暗杀或绑架影响政府行为。(C)主要发生在美国的领土管辖范围内。"

② "恐怖主义犯罪是指实施爆炸、纵火或者其他具有造成他人伤亡、巨额财产损失危险或者造成其他社会危害后果的行为;危及公共安全,侵犯他人或者影响政权机关通过决定以及为达此目的以实施上述行为相威胁的行为。"

③ "(1)本法中的'恐怖主义'是指采取或威胁采取下列行动:(a)该行动属于第 2 款的范围;(b)该行动旨在影响政府或国际组织或恐吓公众或部分公众;(c)该行动旨在推进政治、宗教、种族或思想。(2)如果行动(a)涉及对人的严重暴力行为,(b)涉及严重的财产损失,(c)危及他人生命(实施该行动的人除外),(d)对公众或部分公众的健康或安全造成严重风险,或(e)旨在严重干扰或破坏电子系统,则该行动属于本款的范围。"

④ "为了政治目的而持续袭击人们(生命)和其他人财产的行为,特别是暗杀、谋杀、敲诈勒索、纵火、爆炸或其他旨在准备实施这种犯罪行动的暴力行为。"

⑤ 以散布恐怖或严重扰乱公共秩序为目的而实施的故意杀人、故意伤害、绑架和非法拘禁、劫持飞机等任何交通工具,盗窃、勒索、生产、销售、进口或出口爆炸物质等行为。

规定。①

卡塞斯指出，和平时期的恐怖主义犯罪的定义可从打击恐怖主义的国际和区域性的公约中总结得出。恐怖主义犯罪应包含以下要素："(1)属于犯罪行为；(2)具有跨国性质；(3)行为对民众和国家机关工作人员都有影响；(4)目的是散布恐怖，或迫使政府或国际组织以特定方式行事；(5)以主要建筑物或平民为目标散布恐惧的行为；(6)具有政治、意识形态或宗教动机的行为。"②亚历克斯·施密德将恐怖主义犯罪定义为"和平时期的战争罪"。③

虽然国际社会并未就恐怖主义犯罪的概念达成一致，但是并未放弃打击恐怖主义犯罪，主要采取两种做法：

第一，通过缔结国际公约预防与制止某些特定的恐怖主义行为。公约中并不明确指出恐怖主义犯罪的定义，这类公约也被称为部门性的恐怖主义公约。自1963年以来，联合国和国际原子能机构

---

① 根据黎巴嫩法律，恐怖主义犯罪的行为要件包括："1. 行为人实施的行为构成黎巴嫩《刑法典》规定的犯罪。2. 行为人使用可能危害公共安全的手段。这些手段包括：爆炸装置，易燃材料，有毒或燃烧产品，或传染性或微生物剂。这些手段不包括：枪、机关枪、左轮手枪、雷勒炸弹或刀等未列举的工具。恐怖主义犯罪的心理要件是造成恐怖状态的特殊的心理要件。" See *Interlocutory Decision on the Applicable Law: Terrorism, Conspiracy, Homicide, Perpetration, Cumulative Charging*, STL - 11 - 01/I/AC/R176bis, 16 February 2011, p. 2.

② A. Cassese, *The Multifaceted Criminal Notion of Terrorism in International Law*, Journal of International Criminal Justice, 2006, p. 933 - 958.

③ Timothy Wittig, *Understanding Terrorist Finance*, Palgrave Macmillan, 2011, p. 17.

主导制定了19部部门性的恐怖主义公约①,区域间也达成一系列打击恐怖主义犯罪的条约。② 部门性的恐怖主义公约虽能表示某类具体行为构成国际公约明确打击的恐怖主义犯罪,但缺陷在于没有形成全球的关于恐怖主义犯罪的定义。

第二,采用归纳的方式对恐怖主义犯罪作一般性的规定。《制止资恐公约》第2条不仅规定了资助恐怖主义犯罪的定义,还规定了恐怖主义犯罪的定义。截至2024年8月,联合国193个会员国中,189个国家已成为《制止资恐公约》的缔约国,可以说,《制止资

---

① 19部部门性的恐怖主义公约包括1963年《关于在航空器内的犯罪和其他某些行为的公约》、1970年《关于制止非法劫持航空器的公约》、1971年《关于制止危害民用航空安全的非法行为的公约》、1973年《关于防止和惩处侵害应受国际保护人员包括外交代表的罪行的公约》、1979年《反对劫持人质国际公约》、1980年《核材料实物保护公约》、1988年《补充关于制止危害民用航空安全的非法行为的公约的制止在为国际民用航空服务的机场上的非法暴力行为的议定书》、1988年《制止危及海上航行安全非法行为公约》、1988年《制止危及大陆架固定平台安全非法行为议定书》、1991年《关于在可塑炸药中添加识别剂以便侦测的公约》、1997年《制止恐怖主义爆炸事件的国际公约》、1999年《制止向恐怖主义提供资助的国际公约》、2005年《核材料实物保护公约修正案》、《制止危及大陆架固定平台安全非法行为议定书2005年议定书》、2005年《制止危及海上航行安全非法行为公约议定书》、2005年《制止核恐怖主义行为国际公约》、2010年《制止与国际民用航空有关的非法行为的公约》、2010年《关于制止非法劫持航空器的公约的补充议定书》、2014年《关于修订〈关于在航空器内的犯罪和某些其他行为的公约〉的议定书》(见附件二)。《自1963年起制定的19部制止恐怖主义行为的国际法律文书》,载联合国反恐怖主义办公室网,https://www.un.org/counterterrorism/zh/international-legal-instruments,2022年9月30日访问。

② 例如,1971年2月2日在华盛顿哥伦比亚特区缔结《防止和惩治以对人身犯罪和有关勒索为形式的具有国际意义的恐怖主义行为的公约》,1977年1月27日在斯特拉斯堡缔结《欧洲制止恐怖主义公约》,1987年11月4日在加德满都签署《南亚区域合作联盟制止恐怖主义区域公约》,1998年4月22日在开罗签署《阿拉伯打击恐怖主义公约》,1999年6月4日在明斯克缔结《独立国家联合体成员国合作打击恐怖主义条约》,1999年7月1日在瓦加杜古通过《"伊斯兰会议组织"打击国际恐怖主义公约》,1999年7月14日在阿尔及尔通过《非洲联盟防止和打击恐怖主义公约》,2005年5月16日在华沙缔结《欧洲委员会防止恐怖主义公约》,2007年1月13日在菲律宾宿务缔结《东南亚国家联盟反恐怖主义公约》等。

恐公约》的缔约国都同意《制止资恐公约》中对于恐怖主义犯罪的定义。同时，联合国安理会第1373号决议呼吁所有国家加入《制止资恐公约》并尽快成为其缔约国，因此，可以认为《制止资恐公约》第2条第1款b项提供了较权威的关于恐怖主义犯罪的定义。① 值得注意的是，虽然《制止资恐公约》规定的是关于恐怖主义行为的定义，但前文提到，违反国际公约和各国刑法中规定的恐怖主义行为构成恐怖主义犯罪，因此《制止资恐公约》中规定的恐怖主义行为与恐怖主义犯罪的含义相同。

一些国际机构致力于打击恐怖主义犯罪。联合国大会中有三个机构涉及打击恐怖主义犯罪的问题：社会、人道主义和文化委员会（第三委员会），法律委员会（第六委员会），联合国大会第51/210号决议设立的特别委员会。联合国安理会中三个机构专门处理与恐怖主义相关的问题：联合国安理会第1267号决议所设委员会，联合国安理会第1540号决议所设委员会，反恐委员会及其执行局。2003年，八国集团峰会成立了反恐行动小组，反恐行动小组完全由八国集团成员国的外交部官员组成，主要通过向其他国家提供培训、资金、专业知识、设备、技术和法律援助来协助反恐怖主义委员会完成其任务。另外，联合国毒品和犯罪问题办公室也在打击恐怖主义方面发挥了重要作用。

综上，虽然国际法层面对恐怖主义和恐怖主义犯罪并未明确区分，但是违反国际法或国内刑法的恐怖主义行为构成恐怖主义犯罪。国际社会对恐怖主义犯罪的定义方式分为两类：第一类是通过列举的方式，将联合国和国际原子能机构主导制定的19部打

① 《制止资恐公约》第2条第1款b项，任何行为"意图致使平民或在武装冲突情势中未积极参与敌对行动的任何其他人死亡或重伤的任何其他行为，如这些行为因其性质或相关情况旨在恐吓人口，或迫使一国政府或一个国际组织采取或不采取任何行动"。

击恐怖主义行为的公约涉及的行为定义为恐怖主义行为;第二类是采用归纳的方式,直接适用《制止资恐公约》第 2 条第 1 款 b 项的规定。可以说,国际社会同时使用列举式和归纳式的定义方式,不仅可以使恐怖主义的定义更全面,还可以减少公约适用的冲突。此外,对于恐怖主义犯罪的定义,国际法庭和国内法庭的法官有权行使自由裁量权。

三、恐怖主义犯罪的构成要件

(一)犯罪构成要件的理论

一般来讲,大陆法系国家使用客观要件与主观要件的概念,普通法系的国家使用行为要件与心理要件的概念。如果将客观要件与行为要件等同看待,那么构成犯罪的要件包括行为要件(*actus reus*)、心理要件(*mens rea*)和背景要件(threshold element/contextual element)。如果认为客观要件是除了心理要件外的其他要件,那么客观要件中不仅包含行为要件,还包含背景要件;因此,构成犯罪的要件仅包括客观要件和主观要件。与我国的犯罪构成的三阶层理论或四要件理论不同,根据习惯国际法[①]和国际刑事法院《犯罪要件》的一般性规定,犯罪构成包含行为要件、心理要件和背景要件。为了减少歧义,本书主张根据国际刑事法院的《犯罪要件》的一般性规定,将恐怖主义犯罪和资助恐怖主义犯罪的犯罪构成要件分为行为要件、心理要件和背景要件。其中,行为要件是指与犯罪行为有关的要件,包括“行为、结果以及事实情况”[②]。心理

---

① See Albin Eser, Antonio Cassese, Paola Gaeta, John R. W. D. Jones eds. , *Mental Element – Mistake of Fact and Mistake of Law*, The Rome Statute of the International Criminal Court: A Commentary, Vol. 1, Oxford University Press, 2002.

② 李世光、刘大群、凌岩主编:《国际刑事法院罗马规约评释》,北京大学出版社 2006 年版,第 279 页。

要件即主观要件，主要指行为人犯罪时的心理状态。[①] 背景要件是指犯罪发生时的背景情况。例如，战争罪要求发生在武装冲突期间，危害人类罪要求行为属于“广泛或系统地对平民进行攻击的一部分”。

心理要件是指在行为实施时，行为人具备故意或明知该犯罪的行为与一般造成的结果的心理状态。仅仅有犯罪意图（motive）并不构成犯罪，必须已着手采取了一定的行为。国际刑法中心理要件分为三种类型：故意（intent）、明知（knowledge）和特殊的心理要件（*dolus specialis*）。[②] 根据《国际刑事法院罗马规约》（以下简称《罗马规约》）第30条，故意包括两种情况，分别从行为[③]

---

① 心理要件可以从“犯罪当时的情况中推演出来，包括行为人的行为与言论、受害人的数量以及行为人根据受害人属于某一特定团体而选择受害人实施犯罪等”。参见杨柳：《论灭绝种族罪的背景要件》，载易平主编：《北大国际法与比较法评论》，北京大学出版社2012年版。

② 本书中所使用的“故意”与“明知”来源于《罗马规约》第30条对心理要件的规定。此外，故意中应包含明知，但明知可以独立于故意而存在。故意包括对“周遭情况或行为结果的明知”，如果没有一定程度的明知，不可能有故意，“因为某人可以知道某种情况的存在或后果将会发生，但并不有意或者希望这种情况的存在或者发生某种后果”。韦勒认为，故意和明知的区别主要在于故意与犯罪构成中的行为和结果相关，明知则是与犯罪结果和犯罪的情节相关。参见［德］格哈德·韦勒：《国际刑法学原理》，王世洲译，商务印书馆2009年版，第125页；李世光、刘大群、凌岩主编：《国际刑事法院罗马规约评释》，北京大学出版社2006年版，第279页。

③ 就行为而言，“行为必须是被告自主行动的结果”。参见李世光、刘大群、凌岩主编：《国际刑事法院罗马规约评释》，北京大学出版社2006年版，第280页。

和结果①的角度进行解释。明知是指被告知道某种情况,或知道根据事物发展方向会自然发生某结果。在特设法庭的实践中,明知中还包括明确的间接故意和概括的间接故意。一般认为,《罗马规约》中的明知排除间接故意,它与特设法庭使用的实质可能性不同。特设法庭使用的实质可能性属于概括的间接故意的范畴,是指"虽对事实真相存在极大怀疑,但有意地避免采取措施或视而不见"②。综上,国际刑事法院对于犯罪构成要件的规定如图1。

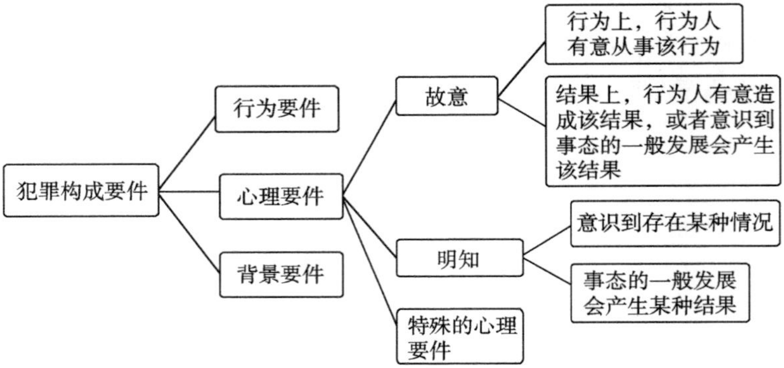

图1 国际刑事法院规定的犯罪构成要件

① 就结果而言,如果该犯罪要求产生特定结果,那么行为人应当是故意导致该结果的发生,或者知道事态的一般发展会产生这种结果。某些犯罪的规定只涉及特定的行为,而没有对行为的结果加以规定,如战争罪中的"指令攻击民用物体";一些犯罪的定义则不仅涉及特定的行为,还要求该行为必须产生特定的结果,如危害人类罪中的"故意造成重大痛苦,或对人体或身心健康造成严重伤害的其他性质相同的不人道行为";还有一些犯罪只禁止产生某种结果,但没有规定导致这种结果的具体的行为,如灭绝种族罪中的"致使该团体的成员在身体上或精神上遭受严重伤害"。参见李世光、刘大群、凌岩主编:《国际刑事法院罗马规约评释》,北京大学出版社2006年版,第280页。

② 李世光、刘大群、凌岩主编:《国际刑事法院罗马规约评释》,北京大学出版社2006年版,第280页。

(二)行为要件

恐怖主义犯罪的构成要件中包括行为要件和心理要件，与恐怖主义犯罪相关的公约中并未明确提及恐怖主义犯罪的背景要件。黎巴嫩问题特别法庭指出，根据联合国决议及各国的立法和司法实践，关于和平时期恐怖主义犯罪的习惯国际法规则是存在的，并包括以下要素："(1)行为人故意从事犯罪行为；(2)行为人具备散布恐怖或迫使政府采取或不采取行动的特殊的心理要件；(3)行为人实施了犯罪行为；(4)恐怖主义行为具有跨国性质。"①前南斯拉夫问题国际刑事法庭（以下简称前南刑庭）加里奇案的审判分庭明确在其脚注中引用《制止资恐公约》第2条对于恐怖主义行为的定义，并对恐怖主义犯罪的行为要件、心理要件和特殊的心理要件进行了规定："(1)针对平民或未直接参与敌对行动的个人的暴力行为，导致平民死亡或对平民的身体或健康造成严重伤害；(2)行为人故意使平民或未直接参加敌对行动的个人成为暴力行为的对象；(3)行为的主要目的是在平民中散布恐怖。"②刘大群大法官在前南刑庭米洛舍维奇案判决的部分反对意见中将恐怖主义犯罪定义为："(1)实施任何非法行为或具有实施任何非法行为的威胁；(2)被告具有在平民中散布恐怖的特殊的心理要件；(3)违法行为或者威胁造成严重

---

① *Interlocutory Decision on the Applicable Law*: *Terrorism*, *Conspiracy*, *Homicide*, *Perpetration*, *Cumulative Charging*, STL－11－01/I/AC/R176bis, 16 February 2011, p. 3.

② *The Prosecutor v. Stanislav Galic*, IT－98－29－T, Trial Judgment of 5 December 2003, para. 133: "1. Acts of violence directed against the civilian population or individual civilians not taking direct part in hostilities causing death or serious injury to body or health within the civilian population. 2. The offender wilfully made the civilian population or individual civilians not taking direct part in hostilities the object of those acts of violence. 3. The above offence was committed with the primary purpose of spreading terror among the civilian population."

身体伤害或者心理创伤。”①

构成恐怖主义犯罪的行为要件包括任何人以任何手段，非法和故意致使：(1)平民或未直接参与敌对行动的个人死亡或重伤；(2)对平民或未直接参与敌对行动的个人造成的严重的心理伤害。前南刑庭米洛舍维奇案的上诉分庭认为，恐怖主义犯罪的行为要件不仅包括造成平民死亡或重伤，还包括对平民造成严重的心理伤害。② 这是由于在恐怖主义犯罪中，对公众的精神伤害才是恐怖主义犯罪的最终目的。

恐怖主义犯罪的直接对象是公民的人身安全，行为直接导致了平民或未在武装冲突情势中积极参与的个人死亡或重伤，或遭受严重的心理伤害。恐怖主义犯罪的直接受害人或是不特定的民众，或是特定人物(例如《关于防止和惩处侵害应受国际保护人员包括外交代表的罪行的公约》所规定的暴力行为的对象)。实施恐怖活动的个人或恐怖活动组织将行为的直接对象视为工具来影响最终受害人。恐怖主义犯罪的间接对象(或称最终受害人)是国家或国际组织，因为恐怖的目的是恐吓公众或迫使政府或国际组织以特定方式行事。另外，恐怖主义犯罪是要求犯罪结果的，如造成平民的死亡、重伤或严重的心理伤害。

(三)心理要件

由于恐怖主义犯罪往往存在直接的受害人与潜在的受害人，因

---

① *The Prosecutor v. Dragomir Milosevici*, IT – 98 – 29/1 – A, Appeals Judgment of 12 November 2009, Partly Dissenting Opinion of Judge Liu Daqun, p. 137: "1. The commission of any unlawfull act or threat; 2. the offender had the specific intent to spread terror among the civilian population or individual civilians; and 3. the unlawful act or threat resulted in serious trauma or psychological harm."

② See *The Prosecutor v. Dragomir Milosevici*, IT – 98 – 29/1 – A, Appeals Judgment of 12 November 2009, para. 33.

此，构成恐怖主义犯罪的心理要件包括一般的心理要件与特殊的心理要件。一般的心理要件是造成平民的死亡或重伤，使平民成为暴力行为或暴力威胁的对象。特殊的心理要件是在平民中散播恐惧，或迫使政府或国际组织以特定方式行事。正如刘大群大法官在前南刑庭米洛舍维奇案判决的部分反对意见中指出的那样，恐怖主义犯罪的心理要件是使平民成为暴力行为或暴力威胁的对象，其特殊的心理要件是在平民中散播恐惧，并迫使政府或国际组织以特定方式行事。①

鉴于以上分析，恐怖主义犯罪的行为要件是行为人实施了针对平民或不直接参加敌对行动的人的暴力行为，并造成民众死亡、重伤或严重精神伤害。危害行为不仅包括任何非法行为，还包括非法行为的威胁。恐怖主义犯罪的一般的心理要件是故意或明知造成平民的死亡、重伤或严重精神伤害，其特殊的心理要件是行为人的目的是恐吓公众或迫使政府或国际组织以特定方式行事。

第三节 资助恐怖主义概述

一、关于资助恐怖主义犯罪

1999 年之前，大多数国家并不单独惩罚资助恐怖主义的行为；直到通过《制止资恐公约》，资助恐怖主义行为才被国际公约明确规定为国际犯罪。本部分将根据《制止资恐公约》及公约的准备工作文件，分析《制止资恐公约》第 2 条资助恐怖主义犯罪的具体规定。

---

① See *The Prosecutor v. Dragomir Milosevici*, IT – 98 – 29/1 – A, Appeals Judgment of 12 November 2009, Partly Dissenting Opinion of Judge Liu Daqun, p. 153.

(一)资助恐怖主义犯罪的概念与特征

资助恐怖主义犯罪的定义被明确规定在《制止资恐公约》第2条第1款,《制止资恐公约》第2条第3款是对该定义的补充说明。《制止资恐公约》第2条第1款规定:“本公约所称的犯罪,是指任何人以任何手段,直接或间接地非法和故意地提供或募集资金,其意图是将全部或部分资金用于,或者明知全部或部分资金将用于实施:(a)属附件所列条约之一的范围并经其定义为犯罪的一项行为;或(b)意图致使平民或在武装冲突情势中未积极参与敌对行动的任何其他人死亡或重伤的任何其他行为,如这些行为因其性质或相关情况旨在恐吓人口,或迫使一国政府或一个国际组织采取或不采取任何行动。”

《制止资恐公约》第2条第3款规定:“就一项行为构成第1款所述罪行而言,有关资金不需实际用于实施第1款(a)或(b)项所述的罪行。”

资助恐怖主义犯罪的特征包括以下几个方面:

第一,实施资助恐怖主义犯罪的主体是个人和法律实体。依据《制止资恐公约》第2条的规定,个人除了实施资助恐怖主义行为外,还可能因以共犯身份参与犯罪、组织或指使他人实施犯罪、协助以共同目的行事的团伙的责任形式,或因实施资助恐怖主义行为未遂被控犯罪。依据《制止资恐公约》第5条的规定,对于法律实体在一国境内从事的资助恐怖主义行为,缔约国可以追究法律实体的民事、刑事或行政责任,并且法律实体的责任与个人刑事责任无关。但是,对于实施资助恐怖主义犯罪的主体是否包含国家,在2019年乌克兰诉俄罗斯违反《制止资恐公约》和《消除种族歧视公约》案中,国际法院对俄罗斯提出的初步反对意见作出判决,指出国家资助恐怖主义的行为被明确排除在《制止资恐公约》范围外,即《制止资恐公约》主要涉及个人刑事责任,没有规定国家作为主体实施资助恐怖主义的责任。易言之,虽然国家本身可能从事资助恐怖主义行为,但是,《制止资恐公约》不适用于国家从事的资助恐怖主义行为。

第二,资助恐怖主义犯罪的行为要件是指提供或募集资金的行为。如果一个人"以任何手段,直接或间接地非法和故意地提供或募集资金"①,且资助人故意或明知将资金用于资助恐怖主义行为,那么资助人构成资助恐怖主义犯罪。

第三,资助恐怖主义犯罪的目的是将资金用于实施恐怖主义行为,但有关资金不必实际用于实施恐怖主义犯罪。这一规定不仅不要求恐怖主义行为实际发生,也不需要证明资助的行为与某一具体的或特定的恐怖主义行为有关,更不需要证明实施恐怖活动的个人或恐怖活动组织实际接收到资助。但需要注意,资助恐怖主义犯罪与恐怖主义犯罪联系非常紧密,虽不需要证明资助人的行为与某一具体的恐怖主义行为相关,但是资助人必须具备为恐怖主义提供资助的心理要件。

第四,《制止资恐公约》要求资助恐怖主义犯罪具有跨国性质,对于发生在一国境内的、被告和受害人都是该国国民的资助恐怖主义犯罪,并且犯罪嫌疑人身处该国境内的,不适用《制止资恐公约》。当然,资助恐怖主义犯罪有可能发生在被告和受害人都是该国国民的一国,虽没有跨国性质,但也构成资助恐怖主义行为,只是《制止资恐公约》不适用于不具有跨国性质的资助恐怖主义行为。

第五,《制止资恐公约》中对于资金的规定不必拘泥于资金的取得方式或使用的金融工具上,资助恐怖主义的行为应包括为支持恐怖主义行为提供的物质资源的行为,而不仅仅是提供金钱的行为。因此,资助恐怖主义行为应不仅包括募集或提供现金或货币的行

① 《制止资恐公约》第2条第1款。

为,还应包括提供武器的行为。

第六,《制止资恐公约》不仅适用于和平时期实施该公约第 2 条第 1 款 a 项或 b 项的行为,也适用于武装冲突期间实施的上述行为。① 在 2019 年乌克兰诉俄罗斯违反《制止资恐公约》和《消除种族歧视公约》案中,国际法院对俄罗斯提出的初步反对意见作出判决,薛捍勤法官在对判决的反对意见中指出,乌克兰提交的起诉主要是针对武装冲突中俄罗斯对乌克兰武装团体的资助,这属于国际人道法的管辖范围,而非《制止资恐公约》的管辖范围。② 因此,需要明确《制止资恐公约》是否适用武装冲突中的资助恐怖主义行为。法国提议的《制止资恐公约草案》中没有使用"武装冲突"一词,理由是武装冲突期间武装部队的活动是国际人道法所规定的。③ 在该公约草案的修订版中,增加了一项规定,即"在除了武装冲突情形外"。④ 使用"在除了武装冲突情形外"的措辞,旨在不仅涵盖平民,还包括那些没有卷入武装冲突的非平民,例如"不在职务期间的军人",但最终《制止资恐公约》没有使用上述措辞。《制止资恐公约》第 2 条第 1 款 b 项规定,致使"……在武装冲突情势中未积极参与敌对行动的

---

① 参见马呈元:《国际刑法论》(增订版),中国政法大学出版社 2013 年版,第 461 页。

② See *Application of the International Convention for the Suppression of the Financing of Terrorism and of the International Convention on the Elimination of All Forms of Racial Discrimination* (Ukraine *v.* Russian Federation), Preliminary Objections, Dissenting opinion of vice – president Xue, Judgment of 8 November 2019.

③ See Permanent Rep. of France to the UN, Letter dated November 3, 1998 from the Permanent Rep. of France to the United Nations addressed to the Secretary – General, A/C. 6/53/9, 4 November 1998, Article 21(2).

④ 联合国大会 1996 年 12 月 17 日第 51/210 号决议所设的特别委员会的报告, A/54/37, 第 38 页。See also Revised texts of articles 2, 5, 8 and 12 and addtitional provisions, Ad Hoc Committee established by General Assembly resolution 51/210 of 17 December 1996, proposal by France, A/AC. 252/1999/WP. 45, 22 March 1999.

任何其他人死亡或重伤”，实际上排除了国家武装部队、有组织武装团体成员、积极参加民众抵抗行为的个人，是指既不是平民[①]又未参加武装冲突的人，例如战俘、在非国际性武装冲突中被俘的战斗员以及生病或受伤的军事人员。同时，上述规定也从侧面反映出《制止资恐公约》不仅管辖和平时期的行为，也管辖武装冲突情势中的行为。

《制止资恐公约草案》案文的工作组主席菲利普·基尔希在关于《制止资恐公约》的工作组讨论中指出，有代表团认为需对第2条第1款b项中的“武装冲突”进行界定；工作组最终决定不予界定，并根据国际人道法通常的规则来解释和适用。[②] 科威特提交的提案中，对于第19条之二，科威特同意联合国大会第A/C.6/54/W.1/CRP.4号文件中将国际人道法管辖范围内的行为排除在《制止资恐公约》的管辖范围之外；科威特主张在武装冲突中进行的人道主义行为或提供人道主义资金的行为，不应被定义为资助恐怖主义行为[③]。但是该提议未被采纳，从公约的准备工作文件来看，《制止资恐公约》并不排除管辖武装冲突中的资助恐怖主义行为。需要指出，“资助恐怖主义犯罪的概念与特征”中的第五与第六仍然存在争议。

（二）《制止资恐公约》第2条第1款相关术语的解释

《制止资恐公约》第2条第1款明确规定资助恐怖主义犯罪的

---

① 一般认为，在国际性武装冲突中，“既非冲突一方武装部队成员又未参加民众抵抗运动者为平民”。在非国际性武装冲突中，“所有不是国家武装部队或冲突一方有组织武装团体成员的人都是平民”。参见《国际人道法中直接参加敌对行动定义的解释性指南》，载红十字国际委员会网，https://www.icrc.org/zh/doc/assets/files/other/icrc_006_0990.pdf。

② 联合国大会第五十四届会议，第六委员会，议程项目160，消除国际恐怖主义的措施，A/C.6/54/L.2，附件三，第109段。

③ 联合国大会第五十四届会议，第六委员会，议程项目160，消除国际恐怖主义的措施，A/C.6/54/L.2，附件二，科威特提交的提案，第46页。

定义,但是对于该条款中术语的解释尚存在争议。基于《制止资恐公约》的准备工作文件和编纂过程,本部分将分析《制止资恐公约》中规定的“资金”“任何人”“以任何手段”“直接或间接”“非法和故意地”“募集资金”等相关术语。

1. 关于“资金”

资金是指“为特定目的而设立的一笔款项或其他流动资产(为意外开支预留的基金)”①。提供资金是指:(1)向个人、实体或风险投资公司提供资金,特别是为特定项目提供资金。(2)以产生利益的方式使用资源。(3)将结算的账目转换为以固定利率计息的长期债务。② 资助是指“募集或提供资金”③。

《制止资恐公约》中对于资金的解释的争议点在于资金是否仅指货币,是否还包括其他物质帮助。《制止资恐公约》第 1 条第 1 款对何为资金进行规定④,这一定义与传统意义上的货币或金钱不同。根据对《制止资恐公约》第 1 条第 1 款中“有形或无形资产”“动产还是不动产”“任何形式”“包括但不限于”等措辞的文本解释,资金应包括任何物品,如房屋、交通工具、武器、粮食、培训等。法国拟定的

① Fund(noun) means that:“a sum of money or other liquid assets established for a specific purpose(a fund reserved for unanticipated expenses).” Bryan A. Garner ed., *Black's Law Dictionary*, 9th edition, West, 2009, p. 743.

② Fund(verb) means that:“(1) to furnish money to(an individual, entity, or venture), esp. to finance a particular project. (2) to use resources in a manner that produces interest. (3) to convert(a debt, esp. an open account) into a long – term debt that bears interest at a fixed rate.” Bryan A. Garner ed., *Black's Law Dictionary*, 9th edition, West, 2009, p. 744.

③ Finance(verb) means, “to raise or provide funds”. Bryan A. Garner ed., *Black's Law Dictionary*, 9th edition, West, 2009, p. 706.

④ 《制止资恐公约》第 1 条第 1 款规定:“‘资金’系指所有各种资产,不论是有形或无形资产、是动产还是不动产、不论以何种方式取得,和以任何形式,包括电子或数字形式证明这种资产的产权或权益的法律文件或证书,包括但不限于银行贷记、旅行支票、银行支票、邮政汇票、股票、证券、债券、汇票和信用证。”

《制止资恐公约草案》第1条对资助予以明确规定,指"以任何手段、直接或间接、合法或非法向另一个人或组织转让或接受资金、所有物或其他财产"①。罗伯托·拉瓦莱认为,"物质帮助"一词比"资金"更能充分表达公约的目的。② 恐怖活动组织使用资金的手段很多。例如,为逃避国内金融机构的审查,2004年3月11日发生于西班牙马德里的火车爆炸案是由西班牙的贾马尔·胡迈丹和埃尔·图内西诺领导的组织通过使用毒品买卖、盗窃等方式换取炸药和车辆实施的炸弹袭击,该恐怖主义行为的实施并未直接使用货币。③

从联合国安理会决议或国家实践来看,"资金"一词应包括除货币外的其他物质帮助。联合国安理会第1373号决议中要求会员国采取的措施不仅包括打击资助恐怖主义行为,还包括向恐怖活动组织提供武器的行为。2007年,根据联合国安理会第1737号决议,FATF将资助大规模杀伤性武器的行为加入了反恐融资的国际标准,并发布了一份关于执行联合国安理会第1737号决议的指南,说明资助的行为不仅包括金钱资助,还包括其他物质帮助。1994年《美国法典》第18编第2339a节规定了向实施恐怖活动的个人提供物质支持罪。该法禁止对实施恐怖活动的个人或恐怖活动组织提供物质帮助或提供资源,不仅将提供或募集资金定为犯罪,还将提供无形资产的行为规定为犯罪,如培训、运输、服务或专业的咨询或

---

① 联合国大会1996年12月17日第51/210号决议设立的特别委员会第三届会议,A/AC.252/L.7,1999年3月15日至26日。

② See Roberto Lavalle, *The International Convention on the Suppression of Financing of Terrorism*, Max Planck, 2000, p. 497.

③ See Auto del juzgado n° 6 de la Audiencia Nacional(西班牙国家法院第6号法院命令), EL MUNDO, https://www.elmundo.es/documentos/2006/04/11/autohtml/indice_hechos.html, accessed on 10 January 2023.

帮助(除了药品[①],美国法律规定,只有在明确使用药品这一概念时,才包含该概念)。[②]

在2019年乌克兰诉俄罗斯违反《制止资恐公约》和《消除种族歧视公约》案中,国际法院2019年对俄罗斯提出的初步反对意见作出判决指出,法院需要厘清《制止资恐公约》中关于"资金"的含义和范围;但法院只是浅尝辄止地指出,《制止资恐公约》这一标题指明为恐怖主义提供帮助的方式是通过"资助",并且该公约第2条第1款明确规定"资金",反映法院可能将资金的范围限定在货币这一较小的概念中。法院指出,在案件的管辖权阶段,无须详细讨论"资金"的范围,这个问题将在案件的实体阶段审理。[③] 法官通卡指出,乌克兰提交的请求不在《制止资恐公约》的管辖范围内。例如,乌克兰指出由俄罗斯向乌克兰东部反政府武装部队提供武器的行为是资助恐怖主义行为,但《制止资恐公约》中"资金"的范围是否包括提供武器存在疑问。[④] 波卡法官在针对判决的个别意见中指出,《制止资恐公约》第1条第1款对"资金"的定义重点应在于资产(assets)上,而不是金融工具上,《制止资恐公约》的规定反映出对

---

① The U. S. Congress intended the term medicine to be understood to be limited to the medicine itself, and does not include the array of medical supplies. U. S. House of Representatives, Terrorism Prevention Act, Report number 104 – 518, 15 April 1996, https://www.fas.org/irp/congress/1996_rpt/h104518.htm, accessed on 1 August 2022.

② Legislative Guide to the Universal Anti – Terrorism Conventions and Protocols, United Nations Office on Drugs and Crime, 2003, V. 03 – 85663(E), para. 50.

③ See *Application of the International Convention for the Suppression of the Financing of Terrorism and of the International Convention on the Elimination of All Forms of Racial Discrimination* (Ukraine *v.* Russian Federation), Preliminary Objections, Judgment of 8 November 2019, para. 62.

④ See *Application of the International Convention for the Suppression of the Financing of Terrorism and of the International Convention on the Elimination of All Forms of Racial Discrimination* (Ukraine *v.* Russian Federation), Preliminary Objections, Judgment of 8 November 2019, Separate opinion of Judge Tomka.

于使用的金融工具的清单是无限的。更重要的是,“资金”定义的重点应在于确定哪些资产是出于故意或明知为实施恐怖主义行为而实际提供或收集的,且资金被用于实施第 2 条第 1 款 a 项和 b 项所述的非法行为。[①]

本书认同波卡法官关于资金范围的观点,认为“资金”应不仅包括货币,还包括各种类型的具有有形价值(如现金、非现金货币工具、增值商品、原材料和武器)和无形价值(如服务)的资源。如果对“资金”的解释仅局限为货币,那么提供或募集其他可用来交换或可供流通使用的物质资源的行为将被排除在《制止资恐公约》规定的“资金”的范围之外,而上述行为与为实施恐怖活动的个人或恐怖活动组织提供或募集货币资金的行为并无二致;因此,焦点应在于“资金”的用途或目的,而非“资金”的形式。如果仅将“资金”限定为货币,似乎与《制止资恐公约》的目的与宗旨不相符,上述物质资源或价值若被提供或募集用于实施恐怖主义行为,也应被视为属于资助恐怖主义犯罪的“资金”的范围。此外,非银行机构进行的资金转移也应受到关注,例如使用虚拟货币、电子支付、贵金属转账等。上述资金转移方式便于流通且容易变现,由于能够进行匿名交易,较难监管,很容易被实施恐怖活动的个人利用;因此,非银行机构进行的资金转移也应纳入《制止资恐公约》的“资金”范围。但是,对“资金”一词的解释也不应范围过大,一些专有名词(如药品)不应包含在“资金”的范围内。另外,当国家决定某些资金构成基本生活所需资金时,经过该国通知联合国安理会 1267 委员会,且联合国安理会 1267 委员会并未在 48 小时内作出反对意见,这些资金将被排除在

① See *Application of the International Convention for the Suppression of the Financing of Terrorism and of the International Convention on the Elimination of All Forms of Racial Discrimination*(Ukraine *v.* Russian Federation), Preliminary Objections, Judgment of 8 November 2019, Separate opinion of Judge ad hoc Pocar.

资助恐怖主义犯罪的资金范围外。[①] 这实际上是一国履行人道主义援助义务的体现。

2. 关于“任何人”

《制止资恐公约》第 2 条中规定的“任何人”是指任何自然人,不论该人是否具有官方身份。第 2 条中的“任何人”是否包含法律实体? 一般认为,由于《制止资恐公约》第 5 条第 1 款专门对法律实体的责任予以规定[②],因此第 2 条中的“任何人”并不包括法律实体。

3. 关于“以任何手段”“直接或间接”

“以任何手段”“直接或间接”的规定,目的是使规定更加全面。这一规定具有前瞻性,其作用类似于兜底条款。随着科学技术的发展,实施恐怖活动的个人或恐怖活动组织筹集与募集资金的渠道与形式更加广泛,如使用众筹平台、虚拟货币、移动支付、预付卡等进行交易,上述规定使得实施恐怖活动的个人或组织借助新技术提供或募集资金的行为也能受到惩治。不论行为人采取何种手段提供或募集资金,也不论行为人的角色是资金的原始提供者还是中间人,只要存在提供或募集资金的行为,并且故意或明知资金会被用于实施恐怖主义行为,那么就构成资助恐怖主义犯罪。

4. 关于“非法和故意地”

“非法和故意地”引起最大争议的是“非法”这一规定。由于为恐怖主义提供或募集资金本身就是非法的,因此,在《制止资恐公约》的起草过程中,有代表团建议删去“非法”一词,也有代表团建议

---

① Resolution 1452(2002), Adopted by the Security Council at Its 4678th Meeting, 20 December 2002, p. 1 – 2.

② 《制止资恐公约》第 5 条第 1 款:“每一缔约国应根据其本国法律原则采取必要措施,以致当一个负责管理或控制设在其领土内或根据其法律设立的法律实体的人在以该身份犯下了本公约第 2 条所述罪行时,得以追究该法律实体的责任,这些责任可以是刑事、民事或行政责任。”

将"非法"改为"蓄意""故意"。建议保留"非法"一词的代表团则考虑到,使用"非法"一词可以把出于人道主义目的的资助活动、资助进行民族解放运动或支付赎金等合法活动排除在《制止资恐公约》范围之外,可能类似于《制止恐怖主义爆炸的国际公约》中包含的国家在公共区域、出于工程或建造需要导致爆炸这种特殊的合法情况。[①] 在这种情况下,行为人并不具备资助恐怖主义犯罪的心理要件,其行为也就不构成资助恐怖主义犯罪。"故意地"这一要求也是对行为非法性的要求的加强,行为人必须故意为之,而不包括疏忽大意的过失。

5. 关于"募集资金"

有学者认为"募集资金"和"提供资金"是两种不同的行为,每一种行为都代表单独的犯罪。[②] "虽然募集资金可能是提供资金的准备行为,但这不是先决条件,因为为实施恐怖活动的个人或恐怖活动组织提供资金不一定是事先募集的资金。"[③]如果一个人募集资金后将其提供给实施恐怖活动的个人,他实施了两种不同但连续的犯罪。在涉及中间人的情况下,接收或提供资金的中间人的犯罪是不同的。然而可能会出现一个问题,即募集者向中间人转账的行为是"募集"还是"提供"? 在美国,"募集"一词包括"筹集和接收",而"提供"一词的意思是"给予、捐赠和传递"。[④] 本书认为,《制止资恐公约》并未明确规定是否要将募集和提供资金的行为分别定罪,各国应依照各自国内法的规定来决定是否分别定罪。

---

① 联合国大会第五十四届会议,第六委员会,议程项目 160,消除国际恐怖主义的措施,A/C. 6/54/L. 2,附件三,第 51 页。

② See Roberto Lavalle, *The International Convention for the Suppression of the Financing of Terrorism*, Max Planck Institut, 2000.

③ Roberto Lavalle, *The International Convention for the Suppression of the Financing of Terrorism*, Max Planck Institut, 2000.

④ U. S. Code, Prohibitions against the financing of terrorism, 2339C(e)(4) and(5).

对于资助方式的争议点在于资助方式是否应包含收受资金的行为？收受资金是一种被动的消极行为，是否有必要添加明确的知情的规定？法国起草的《制止资恐公约草案》第 1 条第 1 款中以方括号列入“收受资金”这一概念，各国代表团对是否加入“收受”这一行为持不同意见。持反对意见的代表团指出，收受资金这一方式会使过多的活动纳入资助的范围，范围过于广泛，收受的消极行为需要与收受行为人的心理要件相连，收受行为人必须知情，才可单独以收受行为定罪。支持加“收受资金”行为的代表团认为，加入“收受”一词可以更好地打击有犯罪故意的中间人，也可以更好地打击各类复杂的输送资金的中间程序。更重要的是，如果不规定“收受”行为，那么对具备犯罪的故意但尚未成功转移资金时就被抓获的犯罪嫌疑人将无从定罪。还有一些代表团认为应采用“获得”这类中性词代替“收受”。[①]《制止资恐公约》第 2 条第 1 款最终采用“募集”一词。

此外，如果将提供的一小部分资金用于实施恐怖主义行为，而其余资金用于合法的、政治的、人道主义的活动，是否构成资助恐怖主义犯罪？如上所述，《制止资恐公约》明确规定，资金部分被故意用于实施恐怖主义行为，并不影响资助人构成资助恐怖主义犯罪。

《制止资恐公约》第 2 条第 3 款规定，“有关资金不需实际用于实施”恐怖主义犯罪。由于资金不像其他物体（如枪支、炸药）能够追溯其来源，用于实施恐怖主义行为的资金有时难以被追踪。因此，《制止资恐公约》规定无须证明资助人知道资金的确切流向，也无须知道资金会被用来实施某项确切的或某种特定的恐怖主义行为。[②]

---

① 联合国大会第五十四届会议，第六委员会，议程项目 160，消除国际恐怖主义的措施，A/C. 6/54/L. 2，附件三，第 49 页。

② See Anthony Aust, *Counter – Terrorism – A New Approach, The International Convention for the Suppression of the Financing of Terrorism*, Max Planck, 2001, p. 296 – 297.

《制止资恐公约》虽然规定资助的目的是将资金用于实施恐怖主义行为①,然而,迫使政府采取某行为的要求本身就非常宽泛②。例如,一个组织暗杀法官以迫使一个国家放弃调查或放弃起诉,这是否构成恐怖主义犯罪中的"迫使一国政府"的问题?因此,需要国际法庭与国内法庭在审判中进一步完善对资助恐怖主义犯罪概念的解释。

二、资助恐怖主义犯罪的构成要件

前面提到,本书主张根据国际刑事法院的《犯罪要件》的一般性规定,将资助恐怖主义犯罪的犯罪构成要件分为行为要件、心理要件和背景要件。由于《制止资恐公约》的犯罪构成要件中并未提及背景要件,因此,资助恐怖主义犯罪的构成要件仅包括行为要件与心理要件。

《制止资恐公约》规定的资助恐怖主义犯罪的行为要件是指资助人提供或募集资金的行为,包括两个方面:(1)行为人存在资助行为,即提供或募集资金的行为;(2)资助行为直接或间接指向恐怖主义行为,即使恐怖主义行为最终没有发生。《制止资恐公约》规定的资助恐怖主义犯罪的心理要件有两个方面:(1)行为必须是自愿为之;(2)资助人必须故意或明知资金将用于实施恐怖主义行为,资助人至少应知道存在实施恐怖主义的情况。《制止资恐公约》中使用词语"或",在被告符合故意或明知的条件之一时,即被视为达到《制止资恐公约》规定的心理要件的要求。

对于资助恐怖主义犯罪的行为要件与心理要件的解释,需要厘清《制止资恐公约》第2条第1款和第2条第3款规定的关系。在国

① 《制止资恐公约》第2条。
② 《制止资恐公约》第2条。

际法院的2019年乌克兰诉俄罗斯违反《制止资恐公约》和《消除种族歧视公约》案中，乌克兰与俄罗斯对于《制止资恐公约》第2条第1款中关于资助恐怖主义犯罪的心理要件的规定有争议。乌克兰指出，对于心理要件而言，只要知道募集或提供资金给从事恐怖活动组织就满足心理要件的要求，而不必确定资金将用于实施《制止资恐公约》第2条第1款a项或b项的犯罪，因为《制止资恐公约》第2条第3款规定，有关资金不必实际用于实施该犯罪。[①] 乌克兰指出该规定并不是对特殊的心理要求的规定，而是规定一种目的要件，是行为自然产生的结果。[②] 俄罗斯则认为这反映了犯罪的特殊的心理要件（判决书中使用的英文"Specific mental element"与拉丁语"*Dolus specialis*"含义相同，均指特定的心理要件），行为人需要具备特殊的故意，通过致使平民死亡或重伤的手段散播恐惧，或迫使政府采取或放弃采取任何行为。[③]

《制止资恐公约》第2条第1款中对于资助人的心理要件的规定是资助人故意将"资金用于"，或明知"资金将用于"实施恐怖主义行为。其心理要件实际要求资助人主观上存在一个预期行为，预期行为与恐怖主义行为相关。第2条第3款规定，"有关资金不需实际

---

① See *Application of the International Convention for the Suppression of the Financing of Terrorism and of the International Convention on the Elimination of All Forms of Racial Discrimination* (Ukraine *v.* Russian Federation), Preliminary Objections, Judgment of 8 November 2019, para. 54.

② See *Application of the International Convention for the Suppression of the Financing of Terrorism and of the International Convention on the Elimination of All Forms of Racial Discrimination* (Ukraine *v.* Russian Federation), Preliminary Objections, Judgment of 8 November 2019, para. 55.

③ See *Application of the International Convention for the Suppression of the Financing of Terrorism and of the International Convention on the Elimination of All Forms of Racial Discrimination* (Ukraine *v.* Russian Federation), Preliminary Objections, Judgment of 8 November 2019, para. 55.

用于实施第1款(a)或(b)项所述的罪行”,这是对于行为要件的规定,即控方无须证明资助的行为与某一具体的或特定的恐怖主义行为相关。这两项的规定乍一看可能有所冲突,认为前者需要证明与恐怖主义行为相关,后者不需要证明与恐怖主义行为相关,这种理解是错误的。第一,第2条第1款是对心理要件的规定,第2条第3款是对行为要件的规定。第二,第2条第1款需要证明资助人故意或明知资金全部或部分将用于实施恐怖主义行为,这里需要控方证明资助人心理要件中的预期犯罪;这个预期犯罪与恐怖主义行为有关,但不必具体到某一次恐怖主义行为。第2条第3款在证明资助人的行为要件时,控方无须证明资助行为具体相连的恐怖主义行为,甚至于恐怖主义行为不必实际发生,资助人无须知道恐怖袭击的细节,只需要了解其行为发生的总体情况即符合心理要件的要求。[①] 易言之,资助恐怖主义犯罪的行为要件中,资助人的资助行为直接指向恐怖主义犯罪,犯罪结果中资助恐怖主义行为发生,但是恐怖主义犯罪无须实际发生。资助恐怖主义犯罪的心理要件是资助人故意或明知资金将用于实施恐怖主义行为,但不必知道具体的或特定的恐怖主义行为与细节。资助的是恐怖主义的目的,而非具体的恐怖主义行为。

综上,《制止资恐公约》规定的资助恐怖主义犯罪的行为要件是指资助人提供或募集资金的行为。资助恐怖主义的心理要件要求资助人故意或明知资金用于或将用于实施恐怖主义行为,但是无须证明资助行为与随后的恐怖主义行为之间的因果关系,但资助人应该知道或故意实施资助恐怖主义犯罪,并且资助人的心理要件是为恐怖主义目的而募集或提供资金。

---

① See *The Prosecutor v. Fatmir Limaj*, IT - 03 - 66 - T, Trial Chamber Judgment of 30 November 2005, para. 190.

三、资助恐怖主义犯罪与相关犯罪辨析

(一)资助恐怖主义犯罪与恐怖主义犯罪

资助恐怖主义犯罪与恐怖主义犯罪是不同但联系紧密的两种犯罪。第一,资助恐怖主义犯罪与恐怖主义犯罪不同,无论是从犯罪定义、犯罪构成还是犯罪的特征来说,两种犯罪完全不同。第二,资助恐怖主义犯罪与恐怖主义犯罪是上游犯罪和下游犯罪的关系,资助恐怖主义犯罪的犯罪所得将用于实施恐怖主义犯罪。若资助人不具备将资金用于实施恐怖主义犯罪的目的,单纯的资助行为不构成犯罪。《制止资恐公约》中对于资助恐怖主义犯罪与恐怖主义犯罪关系的规定更为具体,即资助人的目的是将资金用于实施恐怖主义行为,但有关资金不必实际用于实施恐怖主义犯罪。

1. 资助恐怖主义犯罪的目的是将资金用于实施恐怖主义行为

《制止资恐公约》第 2 条的官方英文文本使用的"in order to carry out"这一表述,反映了资助恐怖主义犯罪的"目的"是将资金用于实施恐怖主义行为。有国家主张,恐怖主义犯罪的目的应被视为资助恐怖主义犯罪的特殊的心理要件。例如,在 2019 年乌克兰诉俄罗斯违反《制止资恐公约》和《消除种族歧视公约》案中,国际法院作出的对俄罗斯的初步反对意见的判决提及,俄罗斯主张《制止资恐公约》规定的"其意图是"实际上表示一种特殊的心理要件,即要求资助恐怖主义的行为人不仅要具备故意或明知资助恐怖主义犯罪的心理要件,还需要知道所资助的恐怖主义行为,并故意为其提供资助。[①] 本书赞同这一观点,《制止资恐公约》中不仅规定了资助行为,

① See *Application of the International Convention for the Suppression of the Financing of Terrorism and of the International Convention on the Elimination of All Forms of Racial Discrimination*(Ukraine *v.* Russian Federation), Preliminary Objections, Judgment of 8 November 2019, para. 55.

还规定了资助活动的结果。资助人故意或希望产生恐怖主义结果,并且资助人知道恐怖主义行为实施者的心理要件;因此资助恐怖主义犯罪的特殊的心理要件是实施恐怖主义犯罪,它与《制止资恐公约》规定的资助恐怖主义犯罪的目的是实施恐怖主义犯罪是一致的。

2. 有关资金不必实际用于实施恐怖主义犯罪

资助行为应专门针对恐怖主义行为的推进,但有关资金不必实际用于实施恐怖主义犯罪。一方面,资助行为应专门针对恐怖主义行为的推进①,这与帮助与唆使实施犯罪的责任形式中要求的特定指向(specific direction)类似,通过这一特定指向的要求,将资助恐怖主义行为与恐怖主义行为相联系。特定指向的问题第一次在前南刑庭的塔迪奇案中被提出。② 前南刑庭随后的判例主张,特定指向不构成帮助和唆使犯罪的行为要件的必不可少的要件,否则会提高定罪标准,可能会使为实施犯罪提供实质帮助的被告逃脱惩罚。③这一观点虽在前南刑庭佩里西奇案中属于少数反对意见④,但后来

---

① See Liu Daqun, *On Criminal Responsibility for Terrorist Financing An Analysis of the International Convention for the Suppression of the Financing of Terrorism*, International Criminal Responsibility of War's Funders and Profiteers, Cambridge University Press, 2020, p. 355.

② 该案中将帮助和唆使犯罪的行为要件总结为:"帮助者或唆使者实施的行为特殊地指向于为特定犯罪的实施者(谋杀、消灭、强奸、酷刑、肆意破坏民用财产等)提供帮助、鼓励或提供道德支持,并且此种帮助对于犯罪的实施有实质性影响。" "The aider and abettor carries out acts specifically directed to assist, encourage or lend moral support to the perpetration of a certain specific crime (murder, extermination, rape, torture, wanton destruction of civilian property, etc.), and this support has a substantial effect upon the perpetration of the crime." *The Prosecutor v. Dusko Tadic*, Appeal Judgment of 15 July 1999, IT-94-1-A, para. 229.

③ See *The Prosecutor v. Nikola Sainovic*, Appeal Judgment of 23 January 2014, IT-05-87-A, para. 1617.

④ See *The Prosecutor v. Momcilo Perisic*, Appeal Judgment of 28 February 2013, IT-04-81-A, partially dissenting opinion of Judge Liu, p. 1-6.

这一观点也得到大多数法官的赞同与支持,成为前南刑庭塞诺维奇案的多数意见。① 在《制止资恐公约》中并未明确使用"特定指向"一词;但是,资助恐怖主义犯罪中,从公约的文本解释出发,资助人提供或募集资金的行为直接指向恐怖主义犯罪,筹款捐钱就是为了资助恐怖主义。换言之,可以认为资助人提供或募集资金的行为指向恐怖主义犯罪。

另一方面,没有必要建立资助行为与特定恐怖主义袭击之间的联系,因为提供给实施恐怖活动的个人的大部分资金都被用于从事与特定恐怖袭击没有直接关系的准备工作中。② 同样地,《制止资恐公约草案》案文的提案国法国建议,公约规定的资助恐怖主义行为应不依赖于恐怖主义行为的实际发生。因此,募集或提供资金的行为与随后实施恐怖主义行为有多么遥远并不重要,资助人的心理要件才重要,上述解释也符合《制止资恐公约》第 2 条第 3 款的规定。

(二)资助恐怖主义罪与洗钱罪

虽然对洗钱没有统一的定义,但是大多数国家都赞同《联合国

---

① 对于帮助或唆使犯罪的责任是否要求特定指向的问题,前南刑庭大法官刘大群认为,塔迪奇案中对特定指向的规定,并不旨在为帮助或唆使提供完整的定义,而是为了更好地区分帮助和唆使犯罪与共同犯罪组合犯罪(Joint Criminal Enterprise)的责任形式,并不构成帮助和唆使犯罪的行为要件中实质性效果的一部分,并且习惯国际法也没有要求特定指向构成帮助和唆使犯罪的行为要件之一。See Liu Daqun, *Contribution of the United Nations Ad Hoc Tribunals to the Development of International Criminal Law*, Historical Origins of International Criminal Law, Volume 4, TOAEP, 2015, p. 143; *The Prosecutor v. Nikola Sainovic*, Appeal Judgment of 23 January 2014, IT – 05 – 87 – A, para. 1617.

② See Hamed Tofangsaz, *Supression of Terrorist Financing: Over – criminalization through International Law*, Lexington Books, 2020, p. 232.

禁止非法贩运麻醉药品和精神药物公约》对洗钱行为的规定。[①] 起初,洗钱行为与非法贩运麻醉药品之间联系紧密。毒贩首先将小面额货币通过金融工具转换为合法银行账户内的资金或其他资产。随后洗钱者利用分置、整合来将其非法收益转换为合法资金或财产。如今,洗钱的通常做法是,先将非法获得的资金转移到合法的金融系统,如将现金存入银行账户。在涉及大量现金的情况下,还将其分成较小的金额,或者存入多个金融机构,或将小面额兑换成大面额,以及将非法资金与合法货币合并等,使每笔存款不那么显眼。一旦非法资金进入金融系统,资金可能会通过其他方式(例如汇票或支票)转移,最后通过购买奢侈品、房地产、证券或其他金融资产等物品将资金整合到合法经济中。[②]

图 2 反映了资助恐怖主义行为与洗钱行为的过程,直观表现出二者的不同。此图是在多伦的《全球反恐融资和软法》中所载洗钱行为与资助恐怖主义行为的区别的基础上加以改进的。[③] 总的来

---

① 《联合国禁止非法贩运麻醉药品和精神药物公约》将洗钱行为定义如下:"(一)明知财产得自按本款(a)项确定的任何犯罪或参与此种犯罪的行为,为了隐瞒或掩饰该财产的非法来源,或为了协助任何涉及此种犯罪的人逃避其行为的法律后果而转移或转让该财产;(二)明知财产得自按本款(a)项确定的犯罪或参与此种犯罪的行为,隐瞒或掩饰该财产的真实性质、来源、所在地、处置、转移、相关的权利或所有权。"《联合国禁止非法贩运麻醉药品和精神药物公约》补充道,洗钱行为还涉及:(i)获取、拥有或使用财产,而在收到时明知该财产来自根据本款(a)项确立的一项或多项犯罪,或来自参与此类犯罪的行为。United Nations Convention against Illicit Traffic in Narcotic Drugs and Psychotropic Substances, 19 December 1988, entered into force 11 November 1990, E/CONF. 82/15, 1988, Article 3(b), available at https://www.unodc.org/pdf/convention_1988_en.pdf, accessed on 1 August 2022. FATF 将洗钱行为定义为"处理犯罪所得以掩盖其非法来源,以使犯罪的不义之财合法化"。

② See Kenneth Murray, *In the Shadow of the Dark Twin – Proving Criminality in Money Laundering Cases*, Journal of Money Laundering Control, 2016, p. 447, 451.

③ See Doron Goldbarsht, *Global Counter – terrorist Financing and Soft Law*, Edward Elgar Publishing, 2020, p. 40.

说，资助恐怖主义行为的过程与洗钱行为的过程大致相同，除了两点例外：第一，资金来源不同。用于支持恐怖主义的资金来源可能合法。第二，犯罪目的和心理要件不同。资助恐怖主义犯罪的个人或组织的主要目的不是隐瞒资金来源，而是为了支持恐怖主义犯罪。洗钱罪的目的是掩饰非法资金的来源，将犯罪所得的资金通过一系列方式，如购买奢侈品或房产转移到合法经济中，将非法收入转为合法收入。洗钱罪与资助恐怖主义犯罪也有密切的联系：第一，当资金来源非法，资助恐怖主义犯罪可能构成洗钱罪的上游犯罪，即将资助恐怖主义犯罪的犯罪所得与犯罪收益用于洗钱活动。洗钱犯罪不仅适用于实施洗钱行为的人，也适用于洗钱行为上游犯罪的实施者。第二，实施恐怖活动的个人或恐怖活动组织可能通过洗钱的方式，隐瞒资金来源，使得资助恐怖主义犯罪难以被发现，因此，可以通过打击洗钱行为来识别资助恐怖主义犯罪。第三，金融机构打击洗钱行为与打击资助恐怖主义行为的措施大致相同，因此，可通过筛查洗钱罪识别资助恐怖主义犯罪。

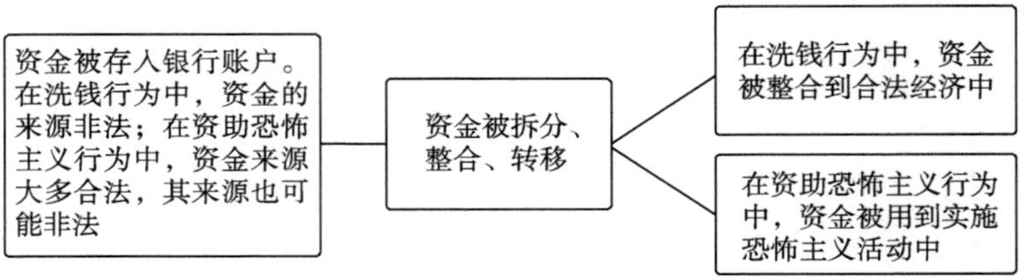

图 2　资助恐怖主义行为与洗钱行为的关系

（三）资助恐怖主义犯罪与有组织犯罪

《联合国打击跨国有组织犯罪公约》由波兰于 1996 年在联合国大会上提出，经 1999 年至 2000 年制定，于 2000 年 12 月开放签署。

截至2023年10月,该公约已有192个缔约国。[①]《联合国打击跨国有组织犯罪公约》由公约本身和三个议定书组成。三个议定书包括《关于预防、禁止和惩治贩运人口特别是妇女和儿童行为的议定书》《关于打击陆、海、空偷运移民的议定书》《关于打击非法制造和贩运枪支及其零部件和弹药的议定书》。

有组织犯罪是指由多人为获取经济利益而组成的集团所实施的犯罪行为。[②] 资助恐怖主义犯罪与有组织犯罪联系较为紧密。一方面,因为资助恐怖主义犯罪可能是有组织进行的,所以也会被认为是有组织犯罪。虽然《联合国打击跨国有组织犯罪公约》并未具体提及资助恐怖主义犯罪,但是,公约准备工作文件指出,"为了获得经济或其他物质利益"应被扩大解释。[③] 因此,有组织的资助恐怖主义犯罪可能被包括在第5条的"有组织犯罪集团"的范围内,只要资助恐怖主义犯罪的目的之一是获得经济或其他物质利益,并且有组织犯罪集团的组成人员至少包括三人。另一方面,资助恐怖主义犯罪的主体不仅包括个人,还包括法律实体。有组织犯罪集团也有可能实施或参与实施资助恐怖主义犯罪,有组织犯罪集团所获得的经济或物质利益可能直接或间接为恐怖主义犯罪所用;因此,有组织犯罪集团的资助行为可能构成资助恐怖主义犯罪。

---

① The United Nations Convention against Transnational Organized Crime, Status of Ratification, available at https://www.unodc.org/unodc/en/organized-crime/intro/UNTOC.html, accessed on 15 August 2024.

② 《联合国打击跨国有组织犯罪公约》第2条:"'有组织犯罪集团'系指由三人或多人所组成的、在一定时期内存在的、为了实施一项或多项严重犯罪或根据本公约确立的犯罪以直接或间接获得金钱或其他物质利益而一致行动的有组织结构的集团。"

③ Interpretative Notes for the Official Records (*travaux préparatoires*) of the Negotiation of the United Nations Convention against Transnational Organized Crime and the Protocols thereto, A/55/383/Add.1, 2000, p. 2, para. 3, available at https://www.unodc.org/pdf/crime/final_instruments/383a1e.pdf, accessed on 10 February 2022.

第四节　制止资助恐怖主义犯罪的国际文件

鉴于资助对恐怖主义犯罪的重要性,国际社会在打击恐怖主义犯罪的同时,还着重打击资助恐怖主义犯罪。第二次世界大战后,恐怖主义事件虽有增加,但资助恐怖主义问题还未成为国际议程的最前沿问题。由于资助恐怖主义行为与洗钱行为具有相似性,在资金来源非法的情况下,资助恐怖主义行为可能构成洗钱犯罪。但是对于资金来源合法的资助恐怖主义行为,并没有专门的法律文件予以打击。1994 年联合国大会第 49/60 号决议指出应谴责一切形式的恐怖主义行为。1996 年 12 月 17 日,联合国大会通过了第 51/210 号决议。1998 年 12 月 8 日,联合国大会第 53/108 号决议决定,由联合国大会第 51/210 号决议设立的特别委员会拟订《制止资恐公约》。1998 年,美国驻肯尼亚和坦桑尼亚大使馆遭到袭击,一定程度上推动《制止资恐公约》的制定和通过进程。1999 年 12 月 9 日,《制止资恐公约》在第 54 届联合国大会通过,这是第一个直接明确打击资助恐怖主义犯罪的国际条约。2001 年发生在美国的"9 · 11"恐怖袭击事件,进一步加强了联合国安理会着重打击资助恐怖主义犯罪的决心;因此,联合国安理会通过第 1373 号决议,不仅督促各国尽快签署、加入或批准《制止资恐公约》,还通过起诉及惩罚资助恐怖主义犯罪来遏制恐怖主义犯罪。目前,制止资助恐怖主义犯罪的国际法律文件有四类,包括《制止资恐公约》、联合国安理会的决议、2012 年 FATF 的国际标准建议和制止资助恐怖主义的区域性文件。其中《制止资恐公约》、联合国安理会的决议和制止资助恐怖主义的区域性文件是有法律约束力的国际文件。FATF 的国际标准建议没有法律约束力,但是由于很多国家主动执行其建议,因此被视为全球性的行为规范。

一、《制止资恐公约》

1996年12月17日，联合国大会通过的第51/210号决议设立了一个特别委员会，负责拟订《制止恐怖主义爆炸的国际公约》和《制止核恐怖主义行为国际公约》。1998年12月8日，联合国大会第53/108号决议决定，由联合国大会第51/210号决议设立的特别委员会开始拟订《制止资恐公约草案》案文。1999年12月9日，《制止资恐公约》在第54届联合国大会获得通过，在22个国家批准后，于2002年4月10日生效。截至2024年8月，《制止资恐公约》有190个缔约国。[①]《制止资恐公约》是第一部明确打击资助恐怖主义犯罪的国际条约。从公约的序言来看，公约的目的和宗旨在于谴责恐怖主义的一切行为与做法，通过加强国际合作，防止向恐怖主义提供资助的行为；并通过起诉和惩罚实施或从事资助恐怖主义的行为者，制止资助恐怖主义犯罪。[②] 公约不仅重视犯罪的事后惩罚，还关注犯罪的事前预防。

《制止资恐公约》共有28条规定。其中第1条主要界定了资金、国家或政府设施和收益的范围。第2条规定何种行为构成资助恐怖主义犯罪。资助人不仅可能因实施资助恐怖主义行为构成犯

---

① See International Convention for the Suppression of the Financing of Terrorism, United Nations Treaty Collection, available at https://treaties. un. org/Pages/ViewDetails. aspx? src = TREATY&mtdsg_no = XVIII - 11&chapter = 18&clang = _en, accessed on 15 August 2024.

② 《制止资恐公约》"序言"规定："深信迫切需要增强各国之间的国际合作，制定和采取有效的措施，以防止向恐怖主义提供资助，和通过起诉及惩罚实施恐怖主义行为者来加以制止。"该序言的英文文本为："Being convinced of the urgent need to enhance international cooperation among States in devising and adopting effective measures for the prevention of the financing of terrorism, as well as for its suppression through the prosecution and punishment of its perpetrators. "实际上，《制止资恐公约》"序言"中的英文本意为"通过起诉和惩罚实施资助恐怖主义行为者来加以制止"，但中文文本翻译为"通过起诉和惩罚实施恐怖主义行为者来加以制止"。

罪,并且通过共犯、组织或指使、协助以共同目的行事的团伙等责任形式的参与也构成犯罪。《制止资恐公约》从预防犯罪的角度,将实施资助恐怖主义行为未遂规定为犯罪。另外,公约起草者考虑到,一个国家在成为《制止资恐公约》的缔约国时,可能未完全加入或批准公约附件所列的所有9个条约,因此,公约规定缔约国可以发表声明排除适用一国未加入的条约;随后该国成为该附件条约的缔约国时,该排除声明不再有效。相反,如果《制止资恐公约》的缔约国不再是附件中某一条约的缔约国,可以通过发表声明排除条约对该国的适用。由于声明是可选择的,因此,有些国家即使不是附件中所有条约的缔约方,若无特别声明,也会受到附件中9个条约的约束。根据《制止资恐公约》第3条的规定,资助恐怖主义行为必要包含跨国性,即排除对在一国境内实施的、犯罪嫌疑人身在一国境内且为该国公民实施的行为的管辖。根据《制止资恐公约》第4条和第6条的规定,缔约国须在其国内法中设立资助恐怖主义犯罪并予以惩治,并且不得以政治、宗教等因素为其辩解。《制止资恐公约》第5条是对法律实体责任的规定。《制止资恐公约》第7条是对国家确立管辖权的规定。其中,不仅规定了缔约国"应"确立管辖权的几种方式,还规定了缔约国"可以"确立管辖权的方式;在不妨碍一般国际法准则的情况下,公约不排除任何国内法中对该犯罪确立管辖权的方式,包括确立普遍管辖权。《制止资恐公约》第8条要求各缔约国识别、扣押、没收用于为恐怖主义行为提供资助的资金。这里的资金不仅指向恐怖主义提供或募集的资金,还包括犯罪所得的收益。同时,第8条还规定没收的资金应部分地用于补偿受害人或其家属,并且没收的资金不应影响善意第三人的合法权利。《制止资恐公约》第9至12条规定了缔约国进行初步调查、引渡、司法协助的义务和犯罪嫌疑人享有的权利,第13至15条是关于允许与不允许作为引渡或司法协助的理由的规定,第16至17条规定对犯罪嫌疑人的权利保障。《制止资恐公约》第18条要求各国加强国际合作，必要时还可以修改国内法律，打击并遏制在一国境内为实施资助恐怖主义行为而进行的准备工作，并在国际社会形成整体的打击资助恐怖主义犯罪的体系。此类措施包括：各国应禁止在其领土内的个人或组织鼓励、怂恿、组织或从事《制止资恐公约》所确立的犯罪，并要求金融机构利用最有效的措施来识别可疑客户，特别注意异常或可疑交易，并报告可疑交易，不必担心因违反信息披露规则而承担刑事或民事责任，且要求金融机构保留所有必要交易记录至少5年。

《制止资恐公约》第23条规定了附件中公约增列的问题。虽然对于以后增列的条约，规定了三项要求，但总体来说对可增列的条约要求较低，大多条约一经生效很容易满足其要求；而反对将条约加入附件的难度较高。[①]《制止资恐公约》第24条规定了争端如何解决[②]，即先进行谈判，再进行仲裁，如仍未能达成一致可诉诸国际法院。就谈判而言，公约中并没有明确指出何为“不能通过谈判解决”的争端。在马弗罗马蒂斯案中，常设国际法院认为，进行谈判的目的是在进行仲裁或审判前，当事方各方都能得知该案件。[③] 谈判

---

① 《制止资恐公约》第23条第3款规定：“除非有三分之一的缔约国在拟议的修改分发后180天内提出书面通知表示反对，否则有关修改视为通过。”

② 《制止资恐公约》第24条规定：“两个或两个以上的缔约国之间有关本公约的解释或适用的任何争端，如果在一段合理时间内不能通过谈判解决，经其中一方要求，应交付仲裁。如果自要求仲裁之日起六个月内，当事各方不能就仲裁的安排达成协议，其中任何一方可以根据《国际法院规约》，以请求书将争端提交国际法院。”

③ *Mavrommatis Palestine Concessions* (Greece *v.* Britain), PCIJ Judgment of 30 August 1914, para. 27: “This rule recognises, in fact, that before a dispute can be made the subject of an action at law, its subject matter should have been clearly defined by means of diplomatic negotiations. (…) When negotiations between the private person and the authorities have already—as in the present case—defined all the points at issue between the two Governments, it would be incompatible with the flexibility which should characterise international relations to require the two Governments to reopen a discussion which has in fact already taken place and on which they rely.”

与争端的根本不同在于谈判“至少需要冲突一方真正试图与冲突另一方进行讨论,以期解决争端”①。对于所需的谈判时间,公约并未明确规定,而是指出缔约国间需要在合理时间内进行谈判。

总之,《制止资恐公约》明确以国际公约的形式将资助恐怖主义行为规定为犯罪。此前,资助恐怖主义行为往往不被单独规定为犯罪,更难以将帮助、组织、指使他人实施资助恐怖主义行为规定为犯罪,弥补了现有部门性的恐怖主义公约的不足。更重要的是,此前必须证明资助行为与具体的恐怖主义行为相关才能予以定罪,而《制止资恐公约》规定资金不必实际用于实施恐怖主义行为,当恐怖主义行为未发生时,故意为恐怖主义提供或募集资金也构成资助恐怖主义犯罪,因此,能够更好地预防恐怖主义行为的发生。所有加入、签署或批准《制止资恐公约》的国家都需要遵守该公约规定的义务,其他未加入、未签署及未批准的国家至少有善意履行该公约的义务和不从事该公约禁止的行为义务,并遵守联合国安理会的决议和 FATF 的建议。当然,《制止资恐公约》也存在一些问题,如回避了民族自决或民族解放运动的合法性的问题,在将《制止资恐公约》应用于实际案件时,增加了解释难度。另外,《制止资恐公约》不包含缔约国对公约的执行情况进行审查的规定,这也是一大缺憾。

二、联合国大会与安理会的决议

1996 年 12 月 17 日,联合国大会通过了第 51/210 号决议,敦促所有国家采取措施防止和打击恐怖主义行为与资助恐怖主义行为。两年后,为实施上述决议,联合国大会决定起草《制止资恐公约》。

---

① *Case Concerning Application of the International Convention on the Elimination of All Forms of Racial Discrimination* (Georgia *v.* Russian Federation), Preliminary Objections, Judgment of 1 April 2011, para. 157.

随后,《制止资恐公约》的一些规定被纳入联合国安理会根据《联合国宪章》第七章通过的决议中,这意味着《制止资恐怖公约》中规定的一些义务,对于尚未成为公约缔约方的国家也具有约束力。[①] 联合国安理会的打击资助恐怖主义犯罪的两项关键决议是第 1267 号决议和第 1373 号决议。联合国安理会第 1267 号决议主要针对阿富汗的情势,决定对塔利班及与之相关的个人和实体进行制裁,包括冻结实施恐怖活动的个人的资产。联合国安理会第 1373 号决议是为应对"9·11"恐怖袭击事件而通过的,它要求所有国家通过其国内立法将资助恐怖主义行为定为犯罪,并防止和制止资助恐怖主义行为。

(一)联合国大会的决议

1994 年,联合国安理会第 49/60 号决议第一次使用"资助恐怖主义行为"一词。[②] 1996 年 12 月 17 日,联合国大会通过了第 51/210 号决议,联合国大会的决议虽然没有法律拘束力,但第 51/210 号决议设立的特别委员会拟订《制止资恐公约草案》案文,促成了《制止资恐公约》的签订,并敦促所有国家防止和打击资助实施恐怖活动的个人和恐怖活动组织的行为。[③] 联合国大会 2006 年制定《联合国

① 一般认为,根据《联合国宪章》第 25 条和第 48 条的规定,联合国安理会根据《联合国宪章》第七章采取的行动,使用"决定"(decide)一词,对联合国所有会员国都是有约束力的。不具有约束力的建议一般使用英文"call upon"或"recommand"。以下安理会的决议中的"决定"是有约束力的:第 1267 号决议、第 1333 号决议、第 1373 号决议和第 1390 号决议。

② General Assembly Resolution 49/60, Measures to Eliminate International Terrorism, Annex Ⅱ, 9 December 1994, paras. 4 – 5.

③ "通过适当的国内措施,防止和打击资助实施恐怖活动的个人和恐怖活动组织的行为。不论此资助是合法获得,或通过具有慈善、社会或文化目标的组织,或通过非法活动,例如非法武器贩运、毒品交易和敲诈勒索。特别是酌情考虑采取监管措施,以防止和制止旨在用于恐怖主义目的涉嫌犯罪的资金流动,并且不以任何方式阻碍合法资本流动的自由,并加强有关此类资金流动的国际信息交流。"UN General Assembly, Measures to Eliminate International Terrorism, A/Res/51/210, published on 17 December 1996, para. 3(f).

全球反恐战略》[①],资助恐怖主义的行为被包含其中。2020年,联合国大会设立"全球侦查、预防和打击资助恐怖主义项目"[②],以支持联合国反恐办公室在反恐融资方面的工作,并向会员国提供援助。

(二)联合国安理会的决议

1998年联合国安理会第1214号决议中要求塔利班停止毒品贸易。[③] 1999年第1267号决议重申打击国际恐怖主义的重要性,要求各国制裁和冻结塔利班或由塔利班拥有或控制的企业的资产。[④] 1999年联合国安理会第1269号决议指出,国际恐怖主义危害国际社会的和平与安全,呼吁所有国家相互合作,禁止在一国领土内为恐怖主义行为进行准备工作,并禁止资助恐怖主义的行为。[⑤] 2000年联合国安理会第1333号决议,要求各国国民不从乌萨马·本·拉丹和与他有关联的个人和实体直接或间接拥有或控制的资产中获得资金,也不为其提供任何资金。[⑥] 2001年联合国安理会第1363号

---

① UN Global Counter - Terrorism Strategy(A/RES/60/288),2006.

② The Global Programme on Detecting, Preventing and Countering the Financing of Terrorism, 2020.

③ Security Council Resolution 1214(1998), Adopted by the Security Council at Its 3952nd Meeting, S/RES/1214(1998), 8 December 1998, p. 1 - 4.

④ Security Council Resolution 1267(1999), Adopted by the Security Council at Its 4051st Meeting on 15 October 1999, S/RES/1267(1999), 15 October 1999, p. 1 - 4.

⑤ Security Council Resolution 1269 (1999) on International Cooperation in the Fight against Terrorism, Adopted by the Security Council at Its 4053rd Meeting, S/RES/1269(1999), 19 October 1999, para. 4. Clunan, Anne L., *The fight against terrorist financing*, Political Science Quarterly, 2006, p. 575 - 576.

⑥ "毫不拖延地冻结经委员会认定是乌萨马·本·拉丹以及与他有关的个人和实体,包括'基地'组织的资金和其他金融资产,并包括由乌萨马·本·拉丹以及与他有关的个人和实体拥有或直接间接控制的财产所衍生或产生的资金。" United Nations, Report of the Committee of Experts Appointed Pursuant to Security Council Resolution 1333(2000), 19 December 2000, S/RES/1333(2000), para. 8.

决议主要监测第 1267 号与第 1333 号决议的执行情况。[①]

2001 年 9 月 11 日联合国安理会第 1373 号决议提供了一系列旨在打击恐怖主义行为及打击资助恐怖主义行为的措施。[②] 2002 年联合国安理会第 1452 号决议对第 1267 号决议、第 1333 号决议、第 1390 号决议中的冻结资产的措施规定了例外情形，如满足基本生活所需资金不应被冻结。[③] 2003 年联合国安理会第 1455 号决议敦促所有国家执行第 1373 号决议。[④] 2003 年联合国安理会第 1456 号决议要求各国合作执行对塔利班、“基地”组织及其同伙的制裁，并与第 1363 号决议设立的监测组合作。[⑤] 2004 年联合国安理会第 1526 号决议督促各国执行第 1373 号决议，呼吁各国减少资金流向“基地”组织、乌萨马·本·拉丹或塔利班[⑥]，并决定改进先前决议中的制裁措施。2004 年联合国安理会第 1540 号决议指出需要防止并制止非国家行为者实施的、以恐怖主义为目的的资助“核生化武

---

① Resolution 1363(2001), Adopted by the Security Council at Its 4352nd Meeting, S/RES/1363(2001), 30 July 2001.

② Security Council Resolution 1373(2001) on Threats to International Peace and Security Caused by Terrorist Acts, S/RES/1373(2001), 28 September 2001, paras. 1 – 4.

③ Resolution 1452(2002), Adopted by the Security Council at Its 4678th Meeting, 20 December 2002, p. 1 – 2.

④ Resolution 1455(2003), Adopted by the Security Council at Its 4686th Meeting, 17 January 2003, p. 1 – 3.

⑤ Resolution 1456(2003), Adopted by the Security Council at Its 4688th Meeting, 20 January 2003, p. 1 – 4.

⑥ “呼吁各国采取有力和果断的行动，减少资金和其他金融资产和经济资源流向‘基地’组织、乌萨马·本·拉丹和/或塔利班，酌情考虑国际准则和标准打击资助恐怖主义的活动，包括为防止滥用非营利组织和非正式/替代汇款系统而制定的准则和标准。” United Nations, First Report of the Analytical Support and Sanctions Monitoring Team Appointed Pursuant to Resolution 1526(2004) concerning Al – Qaida and the Taliban and Associated Individuals and Entities, S/2004/679, 25 August 2004, para. 4.

器及其运载工具”的行为。[①] 2004 年联合国安理会第 1566 号决议决定为更好地执行第 1373 号决议,由反恐怖主义委员会与国际组织合作制定一套最佳范例,并为各国执行决议提供援助。[②]

2014 年联合国安理会第 2133 号决议谴责恐怖活动组织为募集资金而从事的绑架或劫持人质行为。[③] 2014 年联合国安理会第 2178 号决议,要求联合国会员国均应确保打击并惩治实施或协助实施资助恐怖主义犯罪的行为人。[④] 2015 年联合国安理会第 2199 号决议指出“伊斯兰国”、“基地”组织及相关个人或实体可能通过破坏基础设施、掠夺自然资源、绑架勒索等方式获得资金,并为各国提供打击上述方式的具体措施,如冻结相关的资金和资源。[⑤] 2015 年联合国安理会第 2253 号决议重申各国应执行第 1373 号决议,并执行 FATF 国际标准建议。[⑥] 2017 年联合国安理会第 2395 号决议重申各

---

① “禁止任何非国家行为者,尤其是为恐怖主义目的而制造、获取、拥有、开发、运输、转移或使用核生化武器及其运载工具,以及禁止企图从事上述任何活动、作为共犯参与这些活动、协助或资助这些活动的图谋。”Security Council resolution 1540(2004) on non - proliferation of nuclear, chemical and biological weapons, S/RES/1540, adopted by the Security Council at its 4956th meeting, 28 April 2004, para. 2.

② Resolution 1566(2004), Adopted by the Security Council at Its 5053rd Meeting, 8 October 2004, p. 1 - 3.

③ Resolution 2133(2014), Adopted by the Security Council at Its 7101st Meeting, 27 January 2014, p. 1 - 3.

④ 要求联合国会员国将“任何参与资助、筹划、筹备或实施恐怖主义行为或参与支持恐怖主义行为的人”绳之以法,并督促国家应在“涉及资助或支持恐怖主义行为的刑事调查或刑事诉讼中互相给予最大程度的协助”。Security Council Resolution 2178(2014) on Threats to International Peace and Security Caused by Foreign Terrorist Fighters, S/RES/2178, Adopted by the Security Council at Its 7272nd Meeting, 24 September 2014, paras. 6, 12.

⑤ Resolution 2199(2015), Adopted by the Security Council at Its 7379th Meeting, 12 February 2015, p. 1 - 7.

⑥ Resolution 2253(2015), Adopted by the Security Council at Its 7587th Meeting, 17 December 2015, p. 7 - 8.

国有义务防止与制止资助恐怖主义行为。[①] 2019 年联合国安理会第 2462 号决议重申各国应合作防止及制止资助恐怖主义行为,关注实施恐怖活动的个人及其支持者对新技术的使用,并确保各国打击恐怖主义行为与资助恐怖主义的行为应以遵守国际法、国际人权法、国际人道法、国际难民法为前提。[②] 2019 年联合国安理会第 2482 号决议鼓励各国开展资助恐怖主义行为的情报交流。[③] 2021 年联合国安理会第 2617 号决议指出各国有义务打击并制止资助恐怖主义行为,防止金融技术和产品被用于资助恐怖主义,还指出反恐措施应建立在保护人权的基础上。[④]

上述联合国安理会决议中,对于打击资助恐怖主义行为最为重要的决议是联合国安理会第 1267 号决议和第 1373 号决议。

1. 联合国安理会第 1267 号决议

联合国安理会第 1267 号决议基于阿富汗的情势,强烈谴责发生于阿富汗领土上的、在塔利班控制区窝藏、训练实施恐怖活动的个人的行为。第 1267 号决议决定根据《安理会暂行议事规则》第 28 条设立一个委员会,定期发布与更新与塔利班和"基地"组织有关联

---

① Resolution 2395(2017), Adopted by the Security Council at Its 8146th Meeting, 21 December 2017, p. 1 – 10.

② Resolution 2462(2019), Adopted by the Security Council at Its 8496th Meeting, 28 March 2019, p. 1 – 8.

③ Resolution 2482(2019), Adopted by the Security Council at Its 8582nd Meeting, 19 July 2019, p. 1 – 7.

④ Resolution 2617(2021), Adopted by the Security Council, 30 December 2021, p. 1 – 13.

的个人和实体名单。[①] 根据《联合国宪章》第七章,决议要求各国对列入制裁综合清单上的个人和实体采取以下三项措施:冻结资产、旅行禁令、武器禁运。对于冻结资产的措施,经委员会批准,基本生活开支和特殊开支所必需的资金可作为冻结资产的豁免。联合国安理会随后通过的决议对制裁名单作了调整。[②] 截至 2022 年 10 月,名单中包括与塔利班、"伊斯兰国"、"努斯拉阵线"和"基地"组织[③]等相关的个人和实体。[④]

2. 联合国安理会第 1373 号决议

联合国安理会第 1373 号决议主要目的是防止和制止恐怖主义行为、防止和制止资助和筹备恐怖主义行为,该决议中包含两项强制性要求。第一项强制性要求包含以下内容:各国将以实施恐怖主义犯罪为目的募集资金的行为定为犯罪;冻结实施或企图实施恐怖主义行为的人的资金,以及由这些人控制或在其指示下行事的任何实体的资金;防止国家的国民和其领土内的任何人向实施恐怖活动的个人或向实施恐怖活动的个人控制或指挥下的任何实体提供任

---

① 指定的名单是由委员会在非公开会议上根据联合国会员国提供的资料作出的。提议增加的名单应包括增加的基础或理由的叙述性描述。个人或实体可以提出,要求委员会根据制定的程序将个人或实体从名单中删除,并向居住地或所属国的政府提出申请书,要求对案件进行审查。如果政府认可申请书,需要与原指定机关就除名达成协议。在没有达成除名协议的情况下,认可的政府可以将情势提交给(特设)制裁委员会(特设),随后提交给联合国安理会。Guidelines of the Committee for the Conduct of its Work,7 November 2002,para. 5(b).

② 包括联合国安理会第 1333 号决议、第 1390 号决议、第 1455 号决议、第 1526 号决议、第 1617 号决议、第 1735 号决议、第 1822 号决议、第 2253 号决议。

③ 联合国安理会第 2253 号决议决定将"'基地'组织制裁名单"称为"'伊黎伊斯兰国'(达伊沙)和'基地'组织制裁名单"。

④ 《联合国指定的实施恐怖活动的个人和恐怖活动组织名单》,United Nations Security Council Consolidated List, Generated on 7 September 2024, https://main.un.org/securitycouncil/en/content/un - sc - consolidated - list, accessed on 7 September 2024。

何形式的金融服务。第二项强制性要求指出,各国应通过以下措施防止恐怖主义行为的发生:禁止招募实施恐怖活动的个人;起诉为恐怖主义行为提供资助或帮助的人;阻止实施恐怖活动的个人在国家间流动。高度重视国际合作,要求各国交换信息,以便为尚未施的恐怖主义行为提供早期预警,并在刑事调查中提供帮助。① 我国对联合国安理会第 1373 号决议也投了赞成票。

虽然联合国安理会第 1373 号决议是针对 2001 年 9 月 11 日发生在美国的恐怖袭击而通过的,但决议文本使用的术语实际具有普遍性,以预防、起诉和惩罚所有资助恐怖主义的行为。例如,在关于冻结实施恐怖活动的个人的资产的内容中,该决议没有提及个人或实体名单,冻结措施也不仅限于针对联合国安理会第 1267 号决议指明的实施恐怖活动的个人或组织名单。另外,联合国安理会第 1373 号决议还决定成立反恐怖主义委员会,联合国安理会第 1535 号决议设立了反恐委员会执行局,二者共同监督各国执行联合国安理会第 1373 号决议。②

三、FATF 的反洗钱和反资助恐怖主义建议

FATF 是 1989 年成立的政府间机构,截至 2023 年 1 月,FATF 的成员包括 37 个国家或地区和 2 个区域性的组织,另有 9 个 FATF 的区域机构,作为准成员与 FATF 合作打击资助恐怖主义犯罪(见附件三)。③ FATF 于 1990 年发布了 40 项关于打击洗钱的建议,1996 年

---

① Security Council Resolution 1373(2001) on Threats to International Peace and Security caused by Terrorist Acts, S/RES/1373(2001), 28 September 2001, paras. 1 – 3.

② Security Council Resolution 1535(2004) on Revitalization of the Security Council Committee Established Pursuant to Resolution 1373(2001) concerning Counter – Terrorism, S/RES/1535(2004), 26 March 2004.

③ See FATF Members, available at https://www. fatf – gafi. org/en/countries/fatf. html, accessed on 10 January 2023.

后,FATF 的工作重点从反洗钱演变为处理任何严重犯罪或违法所得的洗钱。2001 年发生在美国的“9·11”恐怖袭击事件引发了全球对恐怖主义行为的关注,虽然打击资助恐怖主义行为不是 FATF 的职责,但七国集团于 2001 年 9 月 25 日呼吁 FATF 将反资助恐怖主义纳入其工作范围。[①] 2001 年,FATF 在华盛顿的会议上决定打击资助恐怖主义行为并发布了《反恐怖融资特别建议》。FATF 于 1996 年、2003 年两次修订该特别建议,并于 2004 年修订为《反恐怖融资九项特别建议》。[②] 2012 年,FATF 将该反恐融资的特别建议完全融入《反洗钱四十项建议》中,并改为《打击洗钱、恐怖融资和扩散

① See Doron Goldbarsht, *Global Counter - terrorist Financing and Soft Law*, Edward Elgar Publishing, 2020, p. 57 - 58.

② 2004 年《反恐怖融资九项特别建议》包括:特别建议一要求各国批准《制止资恐公约》,并执行安理会的相关决议。特别建议二提出各国应将资助恐怖主义、资助恐怖行为和资助恐怖活动组织规定为刑事犯罪。“恐怖主义行为”一词是指《制止资恐公约》缔约方已同意将其定为犯罪的行为。特别建议没有定义“恐怖活动组织”,由每个国家自己来定义。特别建议三要求冻结和没收实施恐怖活动的个人的资产。《制止资恐公约》、联合国安理会决议和 2012 年 FATF 国际标准建议以不同方式处理资助实施恐怖活动的个人资金的冻结、扣押和没收。特别建议四要求报告与恐怖主义有关的交易。金融机构提交的可疑交易报告范围扩大到包括涉嫌与恐怖主义有关的交易。各国可以选择使用主观标准作为报告依据,如金融机构怀疑交易与恐怖主义有关,也可选择更客观的标准,如金融机构有合理理由怀疑交易与恐怖主义有关。特别建议五主要对国际合作进行了规定。特别建议六是对替代性汇款系统的规定。替代性汇款系统是指不使用银行等正规金融部门机构来实现资金从一国向另一国转移的汇款系统。根据指导说明,该建议的作用是要求:(1)替代性汇款系统或转账服务获得许可或注册;(2)将义务扩展到其他汇款系统;(3)在未能遵守这些要求的情况下可以实施制裁。特别建议七主要涉及加强国际、国内电汇客户识别措施。其标准是:(1)识别或确认国内和国际资金转移的发起人信息;(2)金融机构在转移资金过程的每个阶段保留信息;(3)国家要求金融机构更仔细地检查或监控无法获得完整发起人信息的资金转移。该要求扩展到金融机构、外汇和汇款服务。特别建议八主要针对非营利组织,规定各国应审查国内与资助恐怖主义行为相关的实体,包括将非营利组织作为转移、隐藏资金的渠道。特别建议九规定了现金交易,指出各国应采取措施,监测与资助恐怖主义行为有关的现金或不记名可转让票据的跨境运输。各国还应采取措施,以便没收此类现金或票据。

融资的国际标准:FATF建议》(以下简称2012年FATF国际标准建议),该文件为所有国家和地区提供具体的反洗钱和反资助恐怖主义的国际标准建议,世界银行和国际货币基金组织董事会已经承认了2012年FATF国际标准建议,并将该标准添加到与其业务相关的工作中。2012年FATF国际标准建议虽然没有约束力,但是由于近190个国家接受其建议并主动施行,因此被作为打击洗钱与资助恐怖主义行为的国际标准。① 各国与被FATF公开列入高风险国家或地区名单(以下简称黑名单)或加强监督下的国家或地区名单(以下简称灰名单)上的国家或地区进行的交易都将被严格审查,相当于被金融制裁,因此,各国都尽力遵守2012年FATF国际标准建议。

从2014年起,FATF依据2012年FATF国际标准建议开展评估,该标准的第三节主要是打击资助恐怖主义行为的措施。该标准的第5条规定,各国应根据《制止资恐公约》将资助恐怖主义行为规定为犯罪,即使与特定的恐怖主义行为并无关联。第6条指出,应根据联合国安理会的决议,对指定的实施恐怖活动的个人与恐怖活动组织实行经济制裁。应毫不拖延地冻结联合国安理会指定名单中的实施恐怖活动的个人和恐怖活动组织的资金,并确保此资金不会被上述个人或实体使用。第29至31条规定应为执法机构、调查机构和金融情报机构配备所有必要的权力和资源。第32条规定各国应采取措施监测非法跨境现金或不记名可转让票据的运输。第2条和第37至40条规定确保及时进行包括资产的冻结和没收在内的国际合作。第8至23条规定采取预防措施来保护可能被恐怖主义滥

① 《打击洗钱、恐怖融资与扩散融资的国际标准:FATF建议》,https://www.fatf-gafi.org/media/fatf/documents/recommendations/pdfs/Chinese-FATF-Recommendations-2012_(Updated%20June%202019).pdf。

用的部门如金融机构、非营利组织,这些预防性措施、监督和国际合作等内容既适用于反洗钱行为,又适用于打击资助恐怖主义行为。FATF一方面要求其成员遵守关于反洗钱和关于反恐怖融资的建议,另一方面也在全球范围内促使非成员采纳上述建议。实际上,由于非成员没有施行统一的标准,一些非成员对于反洗钱和反恐怖融资的监管会更为宽松。

总之,《制止资恐公约》、联合国安理会的决议、2012年FATF国际标准建议中既有相同又有不同之处:第一,就资产的冻结、扣押、没收来说,《制止资恐公约》、联合国安理会的决议和2012年FATF国际标准建议规定不同。《制止资恐公约》对于资产的冻结方面规定较为全面,包含资产识别、侦查、冻结、扣押和没收各个方面,并且只对实施犯罪使用的资金和犯罪所得收益规定采取上述措施。2012年FATF国际标准建议提及资产冻结、扣押和没收三个方面,资产的范围不仅包括实施犯罪使用的资金和犯罪所得收益,还包括打算用于资助恐怖主义犯罪的资产及收益。联合国安理会第1373号决议规定冻结资产,对资产范围规定较广,不限于第1267号决议指定的实施恐怖活动的个人和组织名单中个人或组织资产,而是包括所有与恐怖主义相关的个人或组织资产;不仅包含实施犯罪使用的资金和犯罪所得收益,还包含个人控制的资产,对冻结时间没有限定。第二,《制止资恐公约》中将资助恐怖主义行为规定为犯罪,2012年FATF国际标准建议将资助实施恐怖活动的个人和组织的行为均定为刑事犯罪,联合国安理会第1373号决议主要涉及资助恐怖主义行为及资助实施恐怖活动的个人。第三,虽然2012年FATF国际标准建议与《制止资恐公约》和联合国安理会第1373号决议的规定有所重叠,但2012年FATF国际标准建议规定的替代性汇款系统、电汇和非营利组织的内容,其他两类国际文件中并不包含。

四、制止资助恐怖主义犯罪的区域性文件

(一)《欧亚反洗钱和反恐怖融资组织协议》[①]

欧亚反洗钱和反恐怖融资组织[②]的基本文件是《欧亚反洗钱和反恐怖融资组织协议》。该协议重视推动各国在打击洗钱、打击资助恐怖主义等方面的交流和协调合作,并在确保各国金融体系的透明度、可靠性和安全性方面发挥重要作用,以协助满足 2012 年 FATF 国际标准建议和其他国际组织的标准。该协议第 2 条规定了该组织的具体职责[③],并对组织机构(大会、秘书处)、成员方、观察员、财务、工作语言、协议的修订、争端解决、协议的退出等问题进行规定。

(二)欧盟理事会 1999 年 12 月 9 日《关于合作打击资助恐怖活动组织的建议》[④]

《关于合作打击资助恐怖活动组织的建议》旨在加强打击资助恐怖主义方面的国家合作,并加强对恐怖活动组织的结构或实施犯

---

① Agreement on the Eurasian Group on Combating Money Laundering and Financing of Terrorism, 2011, https://eurasiangroup.org/files/uploads/files/about_eag/documents/statutory_documents/Agreement.pdf, accessed on 5 August 2022.

② 欧亚反洗钱和反恐怖融资组织是一个区域性反洗钱与反恐融资政府间组织,于 2004 年 10 月在莫斯科成立,是目前世界上覆盖面积最大、涉及人口最多的地区性反洗钱和反资助恐怖主义的国际组织。截至 2024 年 10 月,该组织的正式成员国包括白俄罗斯、中国、哈萨克斯坦、吉尔吉斯斯坦、印度、俄罗斯、塔吉克斯坦、土库曼斯坦和乌兹别克斯坦 9 个国家。乌克兰、意大利、美国、土耳其等 16 个国家和 FATF、世界银行、国际货币基金组织、欧亚经济共同体、国际刑事警察组织、联合国毒品和犯罪问题办公室等 24 个国际或区域组织构成该组织的观察员。

③ 职责包括:"协助并配合成员国实施金融行动特别工作组的 40 项建议;制定和开展旨在打击洗钱和资助恐怖主义的联合活动;根据金融行动特别工作组的 40 项建议实施成员国互评计划,包括评估在反洗钱和反资助恐怖主义工作领域采取的立法和其他措施的有效性;与专门的国际组织、机构和有关国家协调国际合作和技术援助计划;分析洗钱和资助恐怖主义的趋势(类型)并交流打击此类犯罪的最佳做法。"

④ European Union Council Recommendation of 9 December 1999 on Cooperation in Combating the Financing of Terrorist Groups, 1999C 373/01, 23 December 1999.

罪的手段等情报进行交换。该建议要求所有欧盟成员国都应确保所传递的信息绝对保密,保证所传递的事实应专门用于打击资助恐怖活动组织的目的,未经发送成员国同意,不应允许与第三国共享信息。为了加强欧盟成员国的合作,该建议指出欧洲刑警组织应尽可能参与其中。值得注意的是,该建议并不具备约束力,只具有建议的性质。当特定的恐怖活动组织违反欧盟成员国的国内法的情况下,欧盟成员国应在各国国内法律允许的范围内执行欧盟理事会的建议。

(三)欧洲委员会通过的法律文件

欧洲委员会(Council of Europe)1977 年通过了《欧洲制止恐怖主义公约》[①],但该公约并未对资助恐怖主义行为进行规定。2003 年 5 月 15 日欧洲委员会通过《惩治恐怖主义的欧洲公约的议定书修正案》,[②]其中第 1 条规定对《欧洲制止恐怖主义公约》第 1 条第 1 款补充规定中包括资助恐怖主义犯罪。2003 年《惩治恐怖主义的欧洲公约的协定书修正案》还规定犯罪未遂、参与犯罪、组织或指使他人实施该公约禁止行为构成犯罪。2005 年欧洲委员会通过、2007 年生效的《制止恐怖主义的欧洲委员会公约》[③],第 1 条规定恐怖主义犯罪的类别包括《制止资恐公约》规定的资助恐怖主义行为。2005 年,欧洲委员会通过了《关于犯罪所得的清洗、搜查、扣押和没收以及资助恐怖主义的公约》[④],这是欧洲委员会第一个既涵盖防止和制止洗

---

① European Convention on the Suppression of Terrorism,1977.

② Protocol Amending the European Convention on the Suppression of Terrorism, Council of Europe,2003,available at https://rm. coe. int/168008370d,accessed on 1 November 2022.

③ Council of Europe Convention on the Prevention of Terrorism,2005.

④ Convention on Laundering, Search, Seizure and Confiscation of the Proceeds from Crime and on the Financing of Terrorism,2005.

钱行为，又包含预防和制止资助恐怖主义行为的国际条约。2005年《关于犯罪所得的清洗、搜查、扣押和没收以及资助恐怖主义的公约》对于资助恐怖主义犯罪的定义直接源于《制止资恐公约》第2条。该公约第三章规定国内应采取的措施，如调查措施，冻结、扣押和没收的措施；第四章对国际合作予以规定；第五章对金融情报机构之间的合作与调查进行规定。该公约还规定建立一个监测机制，以确保缔约方履行制止资助恐怖主义行为的义务。

(四)《打击恐怖主义、分裂主义和极端主义上海公约》

2001年中国与俄罗斯等6国于上海签署了《打击恐怖主义、分裂主义和极端主义上海公约》。该公约第6条明确规定各缔约国应防止与惩治为实施恐怖主义行为而向任何个人或组织提供资金、供应武器和弹药或任何其他形式的援助的行为；第7条规定缔约各方可以就已查明或怀疑为本公约规定的恐怖主义行为提供资金的行为进行信息交换。

(五)《东南亚国家联盟反对恐怖主义公约》①

东南亚国家联盟为加强成员国打击恐怖主义犯罪的国际和区域合作，制定了《东南亚国家联盟反对恐怖主义公约》，该公约于2011年5月27日起生效。该公约第2条规定《制止资恐公约》中禁止的行为属于《东南亚国家联盟反对恐怖主义公约》的恐怖主义犯罪的范围；第6条规定各缔约国应合作以防止和制止资助恐怖主义行为，并确保各缔约国将实施或参与实施资助恐怖主义行为的个人绳之以法。

(六)《美洲国家间反恐公约》②

为加强美洲国家防止与打击恐怖主义犯罪，2002年美洲国家组

① Asean Convention on Counter Terrorism, entered into force on 27 May 2011.

② Inter - American Convention against Terrorism, entered into force on 10 July 2003.

织大会第三十二届会议通过了《美洲国家间反恐公约》。该公约第2条将《制止资恐公约》范围内的犯罪纳入其管辖范围;第4条规定通过制定法律和监管制度防止和打击资助恐怖主义的措施,包括银行应建立客户身份识别、可疑交易报告、记录保存等制度,并对跨境现金等加强监测和监控;第5条规定扣押和没收资金或资产的措施。

(七)欧盟第2005/60/EC号、第2015/849号、第2017/541号指令

欧盟关于防止利用金融系统进行洗钱和资助恐怖主义的第2005/60/EC号指令第1条第1款指出:"成员国应确保禁止洗钱和资助恐怖主义。"[①]资助恐怖主义行为在欧盟2005/60/EC号指令中被定义为:"以任何方式直接或间接提供或募集资金,并故意将全部或部分资金用于实施任何被定义为恐怖主义的犯罪。"[②]欧盟第2015/849号指令制定了防止使用欧盟金融系统实施以洗钱或资助恐怖主义为目的的行为的通用规则,欧盟第2015/849号指令修改了欧洲议会和理事会第2012/648号条例,并废止第2005/60/EC号指令和第2006/70/EC号指令。2017年3月15日欧盟打击恐怖主义的第2017/541号指令第11条规定了资助恐怖主义犯罪,并指出欧盟成员国内对于与恐怖活动组织有关的犯罪和与恐怖主义行为有关的犯罪的定义应统一,以便全面地涵盖外国恐怖主义战斗人员的

---

① Directive 2005/60/EC of the European Parliament and of the Council of 26 October 2005 on the Prevention of the Use of the Financial System for the Purpose of Money Laundering and Terrorist Financing, 25 November 2005.

② Directive 2005/60/EC of the European Parliament and of the Council of 26 October 2005 on the Prevention of the Use of the Financial System for the Purpose of Money Laundering and Terrorist Financing, 25 November 2005, p. 15 – 36.

行为和与资助恐怖主义有关的行为。[①] 该指令还指出，通过互联网（包括社交媒体）实施的上述行为，也应受到惩罚。各国规定的犯罪不仅应涵盖资助恐怖主义行为，还应涵盖资助恐怖活动组织以及与恐怖主义行为有关的其他犯罪，例如招募、训练或以恐怖主义为目的旅行。

（八）《关于洗钱、搜查、扣押和没收犯罪收益的公约》

1993 年 9 月 1 日生效的《关于洗钱、搜查、扣押和没收犯罪收益的公约》，又称斯特拉斯堡公约，截至 2024 年 8 月共有 49 个国家批准或加入该公约。[②] 该公约的目的是促进调查犯罪和侦查、扣押和没收犯罪所得方面的国际合作和互助。缔约国应将清洗犯罪所得定为刑事犯罪，并没收犯罪工具和收益。为了国际合作，该公约规定：国家间应协助获取证据、采用通用调查技术、解除银行保密规则等；临时措施包括冻结银行账户、扣押财产以防其转移；没收犯罪所得的措施是指被请求国执行国外发出的没收令，由被请求国在另一国的请求下启动国内相关的没收程序。[③]

---

① Directive(EU)2017/541 of the European Parliament and of the Council of 15 March 2017 on Combating Terrorism and Replacing Council Framework Decision 2002/475/JHA and Amending Council Decision 2005/671/JHA, 31 March 2017, para. 6.

② Convention on Laundering, Search, Seizure and Confiscation of the Proceeds from Crime(ETS No. 141), Chart of Signatures and Ratifications of Treaty, entered into force on 1 September 1993.

③ Convention on Laundering, Search, Seizure and Confiscation of the Proceeds from Crime(ETS No. 141), Entered into Force on 1 September 1993, https://www.coe.int/en/web/Conventions/full-list? module=signatures-by-treaty&treatynum=141, accessed on 15 August 2024.

第二章　资助恐怖主义犯罪的法律性质

本章第一节通过梳理英国、美国、俄罗斯、新加坡、日本、韩国、菲律宾、泰国、加拿大、德国、澳大利亚和土耳其打击资助恐怖主义犯罪的法律制度、联合国决议和各国公开发表的声明，分析资助恐怖主义犯罪是否构成习惯国际法中的犯罪；本章第二节分析资助恐怖主义行为与恐怖主义行为的关系，即从国际刑法角度看，资助恐怖主义犯罪是否构成国际刑法中的未完成的犯罪。

第一节　资助恐怖主义犯罪构成习惯国际法中的犯罪

习惯国际法是《国际法院规约》第 38 条第 1 款所列的国际法渊源之一，习惯国际法是指“国际习惯,作为惯例之证明而经接受为法律者”[①]。上述规定反映了构成习惯国际法的两个要素:(1)各国一致和普遍的国家实践;[②](2)法律确信,[③]即国际社会主观接受该惯例为法律。[④] 国家实践包括“国家的行为,无论是行使其立法、行政、司法还是其他职能”[⑤]。国家实践“必须具有普遍性”,要求国家实践不仅要广泛、有代表性,还要具有一致性,无特定的时间要求。[⑥] 国际法院在北海大陆架案中指出,“广泛和有代表性的国家”加入国际公约的事实“本身就足以”使公约规则转化为习惯国际法规则,但是“一定要包括利益受到特别影响的国家实践”。[⑦] 本节将根据各国打击资助恐怖主义的法律制度、联合国决议、各国发表的公开声明及通过和批准《制止资恐公约》等情况,分析资助恐怖主义犯罪是否构成习惯国际法中的一项犯罪。

---

① 《国际法院规约》第38条第1款。

② 国家实践的形式包括但不限于“外交行为和通信、与国际组织或政府间会议通过的决议有关的行为、与条约有关的行为、立法和行政行为和国内法院的判决”。Draft Conclusions on Identification of Customary International Law, with Commentaries, A/73/10, Report of the International Law Commission, Seventy - third Session, 2018, p. 120.

③ 法律确信的形式包括但不限于“各国发表的公开声明、官方出版物、政府出具的法律意见、外交信函、国内法院的判决、条约规定、与国际组织或政府间会议通过的决议有关的行为”。Draft Conclusions on Identification of Customary International Law, with Commentaries, A/73/10, Report of the International Law Commission, Seventy - third Session, 2018, p. 120.

④ See Draft Conclusions on Identification of Customary International Law, with Commentaries, A/73/10, Report of the International Law Commission, Seventy - third Session, 2018, p. 122 - 123.

⑤ Draft Conclusions on Identification of Customary International Law, with Commentaries, A/73/10, Report of the International Law Commission, Seventy - third Session, 2018, p. 120.

⑥ See Draft Conclusions on Identification of Customary International Law, with Commentaries, A/73/10, Report of the International Law Commission, Seventy - third Session, 2018, p. 136.

⑦ *North Sea Continental Shelf Cases*, Judgment of 20 February 1969, para. 73.

一、各国制止资助恐怖主义犯罪的法律制度

（一）英国

英国打击资助恐怖主义犯罪的立法与执法经验非常丰富。就立法而言，1974 年通过的《英国防止恐怖主义（临时规定）法》规定，教唆或请求为被禁组织提供资金或其他支持或以协助被禁组织为目的故意接收金钱或其他资源的行为构成犯罪。[①] 2000 年颁布的《英国恐怖主义法》[②]，第三部分恐怖主义财产中规定，为恐怖主义募集资金的行为构成犯罪。2001 年颁布的《英国反恐怖主义犯罪和安全法》[③]，使制止资助恐怖主义的措施扩大并成为反恐怖主义的一个核心的组成部分。上述英国的法律均在 2002 年 4 月 10 日《制止资恐公约》生效前颁布实施。2006 年颁布的《英国恐怖主义法》的第五部分将实施、协助实施与准备实施恐怖主义行为规定为犯罪。英国于 2010 年与 2011 年相继颁布《恐怖资产冻结法案》和《“基地”组织（资产冻结）条例》。就执法而言，英国财政部负责冻结实施恐怖活动的个人或恐怖活动组织的资产，并规定资产冻结的程序。英国财政部每年发布关于反洗钱和反资助恐怖主义监管的报告。[④] 从 2015 年起，英国发布国家反洗钱和恐怖主义风险评估报告，并根据评估结果对英国洗钱和资助恐怖主义行为进行惩治。英国的金融情报机构负责收集可疑交易报告，在打击资助恐怖主义犯罪和跨国有组织犯罪方面发挥作用。英国 2001 年批准了《制止资恐公约》，在

---

① “Solicits or invites financial or other support for a proscribed organisation, or knowingly makes or receives any contribution in money or otherwise to the resources of a proscribed organization.” Prevention of Terrorism (Temporary Provisions) Act, 1974.

② UK Terrorism Act, 2000.

③ Anti – Terrorism Crime and Security Act, 2001.

④ Anti – Money Laundering and Counter Terrorist Finance Supervision Reports.

FATF 第四轮技术合规性的互评中，对于资助恐怖主义犯罪，英国被评为合规。

（二）美国

美国拥有成熟的打击洗钱行为和制止资助恐怖主义行为的法律制度和执法系统。就立法而言，2001 年颁布《美国关于打击恐怖主义资助活动的行政命令》，2002 年美国《爱国者法案》第三部分规定，应防止并打击资助恐怖主义行为。美国国会 2005 年通过的《爱国者法案增补及再授权法》将资助恐怖主义规定为严重犯罪。就执法而言，美国财政部恐怖融资和金融犯罪办公室负责制定打击恐怖融资和打击扩散融资的政策和战略。不仅是联邦的机构，美国各州也有机构参与打击资助恐怖主义犯罪。美国国内制定和实施打击资助恐怖主义行为的信息交流系统较为完善，2018 年发布《美国打击恐怖主义和其他非法资助的国家战略》①，进一步加强美国国内各机构协调和交流信息的能力。美国是 FATF 的创始成员，于 2002 年批准了《制止资恐公约》，在 FATF 第四轮技术合规性的互评中，对于资助恐怖主义犯罪，美国被评为合规。

（三）俄罗斯

就立法而言，《俄罗斯刑法》于 2002 年修订后，将资助恐怖主义行为及资助恐怖活动组织的行为规定为犯罪。② 俄罗斯专门打击洗钱与资助恐怖主义的法律为 2001 年 8 月 7 日第 115 – FZ 号《关于打击非法收入合法化（洗钱）和资助恐怖主义的法令》，其中规定资助恐怖主义犯罪是指："提供或募集资金或提供金融服务、明知这些资金旨在资助一个组织以实施《俄罗斯刑法》第 205、205. 1、205. 2、

---

① National Strategy for Combating Terrorist and Other Illicit Financing, 2018.

② The Criminal Code of Russian Federation, NO. 63 – FZ OF JUNE 13, Article 205. 1, 1996.

206、208、211、220、221、277、278、279 和 360 条规定的犯罪，或支持以此目的而成立的有组织的团体、非法军事组织或犯罪团体实施任何上述犯罪。"[①]2010 年 7 月 23 日第 176 – FZ 号《打击犯罪所得收入合法化和资助恐怖主义的法律和俄罗斯行政违规法》[②]和 2010 年 7 月 27 日第 197 – FZ 号关于修订《俄罗斯在打击犯罪收入合法化（洗钱）和资助恐怖主义领域的某些立法行为》[③]是对 2001 年 8 月 7 日第 115 – FZ 号《关于打击非法收入合法化（洗钱）和资助恐怖主义的法令》的修订。2002 年 7 月 24 日，《俄罗斯刑法》第 103 条增设"为恐怖主义或恐怖集团提供资金的行为"。2004 年 8 月 19 日俄罗斯中央银行条例第 262 – P 号《关于信贷机构识别客户和受益人为打击非法收入合法化（洗钱）和资助恐怖主义》[④]主要规定了信贷机构识别客户的具体要求。2018 年俄罗斯总统签发了《国家反洗钱与打击资助恐怖主义系统发展概念》[⑤]，该文件列出了俄罗斯普遍存在的风险，并指明防止和降低这些风险的措施，包括提高国家打击洗钱

① Federal Law NO. 115 – FZ of August, 2001 on Countering the Legalization of Illegal Earning (Money Laundering) and the Financing of Terrorism, Approved by the Federation Council on July 20, 2001.

② Federal Law NO. 176 – FZ of July 23, 2010 on Amending the Federal Law on Countering the Legalisation of Incomes Received through Crime and the Financing of Terrorism and the Code of Administrative Offences of the Russian Federation, Approved by the Federation Council July 14, 2010.

③ Federal Law NO. 197 – FZ of July 27, 2010 on Amending Certain Legislative Acts of the Russian Federation in the Sphere of Countering the Legalisation (Laundering) of Criminal Obtained Incomes and the Financing of Terrorism, Approved by the Federation Council on July 14, 2010.

④ Regulation of the Central Bank of Russia NO. 262 – P of August 19, 2004 on the Identification by Credit Institutions of Clients and Benefucuarues for the Purposes of Counteraction to the Legalization (Laundering) of Incomes Derived Illegally and to Financing Terrorism, with the Amendments and Additions of September 14, 2006.

⑤ 2018 Concept for Development of the National AML/CFT System.

与打击资助恐怖主义行为的效率、提高经济透明度、防止滥用公共资金并提高公共支出的有效性、设立专门调查金融犯罪的调查员等。俄罗斯打击资助恐怖主义法律的缺陷在于不能毫不拖延地冻结与恐怖主义、资助恐怖主义和扩散融资有关的资金，且冻结义务目前不能适用于所有自然人和法人。

就执法而言，由于实施国家风险评估且相关执法机构较为完备，俄罗斯政府能够识别资助恐怖主义的风险。俄罗斯政府收集到的大量数据，为洗钱和资助恐怖主义的调查作出一定贡献。金融监督局是俄罗斯金融情报机构，负责接收、处理和分析与资助恐怖主义行为相关的信息，并在必要时将信息转发给执法机构。就司法而言，自2013年以来，俄罗斯已有300多名被告被指控实施或参与实施资助恐怖主义犯罪，其中大多数人被判处3至8年不等的监禁。[①] 俄罗斯2002年批准了《制止资恐公约》，在FATF第四轮技术合规性的互评中，对于资助恐怖主义犯罪，俄罗斯被评为基本合规，但FATF决定限制俄罗斯在FATF中的作用和影响。

（四）新加坡

作为亚太地区的金融中心之一，新加坡在打击资助恐怖主义犯罪方面立法完备、执法机构分工较为明确，这体现在新加坡的《制止恐怖主义与资助恐怖主义法》的规定较为完善，国内立法机构（内政部与总检察署）、执法机构（新加坡金融管理局、金融调查组、金融调查科、可疑交易报告办公室）均相当完备。就立法而言，新加坡打击资助恐怖主义犯罪的主要法律文件是《制止恐怖主义与资助恐怖主

---

① FATF, Russian Federation Anti – Money Laundering and Counter – Terrorist Financing Measures, Mutual Evaluation Report, December 2019, available at https://www.fatf – gafi.org/media/fatf/documents/reports/mer4/Mutual – Evaluation – Russian – Federation – 2019.pdf, p.4.

义法》[1],自2002年起实施。《制止恐怖主义与资助恐怖主义法》第2条规定,资助恐怖主义犯罪包括“为恐怖主义行为提供或募集资金、为恐怖主义目的提供资金和服务、为恐怖主义目的使用或占有财产、处理实施恐怖活动的个人的财产”四种行为。共谋实施、煽动实施与实施上述四种行为未遂及帮助、唆使、怂恿或促成实施资助恐怖主义行为也被规定为犯罪。[2]《制止恐怖主义与资助恐怖主义法》规定恐怖分子不仅包括“任何实施或企图实施恐怖行为、参与或协助实施任何恐怖行为的人”,还包括《制止恐怖主义与资助恐怖主义法》“附表一中列出的任何人”。[3]《制止恐怖主义与资助恐怖主义法》中财产的定义与《制止资恐公约》中资金的定义相同。[4]《制止恐怖主义与资助恐怖主义法》第34条规定了对无论是否身处新加坡的新加坡籍公民违反《制止恐怖主义与资助恐怖主义法》第六或第八部分的管辖权及对犯罪行为发生地为新加坡、无论是否身处新加坡的非新加坡籍的公民实施的《制止恐怖主义与资助恐怖主义

① Terrorism(Suppression of Financing)Act,2002.

② "Terrorism financing offence" means(a)any offence under section 3,4,5 or 6;(b)conspiracy to commit any of those offences;(c)inciting another to commit any of those offences;(d)attempting to commit any of those offences;or(e)aiding,abetting,counselling or procuring the commission of any of those offences. The Statutes of the Republic of Singapore Terrorism(Suppression of Financing)Act,2002.

③ "Terrorist means any person who(a)commits,or attempts to commit,any terrorist act;or(b)participates in or facilitates the commission of any terrorist act,and includes any person set out in the First Schedule." The Statutes of the Republic of Singapore Terrorism(Suppression of Financing)Act,2002.

④ "Property means(a)assets of every kind,whether tangible or intangible,movable or immovable,however acquired;and(b)legal documents or instruments in any form,including electronic or digital,evidencing title to,or interest in,such assets,including,but not limited to,bank credits,travellers cheques,bank cheques,money orders,shares,securities,bonds,drafts and letters of credit." The Statutes of the Republic of Singapore Terrorism(Suppression of Financing)Act,2002.

法》规定的第三至五部分所列行为的域外管辖权。就执法而言，2012 年成立的新加坡指定恐怖分子部际委员会是新加坡指定恐怖分子与恐怖活动组织的权威机构。新加坡的金融情报部门是可疑交易报告办公室，其结构合理、人员配备和资金较为充足。新加坡 2002 年批准了《制止资恐公约》，在 FATF 第四轮技术合规性的互评中，对于资助恐怖主义犯罪，新加坡被评为部分合规。

（五）日本

就立法而言，日本 2002 年通过《惩治资助公共恐吓罪法》[①]，规定任何故意提供或募集资金以实施公共恐吓罪的个人均应受到惩罚。日本通过《惩治资助公共恐吓罪法》将资助恐怖主义行为规定为国内法上的刑事犯罪，并规定即使尚未实施恐怖主义犯罪，只要满足法律规定的情况即构成资助恐怖主义犯罪，并将资助恐怖主义犯罪列为洗钱罪的上游犯罪。然而，日本法律仅将为实施恐怖活动的个人募集资金定为刑事犯罪，法律并未明确涵盖提供资金和间接募集资金的行为。日本 2003 年制定的《地下钱庄金融对策法》主要是对地下钱庄的金融行为进行监管。2007 年通过《防止转移犯罪收益法》对包括金融、房地产等 43 种特定行业转移收益时的行为进行规定，如交易记录保存 7 年、确认客户身份、提交可疑交易报告等。2014 年日本还通过了《国际涉恐怖主义资产冻结法》。就执法而言，日本的金融情报机构是日本的金融情报中心，日本打击洗钱和资助恐怖主义行为的主要执法机构是都道府县警察局和检察院，二者都负责对洗钱和资助恐怖主义行为的调查。日本是 FATF 的创始成员之一，于 2002 年接受了《制止资恐公约》，在 FATF 第四轮技术合规性的互评中，对于资助恐怖主义犯罪，日本被评为合规。

---

① Act on the Punishment of Financing of Offences of Public Intimidation, Japan, 2002.

（六）韩国

就立法而言，韩国专门打击资助恐怖主义行为的法律是《禁止资助恐怖主义和大规模杀伤性武器扩散法》，于 2008 年 12 月 22 日生效。韩国使用“资助公共恐吓行为”（financing for offences of public intimidation act）而不是“资助恐怖主义行为”，因为在韩国没有“恐怖主义”的法律定义。《禁止资助公共恐吓罪法》中将“公共恐吓资金”定义为：“以恐吓公众或扰乱国际组织或外国政府或以恐吓的方式迫使该政府采取某行为为目的，为恐吓公众或妨碍国民行使权力、为实施下列任何行为而募集、提供、交付保管或使用任何资金或资产。”《禁止资助公共恐吓罪法》规定了五类行为，如针对人身、船舶或航空器的犯罪。[①]《禁止资助公共恐吓罪法》还规定金融机构、金融机构工作人员的报告义务等。韩国 2001 年通过的《金融交易报告法》是对资助恐怖主义资金进行监控的重要法律规定。[②] 韩国 2007 年通过的《反资助恐怖主义法》将资助恐怖主义行为规定为犯罪。就执法而言，韩国金融情报分析院能较好地分析信息、提供信息、开展国际合作。韩国于 1998 年 10 月加入亚太反洗钱与反恐怖融资工作组（APG），于 2013 年批准了《制止资恐公约》，在 FATF 第四轮技术合规性的互评中，对于资助恐怖主义犯罪，韩国被评为部分合规。

（七）菲律宾

就立法而言，2012 年 6 月 6 日菲律宾通过第 10168 号法令，又被

① Act on Prohibition Against the Financing of Terrorism and Proliferation of Weapons of Mass Destruction, KoFIU, entered into force in December 2008.

② Enforcement Decree of the Foreign Exchange Transactions Act, Enforcement Date 18 July 2017.

称为2012年《预防和制止资助恐怖主义法令》[1]，该法令不仅将资助恐怖主义行为规定为犯罪，而且对金融机构的义务及国家间加强国际合作等均予以规定。该法令将资助恐怖主义规定为："任何人直接或间接、故意拥有、提供、募集或使用财产或资金，或以任何方式提供财产、资金或金融服务或其他相关服务，非法和故意使用全部或部分资金或明知将使用资金：(1)实施或协助实施任何恐怖主义行为；(2)提供给恐怖活动组织、协会或团体；(3)提供给实施恐怖活动的个人。"该法令还规定了对资助恐怖主义犯罪的处罚，即"或被处以最高期限的暂时禁闭处罚，并处以不低于五十万比索或不超过一百万比索的罚款"。该法令还规定，任何人组织、指挥或作为从犯、帮助他人实施资助恐怖主义行为也构成犯罪，并受该法规定的同样处罚。此外，该法令还规定，有关资金不必实际用于实施恐怖主义行为。[2] 就执法而言，菲律宾反洗钱委员会是菲律宾的金融情报机构，主要负责执行2012年《预防和制止资助恐怖主义法令》，其运行情况较为稳定。菲律宾2004年批准了《制止资恐公约》，在FATF第四轮技术合规性的互评中，对于资助恐怖主义犯罪，菲律宾被评为不合规。

(八)泰国

就立法而言，泰国打击资助恐怖主义的主要法律文件是2016年

---

① An Act Defining the Crime of Financing of Terrorism, Providing Prnalties therefore and for Other Purposes, Republic Act No. 10168, Republic of the Philippines, Congress of the Philippines, 6 June 2012.

② An Act Defining the Crime of Financing of Terrorism, Providing Prnalties therefore and for other Purposes, Republic Act No. 10168, Republic of the Philippines, Congress of the Philippines, section 4, 5, 6 June 2012.

通过的《反恐和大规模毁灭性武器扩散的资助行为法案》[①]，其中规定："提供或募集资金或进行金融或资产交易或以任何方式实施恐怖主义行为或实施扩散大规模杀伤性武器；或者明知该资金或资产交易的受益人是指定的恐怖主义人士；故意将资金用于支持参与恐怖主义或大规模杀伤性武器扩散的指定人员、法律实体的任何活动的行为的个人，其行为构成资助恐怖主义犯罪或资助扩散大规模毁灭性武器罪。"[②]该法案对于管辖权的规定有一项特殊之处，除了规定对本国国民的行为、结果发生地国为泰国的行为有管辖权，该法案还规定，对于行为发生在泰国，被告身处泰国境内且其他国家没有根据法律引渡的外国犯罪嫌疑人，泰国具有管辖权。[③] 泰国认可联合国安理会第 1267 号决议公布的制裁综合清单。就执法方面，泰国一直致力于使国内的反洗钱与反资助恐怖主义法律尽可能符合已有的国际标准，并不断调整以适应新标准，泰国的金融稳定性评估纲要中也包括对国内反资助恐怖主义情况的评估。泰国 2004 年批准了《制止资恐公约》，在 FATF 第四轮技术合规性的互评中，对于资助恐怖主义犯罪，泰国被评为部分合规。

---

① Clifford Chance, Thailand: Counter – Terrorism and Proliferation of Weapons of Mass Destruction Financing Act B. E. 2559 (2016), 2017, Briefing Note, https://www.cliffordchance.com/content/dam/cliffordchance/briefings/2017/02/thailand – counterterrorism.pdf, accessed on 10 August 2022.

② Clifford Chance, Thailand: Counter – Terrorism and Proliferation of Weapons of Mass Destruction Financing Act B. E. 2559 (2016), 2017, Briefing Note, https://www.cliffordchance.com/content/dam/cliffordchance/briefings/2017/02/thailand – counterterrorism.pdf, accessed on 10 August 2022.

③ Clifford Chance, Thailand: Counter – Terrorism and Proliferation of Weapons of Mass Destruction Financing Act B. E. 2559 (2016), 2017, Briefing Note, https://www.cliffordchance.com/content/dam/cliffordchance/briefings/2017/02/thailand – counterterrorism.pdf, accessed on 10 August 2022.

（九）加拿大

就立法而言，加拿大专门打击资助恐怖主义行为的《犯罪收益（洗钱）和资助恐怖主义法》①于 2000 年生效。该法有三个主要目标，其中一个目标是制止洗钱和资助恐怖主义犯罪，该法对恐怖主义行为与资助恐怖主义行为的规定与《加拿大刑法》的规定一致，其中恐怖主义的定义在《加拿大刑法》第二部分 83.01（1）②，资助恐怖主义行为被规定在《加拿大刑法》第二部分的 83.02、83.03 和83.04，包括为恐怖主义提供或募集物品、提供为恐怖主义目的而使用的物品或服务、使用或拥有为实施恐怖主义使用的物品。③ 就执法而言，加拿大金融交易和报告分析中心主要接收并分析从金融机构及指定的非金融机构收集的有关洗钱与资助恐怖主义的报告，并要求其他机构对超过 10000 加币的大额交易进行报告。加拿大金融交易和报告分析中心既要避免披露未经授权的个人信息，又要在认为必要的情况下向执法机构提供必要的信息。为完善加拿大金融机构打击资助恐怖主义行为的体系，加拿大金融管理局规定每年对加拿大境内洗钱与资助恐怖主义情况的审查计划进行自检自查，并外聘审计员进行审计。加拿大 2002 年批准了《制止资恐公约》，在 FATF 第四轮技术合规性的互评中，对于资助恐怖主义犯罪，加拿大被评为基本合规。

（十）德国

德国由于其绝佳的地理位置及拥有的完备、庞大的金融中心，

---

① Proceeds of Crime（Money Launderying）and Terrorist Financing Act，2000.

② Criminal Code（R. S. C.，1985，c. C－46），Part Ⅱ. 1，83. 01（1），Terrorism，https：//laws－lois. justice. gc. ca/eng/acts/C－46/page－8. html#docCont.

③ Criminal Code（R. S. C.，1985，c. C－46），Part Ⅱ. 1，83. 02，83. 03，83. 04，Financing of Terrorism，https：//laws－lois. justice. gc. ca/eng/acts/C－46/page－9. html#docCont.

容易受到洗钱行为和资助恐怖主义行为的影响。就立法而言,2015年6月修改的《德国刑法》增加了第89c部分,将资助恐怖主义定为严重犯罪。[①] 除已有规定将资助恐怖活动组织规定为犯罪外,2009年8月,《德国刑法》将资助恐怖主义行为和资助实施恐怖活动的个人定为刑事犯罪,并将这三种行为都规定为洗钱罪的上游犯罪。[②] 德国《刑法》中第89c部分专门规定了资助恐怖主义行为,"任何人募集、接受或提供资金、明知或故意将这些资金用于实施第89c部分第1款1-7项规定的犯罪,目的在于严重恐吓公众、以武力或武力威胁政府当局或国际组织……可能严重损害一个国家或一个国际组织"的安全和利益。[③]《德国刑法》中第89c部分也适用于犯罪行为发生地在德国以外的国家,如果该国是非欧盟国家,那么第89c部分仅适用于德国国民、惯常居住地在德国的居民或针对德国或德国公民实施的犯罪行为。此外,德国国内还有《反洗钱法》及特定行业制定的打击洗钱和资助恐怖主义的法规,例如《银行法》。就执法而言,德国《反洗钱法》规定德国刑事警察局下设金融情报机构,要求金融机构履行客户尽职调查义务,并要求金融机构向主管机关提交可疑交易报告,监督所有个人和实体遵守冻结资金义务的情况,确保在所有情况下都可以立即冻结涉及资助恐怖主义犯罪的资金。

---

① Germany, Profiles on Counter - Terrorist Capacity, Committee of Experts on Terrorism (Codexter), Council of Europe, 2016, available at https://rm.coe.int/profiles - on - counter - terrorist - capacity - germany/1680641010, accessed on 12 December 2022.

② Germany, Profiles on Counter - Terrorist Capacity, Committee of Experts on Terrorism (Godexter), Council of Europe, 2016, available at https://rm.coe.int/profiles - on - counter - terrorist - capacity - germany/1680641010, accessed on 12 December 2022.

③ German Criminal Code, Section 89c, published on 13 November 1998, last amended by Article 3 of the Law of 2 October 2009.

德国2004年6月17日批准《制止资恐公约》,在FATF第四轮技术合规性的互评中,对于资助恐怖主义犯罪,德国被评为基本合规。

(十一)澳大利亚

就立法而言,根据1995年《澳大利亚刑法》的规定,向恐怖活动组织提供包括资金在内的援助属于犯罪行为。[①] 恐怖活动组织的定义非常广泛,足以涵盖几乎所有在国内或国际上从事任何形式的暴力斗争或抵抗的组织。2004年《刑法修正案(恐怖组织)法》[②]对1995年《澳大利亚刑法》进行了修订,取消组织被列为恐怖活动组织之前必须有联合国安理会相关决议的要求。澳大利亚2006年制定了《反洗钱和制止资助恐怖主义法》,其中规定资助恐怖主义是指实施:"(a)违反《澳大利亚刑法》第102.6节或第103节的罪行;或者(b)违反1945年《联合国宪章》第20条或第21条的罪行;或者(c)与a或b段中提到的犯罪相对应的违反国家法律的犯罪;或者(d)与a或b段中提到的犯罪相对应的违反外国或外国部分地区法律的罪行。"[③]就执法而言,澳大利亚的金融情报机构是交易分析与报告中心。澳大利亚是FATF的成员,2002年批准了《制止资恐公约》,在FATF第四轮技术合规性的互评中,对于资助恐怖主义犯罪,澳大利亚被评为部分合规。

(十二)土耳其

就立法而言,土耳其国内专门打击恐怖主义与资助恐怖主义的法令分别为《打击恐怖主义法3713》[④]和《制止资助恐怖主义法

---

① Australian Criminal Code, 1995, Division 103.

② Criminal Code Amendment(Terrorist Organisations) Act, 1995.

③ Anti – Money Laundering and Counter – Terrorism Financing Act, Australia, 2006.

④ Law No. 3713 on Fight Against Terrorism, 1991.

6415》[①]。《制止资助恐怖主义法 6415》第 3 条规定为三类行为提供或募集资金的行为非法,包括:“(1)造成民众死亡或严重身体伤害的后果,以迫使政府或国际组织以特定方式行事;(2)《打击恐怖主义法 3713》规定的恐怖主义犯罪;(3)九部土耳其批准的国际公约所禁止的行为。”[②]《制止资助恐怖主义法 6415》第 4 条规定:“任何人提供或募集资金,即使与特定恐怖主义行为无关,当其意图是资金被使用或明知并故意使用全部或部分资金以实施第三条规定之犯罪行为,应处五年以上十年以下有期徒刑。”就执法而言,土耳其境内有许多部门监管涉及资助恐怖主义的行为,如土耳其中央银行、银行监理局及财政部金融犯罪调查委员会。土耳其 2002 年批准了《制止资恐公约》,在 FATF 第四轮技术合规性的互评中,对于资助恐怖主义犯罪,土耳其被评为部分合规。

虽然一些国家并非《制止资恐公约》的缔约国,但是采取了法律行动打击资助恐怖主义犯罪。例如:乍得尚未签署《制止资恐公约》,但是 2003 年乍得与中部非洲经济和货币共同体起草了《打击洗钱与资助恐怖主义法》,将资助恐怖主义行为定为国内法中的犯罪。伊朗还未通过或批准《制止资恐公约》,但除了《伊斯兰刑法典》等一般适用的反恐法律和关于打击恐怖主义的具体立法外,伊朗议会还于 2018 年批准了《打击资助恐怖主义法》,以有效地打击与阻止资助恐怖主义犯罪的发生。[③]

① Law No. 6415 on the Prevention of the Financing of Terrorism, adopted by the Turkish Grand National Assembly on 7 February 2013.

② Law No. 6415 on the Prevention of the Financing of Terrorism.

③ Statement by Mr. Ali Nasimfar, Representative of the Islamic Republic of Iran Before the Sixth Committee of the 74th Session of the United Nations General Assembly on "Measures to Eliminate International Terrorism" (Agenda item 109), 9 October 2019, available at https://www.un.org/en/ga/sixth/74/pdfs/statements/int_terrorism/iran.pdf, accessed on 1 November 2022.

多伦分析了193个联合国会员国是否充分履行了《制止资恐公约》和安理会决议中的义务后指出，截至2019年7月，约74%的联合国会员国满足了将资助恐怖主义行为规定为国内刑事犯罪的要求。① 欧洲、北美的全部国家已将资助恐怖主义行为规定为国内刑事犯罪；超过一半的南美国家及中美洲和加勒比地区的国家也将资助恐怖主义行为规定为刑事犯罪；大多数西亚国家、东南亚国家和太平洋岛屿国家尚未将资助恐怖主义行为规定为刑事犯罪；东亚的执行情况正在改善，除朝鲜民主主义人民共和国外，所有东亚国家都将资助恐怖主义行为规定为刑事犯罪。② 约63%的国家履行了冻结和没收实施恐怖活动的个人资产的要求；③约56%的国家建立了金融情报机构，国内金融机构遵守了可疑交易报告的义务；④约71%的联合国会员国被认为遵守了打击资助恐怖主义犯罪的国际合作要求；⑤约47%的联合国会员国遵守了2012年FATF国际标准建议14要求的将所有货币或价值转移服务都纳入法律和监管范围；⑥45%的联合国会员国遵守了2012年FATF国际标准建议16要求的防止实施恐怖活动的个人不受限制地使用电汇来转移他们的

① See Doron Goldbarsht, *Global Counter - Terrorist Financing and Soft Law*, Edward Elgar Publishing, 2020, p. 90.

② See Doron Goldbarsht, *Global Counter - Terrorist Financing and Soft Law*, Edward Elgar Publishing, 2020, p. 89 - 90.

③ See Doron Goldbarsht, *Global Counter - Terrorist Financing and Soft Law*, Edward Elgar Publishing, 2020, p. 91.

④ See Doron Goldbarsht, *Global Counter - Terrorist Financing and Soft Law*, Edward Elgar Publishing, 2020, p. 92.

⑤ See Doron Goldbarsht, *Global Counter - Terrorist Financing and Soft Law*, Edward Elgar Publishing, 2020, p. 93.

⑥ See Doron Goldbarsht, *Global Counter - Terrorist Financing and Soft Law*, Edward Elgar Publishing, 2020, p. 94.

资金。[①]

综上所述,通过分析12个国家打击资助恐怖主义犯罪的法律制度发现,英国在《制止资恐公约》生效前就已将为恐怖主义募集资金的行为规定为犯罪,其他国家均在《制止资恐公约》生效后将为恐怖主义提供或募集资金的行为规定为犯罪。英国1974年通过的《防止恐怖主义(临时规定)法》规定"教唆或请求为被禁组织提供资金或其他支持,或以协助被禁组织为目的故意接收金钱或其他资源的行为"构成犯罪。英国2000年颁布的《恐怖主义法》规定为恐怖主义募集资金的行为构成犯罪,国家在《制止资恐公约》通过之前就将资助恐怖主义犯罪规定为国内法中的犯罪,说明国家知道防止与打击资助恐怖主义犯罪并不仅是履行公约规定的义务,而是国家知道自身行为是受到习惯国际法的约束,这是证明资助恐怖主义犯罪构成习惯国际法的有力证据。截至2024年8月,联合国会员国193个国家中已有190个国家成为《制止资恐公约》的缔约国,[②]绝大多数联合国会员国履行了或正在积极履行《制止资恐公约》要求的立法义务,将资助恐怖主义犯罪规定为国内法中的犯罪。各国均采取措施预防与惩治个人与组织实施或协助实施的违反公约规定的行为,大多数国家履行了冻结和没收实施恐怖活动的个人或恐怖活动组织资产、建立金融情报机构、积极开展打击资助恐怖主义犯罪方面的国际合作的义务,反映存在广泛的、有代表性和一致性的防止与打击资助恐怖主义犯罪的国家实践和法律确信。此外,截至2024年

① See Doron Goldbarsht, *Global Counter – Terrorist Financing and Soft Law*, Edward Elgar Publishing, 2020, p. 95.

② See International Convention for the Suppression of the Financing of Terrorism, United Nations Treaty Collection, available at https://treaties.un.org/Pages/ViewDetails.aspx?src=TREATY&mtdsg_no=XVIII-11&chapter=18&clang=_en, accessed on 15 August 2024.

8 月，据检索，并未发现任何国家反对资助恐怖主义行为构成犯罪，也未发现国家反对在国际法或国内法层面防止或制止资助恐怖主义犯罪。

二、联合国决议与各国代表的立场

国际法院在 1997 年《关于以核武器相威胁或使用核武器是否合法的咨询意见》中指出，联合国大会的决议虽然不具有约束力，但具有一定的规范价值，联合国大会的决议也可以用来证明是否存在一般法律原则或法律确信。① 根据联合国大会第 51/210 号决议所设的特别委员会的报告指出，"所有代表团都毫不含糊地谴责一切形式的恐怖主义"，并敦促各国应采取步骤尽快成为《制止资恐公约》及其他打击恐怖主义公约的缔约国，以加强打击恐怖主义法律文书的法律效力。② 资助恐怖主义行为本身会使得恐怖主义危害更大，即使资金与具体的恐怖主义行为没有联系。③ 2006 年，联合国大会通过了《联合国全球反恐战略》，明确规定国家应制止个人实施资助恐怖主义行为。④ 联合国安理会的多项决议也申明，应打击一切

① "即使不具有约束力，但大会决议有时也具有规范价值。在特定情况下，它们可为原则的存在或法律确信的出现提供重要证据。为确定一项特定大会决议是否真正具有这一价值，有必要探究其内容和通过条件；还有必要确定在其规范性方面是否存在法律确信。或者一系列决议可表明，制定新原则所需的法律确信得到了逐步发展。"*Legality of the Threat or Use of Nuclear Weapons*, Advisory Opinion of 8 July 1996, p. 226 – 267.

② 联合国大会第五十六届会议补编第 37 号，大会 1996 年 12 月 17 日第 51/210 号决议所设的特别委员会的报告，第五届会议，2001 年 2 月 12 日至 23 日，A/56/37，第 10 页。

③ "向恐怖活动组织和实施恐怖活动的个人提供金融或其他有关服务，即使与某一具体恐怖主义行为没有联系，也会进一步提高恐怖主义组织和个人从事恐怖主义行为的能力。"联合国安理会关于预防和制止资助恐怖主义的决议，S/2019/268，2019 年 3 月 28 日，第 3 页。

④ UN Global Counter – Terrorism Strategy（A/RES/60/288），2006.

形式的恐怖主义犯罪[①]与资助恐怖主义犯罪。[②]

在《制止资恐公约》的准备工作文件中，各国的发言也能体现已形成了打击资助恐怖主义犯罪的法律确信。古巴代表阿特雷斯在联合国大会第五十四届会议中对议程160的发言中指出，古巴“谴责一切形式和一切表现的国际恐怖主义行径、方法和做法……包括鼓励、资助或容忍恐怖主义的行为”[③]。伊拉克代表卡泽指出，伊拉克政府对《制止资恐公约草案》第11条第5段进行保留，同时对《制止资恐公约草案》没有明确恐怖主义、资助方式的定义表示遗憾，但“伊拉克坚定地反对恐怖主义”。[④] 俄罗斯代表塔拉布林指出，《制止资恐公约》为打击恐怖主义国际法律作出了重要的贡献。[⑤] 黎巴嫩代表迪亚卜指出，黎巴嫩将与国际社会合作，“打击恐怖主义的所有形式和表现”，但认为《制止资恐公约草案》的缺陷在于没有对恐怖主义进行定义，在恐怖主义尚未发生的情形下，各国可能对公约草案第2条第1款b项作出不同的政治解释。[⑥] 斯洛文尼亚代表皮兰指出，斯洛文尼亚支持《制止资恐公约》的通过，并表示《制止资恐公约》“反映了国际社会剥夺恐怖活动组织经费从而制止其活动的意

① 联合国安理会第1267、1373、1452、1526、1617、1624、2129、2133、2199、2322、2341、2396号决议。

② 各国均有义务在国内法中将“资助、策划、筹备或实施恐怖主义行为规定为犯罪”。联合国安理会关于预防和制止资助恐怖主义的决议，S/2019/268，2019年3月28日，第1页。

③ 联合国大会第五十四届会议，第七十六次全体会议，A/54/PV.76，1999年12月9日，第6页。

④ 联合国大会第五十四届会议，第七十六次全体会议，A/54/PV.76，1999年12月9日，第7页。

⑤ 联合国大会第五十四届会议，第七十六次全体会议，A/54/PV.76，1999年12月9日，第7页。

⑥ 联合国大会第五十四届会议，第七十六次全体会议，A/54/PV.76，1999年12月9日，第8页。

愿”。加纳代表汉森指出,加纳希望消除恐怖主义资助的各种手段,并毫无保留地支持通过《制止资恐公约》。哥斯达黎加代表迪亚兹代表中美洲成员国“坚决谴责恐怖主义的各种形式和表现”,并谴责“鼓励、支持或资助恐怖主义”的行为。[①] 苏丹代表达哈卜表示苏丹支持《制止资恐公约》的通过。安哥拉代表纳塞门托指出,安哥拉代表团同意《制止资恐公约草案》,并认为反恐斗争离不开对资金来源的阻断。[②]

联合国大会的决议和联合国安理会决议督促各国防止并打击资助恐怖主义行为,在《制止资恐公约草案》的起草与谈判阶段,各国均发表声明谴责一切形式的恐怖主义行为与资助恐怖主义行为。另外,对于未在国内规定资助恐怖主义行为构成犯罪的,或可能存在执法不严、未健全金融监管体系、识别资助恐怖主义行为较差等问题的国家,FATF 可能将其列入不合作国家名单,并对其进行制裁。

可见,全球绝大多数国家已经通过、加入或批准《制止资恐公约》。各国均采取措施防止与制止个人与组织实施或协助实施的资助恐怖主义犯罪,反映存在广泛的、有代表性和一致的防止与制止资助恐怖主义犯罪的国家实践。绝大多数国家均认识到资助恐怖主义犯罪已经构成对国际和平与安全的严重威胁,制止资助恐怖主义犯罪是制止恐怖主义犯罪最有力的方式之一,国家知道防止和制止资助恐怖主义犯罪并不仅是履行公约规定的义务,还知道自身行为受到习惯国际法的约束。截至 2024 年 8 月,据检索,并未发现任何国家反对资助恐怖主义行为构成一项犯罪,也未发现国家反对在国际法或国内法层面预防或制止资助恐怖主义犯罪。因此,资助恐怖主义犯罪是正在形成的一项习惯国际法中的犯罪。

---

① 联合国大会 1996 年 12 月 17 日第 51/210 号决议所设特别委员会,第三届会议,A/AC. 252/1999/WP. 36,1993 年 3 月 15 日至 26 日,第 2 页。

② 联合国大会 1996 年 12 月 17 日第 51/210 号决议所设特别委员会,第三届会议,A/AC. 252/1999/WP. 36,1993 年 3 月 15 日至 26 日,第 4 页。

第二节　资助恐怖主义犯罪构成未完成的犯罪

本节将从国际刑法角度分析，资助恐怖主义犯罪是否构成未完成的犯罪；如果规定了恐怖主义犯罪，是否仍需要把资助恐怖主义犯罪规定为单独的国际犯罪。

一、关于未完成的犯罪

（一）国内刑法中的未完成的犯罪

国际刑法中的未完成的犯罪的法律渊源是普通法系国家国内刑法的理论与实践。在普通法系国家国内刑法中未完成的犯罪是指将“一般导致另一犯罪的初始犯罪”①。普通法系国家国内刑法中规定的未完成的犯罪以预防犯罪实际发生为目的，将犯罪准备阶段实施的行为规定为刑事犯罪，其作用不仅在于事后惩罚，更多的是预防犯罪。② 1962 年《美国模范刑法典》第 5 条是对未完成的犯罪（inchoate crimes）的规定，其中将犯罪未遂（attempt）、鼓动（solicitation）、共谋（conspiracy）、占有罪（occupation）规定为未完成的犯罪。③ 2007 年《英国严重犯罪法》第二部分第 44 至 46 条中规定了三项未完成的犯罪（inchoate offences）：鼓励或协助犯罪的行为、鼓励或协助相信会发生的犯罪的行为、鼓励或协助相信会发生一种或多

① 陈兴良：《共同犯罪论》（第 3 版），中国人民大学出版社 2017 年版，第 68 页。

② See Gabriel Hallevy, *Incapacitating Terrorism through Legal Fight – the Need to Redefine Inchoate Offences under the Liberal Concept of Criminal Law*, Alabama Criminal Law Review, 2012.

③ Model Penal Code, 1962.

种犯罪的行为。[①]《布莱克法律词典》指出："普通法中的三种犯罪，犯罪未遂、共谋犯罪和煽动犯罪，通常被称为未完成的或初步的犯罪。这些犯罪的一个主要特点是，即使目标犯罪没有成功完成，未完成的犯罪已经完全实施。即使尝试失败、共谋落空或煽动言论被忽略，在所有这些情况下，行为人都可能对未完成的犯罪负责。"[②]

大陆法系国家一般不惩罚犯罪实施阶段之前的行为，而是对犯罪实施阶段之前的行为适用犯罪阶段的理论，只对法定的严重的犯罪准备阶段的行为进行惩罚，例如恐怖主义犯罪、叛国罪或阴谋内乱罪。[③] 普通法系国家对未完成的犯罪应用较广，不限于危害国家安全的行为。[④] 大陆法系国家对犯罪准备阶段的集体行为的惩罚适用犯罪团伙或犯罪组织这一规则，而不是普通法中的共谋规则。而普通法系国家国内刑法规定的共谋关注多人的共同目的和犯罪合议的达成，无论他们是否属于有组织的团体。另外，大陆法系与普通法系法律对未完成的犯罪与目标犯罪是否分别定罪规定不同。

---

① Serious Crime Act, 2007.

② Inchoate means: "partially completed or imperfectly formed; just begun. The word inchoate, not much used in ordinary discourse, means 'just begun', 'undeveloped'. the common law has given birth to three general offences which are usually termed 'inchoate' or 'preliminary crimes' – attempt, conspiracy, and incitement. a principal feature of these crimes is that they are committed even though the substantive offence is not successfully consummated. An attempt fails, a conspiracy comes to nothing, words of incitement are ignored – in all these instance, there may be liability for the inchoate crimes." Bryan A. Garner ed., *Black's Law Dictionary*, 9th edition, West, 2009, p. 830.

③ See Jean de Hemptinne, Rudolf Roth, Elies van Sliedregt, *Modes of Liability in International Criminal Law*, Cambridge University Press, 2019, p. 370; Elies van Sliedregt, *Individual Criminal Responsibility in International Law*, Oxford University Press, 2012, p. 110.

④ 参见陈兴良：《共同犯罪论》（第3版），中国人民大学出版社 2017 年版，第 68－69 页。

例如,美国认为共谋犯罪和目标犯罪是两个单独的犯罪。[①] 根据1952年《英国治安法院法》,教唆他人实施某项犯罪的行为,本身就构成一项犯罪。与此不同,大陆法系一般认为共谋、教唆属于共同犯罪的范畴,而不是一项单独的犯罪。

普通法系刑法中的未完成的犯罪和我国刑法规定的犯罪的未完成的形态既有相同之处也有不同之处,主要包括以下几点:

第一,就法律规定而言,我国刑法规定的犯罪的未完成形态与普通法系国家刑法规定的未完成的犯罪是两个不同的概念,我国刑法不使用普通法系国家刑法中的未完成的犯罪的概念。我国刑法规定的犯罪形态包含完成形态与未完成形态,犯罪的未完成的形态是相对于完成的形态而言的,指"在犯罪行为过程之中且在行为既遂之前而停止的形态"[②]。普通法系国家法律规定的未完成的犯罪是指不要求证明目标犯罪结果的犯罪,并将未完成的犯罪视为一种单独的犯罪。普通法系国家刑法中的未完成的犯罪的规定和我国刑法规定的行为犯较为相似,规定的行为完成了就既遂,而不论犯罪结果是否发生。

第二,就内容而言,普通法系国家刑法中的未完成的犯罪主要包括共谋、煽动、未遂。我国刑法中犯罪的未完成形态包括犯罪预备[③]、

---

① 参见陈兴良:《共同犯罪论》(第3版),中国人民大学出版社2017年版,第68-69页。

② 陈兴良主编:《案例刑法研究:总论》,中国人民大学出版社2020年版,第728页。

③ 我国《刑法》第22条第1款规定,"为了犯罪,准备工具、制造条件的,是犯罪预备"。

犯罪中止[①]、犯罪未遂[②]。普通法系国家刑法中的未完成的犯罪和我国刑法的未完成的形态中均包含犯罪未遂，所包含的其他内容并不相同。

第三，就状态是否能同时出现而言，普通法系国家刑法中未完成的犯罪和目标犯罪（或完成的犯罪）分别单独构成犯罪，因此，行为人的连续的行为可能既构成未完成的犯罪，又构成完成的犯罪。我国规定，在犯罪预备、犯罪中止或犯罪未遂的情况下最终损害结果都不会发生。同时，同一犯罪行为，在构成未完成的形态后，不可转化成完成的形态（犯罪既遂）。陈兴良认为，组织犯、教唆犯和帮助犯构成对犯罪的第一次修正，犯罪在预备、未遂和中止等不同阶段停止的情形则构成对犯罪的第二次修正。[③]

（二）未完成的犯罪的定义

"未完成的"（inchoate）一词日常生活中较少使用，意为刚刚开始的、部分完成的、形成不完善的、未开发的，指从行为刚开始到行为完成之间的状态。[④] 国际刑法中的未完成的犯罪，也称为初期犯罪、初步犯罪、早期犯罪。未完成的犯罪这一名称有其合理性，相对于完成的犯罪而言，在犯罪的危害结果尚未发生或在犯罪既遂前实施的犯罪行为称为未完成的犯罪。但是"未完成的犯罪"一词有时

---

① 我国《刑法》第 24 条第 1 款规定，犯罪中止是指："在犯罪过程中，自动放弃犯罪或者自动有效地防止犯罪结果发生的，是犯罪中止。"据此，犯罪中止存在两种情况：一是未实行终了的中止，即在预备阶段或者实行行为还没有实行终了的犯罪过程中自动放弃犯罪；二是实行终了的中止，即在实行行为终了的情况下自动有效地防止犯罪结果发生。

② 我国《刑法》第 23 条第 1 款规定犯罪未遂是指"已经着手实行犯罪，由于犯罪分子意志以外的原因而未得逞"。

③ 参见陈兴良：《共同犯罪论》（第 3 版），中国人民大学出版社 2017 年版，第 467 页。

④ See Michael T. Cahill, *Inchoate Crimes*, The Oxford Handbook of Criminal Law, November 2014.

会受到批评,因为"这些在犯罪准备阶段从事的犯罪有时被错误地描述为未完成的犯罪,存在误导性。'未完成'一词意味着尚未完成的行为,它不能准确地用来表示本身已经完成的行为。实际上未完成的犯罪构成一连串事件中的一环,而目标犯罪是否发生与未完成的犯罪无关。即使被煽动人立即否认所煽动的行为,煽动行为也已完成;尽管共谋者尚未着手实施犯罪行为,共谋罪也已经成立;犯罪未遂总是在犯罪结果没发生前完成,在所有这些情况下,未完成的犯罪都已经完成。例如,一个男人偷了左轮手枪并准备实施谋杀行为,若实施了犯罪行为却未造成他人死亡或重伤的结果,虽然谋杀行为未完成,但其他犯罪(例如犯罪未遂)已经完成"①。可见,未完成的犯罪并不是指尚未完成的犯罪,而是指无须证明目标犯罪结果的犯罪。未完成的犯罪是迈向另一项犯罪的其中一步,由于侵犯了不同的法益,准备阶段的行为本身就严重到需要进行单独惩罚,因此单独构成一项犯罪。

---

① Inchoate offence means:"a step toward the commission of another crime, the step in itself being serious enough to merit punishment. The three inchoate offences are attempt, conspiracy, and solicitation. The term is sometimes criticized. also termed anticipatory offencse; inchoate crime; preliminary crime. These preliminary crimes have sometimes been errineously described as 'inchoate' offences. This is misleading because the word 'inchoate' connotes something which is not yet completed, and it is therefore not accurately used to denote something which is itself complete, even though it be a link in a chain of events leading to some object which is not yet attained. The offence of incitement is fully performed even though the person incited immediately repudiates the suggested deed, a conspiracy is committed although the conspirators have not yet moved to execute their purposed crime, and the performance of a criminal attempt must always have been reached before the end is gained. in all these instances it is the ultimate crime which is inchoate and not the preliminary crime, the position indeed being just the same as in the example imagined abobe of a man who stole a revolver and committed other crimes in order to effect his purpose of murder. There the murder was inchoate, but the larceny and other crimes (including the attempt) were completed." Bryan A. Garner ed., *Black's Law Dictionary*, 9th edition, West, 2009, p. 1186 - 1187.

道格拉斯拟根据未完成犯罪的性质对其进行定义，指出将未完成的犯罪定义为“尽管伤害本身没有发生，但会产生伤害风险的犯罪”①。这一定义的优势在于区分基于伤害的犯罪与基于风险的犯罪，有利于区分犯罪类型。但是一些犯罪也可以被视为基于风险的犯罪，例如纵火，但纵火一般不被视为未完成的犯罪。② 迈克尔·卡希尔将未完成的犯罪定义为“部分包含目标犯罪行为的犯罪”。根据这一定义，未完成的犯罪具有两个特征：(1)目标犯罪中的行为要件没有完成；(2)行为人对完成尚未执行的行为的坚定承诺，而不仅仅是想要执行行为。③ 同样地，格哈德和弗洛里安认为，未完成的犯罪是指“根据国际法，即使没有完成犯罪所要求的所有要件，某些旨在实施犯罪的行为本身就是犯罪”④。但是上述两种定义方式或许忽视了犯罪未遂的情况。罗伯特和哈坎关注犯罪结果，并指出未完成的犯罪“在国家层面通常被认为相当于不完整的犯罪，即无须证明犯罪已完成也会受到惩罚”的犯罪。⑤ 这一定义似乎指出未完成的犯罪的犯罪构成不完整，但是未完成的犯罪也应符合犯罪构成的要求。⑤ 安德鲁和杰瑞米指出：“未完成的犯罪的一个主要特征是，即使目标犯罪尚未完成且没有造成伤害，行为人已构成未完成的犯

① Douglas Husak, *Overcriminalization: The Limits of the Criminal Law*, Oxford University Press, 2008, p. 160.

② See Michael T. Cahill, *Grading Arson*, Criminal Law and Philosophy, 2009.

③ See Michael T. Cahill, *Inchoate Crimes*, The Oxford Handbook of Criminal Law, November 2014.

④ Gerhard Werle, Florian Jeßberger, *Principles of International Criminal Law* (4th edition), Oxford Public International Law, 2020, para. 793.

⑤ See Robert Cryer, Hakan Friman, Darryl Robinson and Elizabeth Wilmshurst, *An Introductuion to International Criminal Law and Procedure*, Cambridge University Press, 2007, p. 316.

⑥ 参见陈兴良主编：《案例刑法研究：总论》，中国人民大学出版社 2020 年版，第 739 页。

罪。一些新的犯罪符合未完成的犯罪的定义,即故意实施某项行为(2006年《欺诈法》下的犯罪就是一个明显的例子),即使没有发生损害结果,未完成的犯罪已经完全实施。"[①]这一定义是从损害结果出发,指出未完成的犯罪是无须证明结果的犯罪。卡塞斯指出未完成的犯罪的三个特征:"(1)属于初步或犯罪准备阶段的行为;(2)犯罪尚未完成,因此还没有造成损害结果;(3)该行为本身就具有可罚性,不论是否最终导致了目标犯罪。"[②]卡塞斯列举的未完成的犯罪的特征较为全面,不仅包含犯罪阶段,还指出未完成的犯罪尚未造成损害结果这一关键特征。卢旺达问题国际刑事法庭(以下简称卢旺达刑庭)在穆斯玛案中从犯罪未遂出发,引出未完成的犯罪的概念,即"犯罪未遂是一种未完成的犯罪,是指一项行为本身就构成犯罪,无论目标犯罪是否完成,该行为都可以作为单独的犯罪受到惩罚"[③]。卢旺达刑庭在阿卡耶苏案中指出:"普通法系中的未完成的犯罪是指仅根据犯罪行为即可受到惩罚……未完成的犯罪最终无论取得何种结果,都被视为已完成。"[④]

本书认为,未完成的犯罪是指在犯罪准备阶段实施的,不要求证明目标犯罪结果的犯罪。设立未完成的犯罪是由于该行为侵犯了不同的法益,因此将犯罪准备阶段的行为单独定罪。

---

① Andrew Ashworth and Jeremy Horder, *Principles of Criminal Law*, Oxford University Press, 2013, Chapter Inchoate Offences, p. 2.

② Antonio Cassese, *International Criminal Law*, Oxford University Press, 2003, p. 190.

③ *The Prosecutor v. Musema*, ICTR – 96 – 13 – T, Trial Chamber Judgment of 27 June 2000, para. 115.

④ *The Prosecutor v. Jean – Paul Akayesu*, ICTR – 96 – 4 – T, Trial Chamber Judgment of 2 September 1998, para. 562.

二、国际刑法中的未完成的犯罪

如上所述，普通法系国家国内刑法中的未完成的犯罪已成为现代国际刑法的一部分。[①] 国际公约、国际刑事法庭规约或宪章中虽未明确使用"未完成的犯罪"这一法律用语，但是在国际刑事法庭规约与判例中有对未完成的犯罪的规定，如《防止及惩治灭绝种族罪公约》中对于共谋、煽动和犯罪未遂的规定，[②]《罗马规约》中对于未遂和煽动的规定[③]，前南刑庭的判例[④]和卢旺达刑庭的判例。[⑤]

（一）未完成的犯罪的构成要件

未完成的犯罪也需满足犯罪构成要件中的行为要件与心理要件的要求。未完成的犯罪中犯罪嫌疑人已经采取了一些行为，甚至可能是表面的合法的行为，刑法不惩罚仅具备犯罪动机而没有采取任何行动的行为人。具体来讲，共谋犯罪的行为要件是达成实施犯罪的合议，并且采取公开行动以促进犯罪的实施。煽动犯罪的行为要件是煽动者直接和公然地鼓励其他人实施犯罪。犯罪未遂的行为要件是行为人已经实施了犯罪的实质性步骤。共谋犯罪、煽动犯罪和犯罪未遂的心理要件均相同，即行为人故意实施犯罪并期待犯罪结果的发生，且行为人知道目标犯罪的实施者。

---

① See Gabriel Hallevy, *Incapacitating Terrorism through Legal Fight – the Need to Redefine Inchoate Offences under the Liberal Concept of Criminal Law*, Alabama Criminal Law Review, 2012.

② Convention on the Prevention and Punishment of the Crime of Genocide, Article 3, 9 December 1948.

③ Rome Statute of the International Criminal Court, Article 25, 1998.

④ See *The Prosecutor v. Kajelijeli*, ICTR – 98 – 44A – T, Judgment and Sentence, 1 December 2003, para. 788; *Prosecutor v. Nahimana et al.*, ICTR – 99 – 52 – A, Judgment of 28 November 2007, para. 678.

⑤ See *The Prosecutor v. Tolimir*, IT – 05 – 88/2 – A, Judgment of 8 April 2015, para. 582.

(二)未完成的犯罪的种类

国际刑法中对于未完成的犯罪的种类的规定主要来源于普通法系,但国际刑法中对于未完成的犯罪中包含的内容尚未完全达成一致,一般认为,共谋犯罪、犯罪未遂和煽动犯罪属于未完成的犯罪。[①]

1. 共谋犯罪

共谋(conspiracy)犯罪是指两个或两个以上的人,一经达成犯罪的合议即构成了共谋犯罪。[②] 国际刑法中的共谋犯罪首次被规定在普通法系国家。英国在1307年就形成了《共谋者第三法典》。在1611年英国波特瑞案中,一群人达成合议虚假指控他人实施抢劫,尽管最终虚假指控没有成功,但星座法院对此案进行了审判并对团体达成合议的行为予以定罪,判决理由是共同犯罪人在完成犯罪之前或在犯罪未遂之前被逮捕,只要他们达成犯罪合议,就构成犯罪。[③] 该案虽未使用共谋犯罪这一表述,但是这是共谋犯罪概念的雏形。[④] 在1725年英国爱德华案中,犯罪嫌疑人与一名贫困妇女共谋,通过使这名女子与另一教区的男子结婚,将她的公共援助费用转移到另一教区。尽管法院最终将犯罪嫌疑人无罪释放,但法院指

---

① "The common law has given birth to three general offences which are usually termed 'inchoate' or 'preliminary crimes' – attempt, conspiracy, and incitement." See Bryan A. Garner ed., *Black's Law Dictionary*, 9th edition, West, 2009, p. 830.

② See Antonio Cassese ed., *The Oxford Companion to International Criminal Justice*, Oxford University Press, 2009, p. 279.

③ See Gabriel Hallevy, *Incapacitating Terrorism through Legal Fight – the Need to Redefine Inchoate Offences under the Liberal Concept of Criminal Law*, Alabama Criminal Law Review, 2012.

④ See Tom Stenson, *Inchoate Crimes and Criminal Responsibility under International Law*, Journal of International Law and Policy, 2007.

出:“为了非法目的而进行合法的共谋是一种犯罪行为。”[①]此后,一群人为了达成非法目的而进行的合议行为,在英国也被裁定为犯罪。

国际刑法中,共谋犯罪被规定在1945年《欧洲国际军事法庭宪章》第6条第2款第a项和第6条第3款、《远东国际军事法庭宪章》第5条第2款第a项和第5条3款、管制委员会《关于惩治战争罪、危害和平罪和危害人类罪罪犯的第10号法令》第Ⅱ条第1款第a项。《防止及惩治灭绝种族罪公约》第3条规定了共谋灭绝种族罪。[②] 共谋灭绝种族罪也被规定在《卢旺达问题国际刑事法庭规约》(以下简称《卢旺达刑庭规约》)第2条第3款,《前南斯拉夫问题国际刑事法庭规约》(以下简称《前南刑庭规约》)第4条第3款和《柬埔寨法院特别法庭规约》第4条。[③] 国际法院在1951年《防止及惩治灭绝种族罪公约》的保留的咨询意见中指出,《防止及惩治灭绝种族罪公约》的规定可作为习惯国际法[④],隐含惩治共谋灭绝种族行为也可能被视为一项习惯国际法规则。前南刑庭和卢旺达刑庭认可共谋犯罪作为一项单独的未完成的犯罪,而在国际刑事法院的《罗马规约》中,则完全没有提及共谋犯罪。究其原因,奥克斯认为,主要是由于谈判时大陆法系国家对于共谋犯罪的反对,作为妥协,共谋犯罪

---

① Tom Stenson, *Inchoate Crimes and Criminal Responsibility under International Law*, Journal of International Law and Policy, 2007.

② 《防止及惩治灭绝种族罪公约》第3条:“(a)灭绝种族;(b)预谋灭绝种族;(c)直接公然煽动灭绝种族;(d)意图灭绝种族;(e)共谋灭绝种族。”刘大群法官认为《灭种公约》的中文译本中第3条翻译不当,应将“conspiracy”翻译为“共谋”,将“attempt”翻译为“未遂”,将“complicity”翻译为“协同”。

③ 《塞拉利昂问题特别法庭规约》中没有对于灭绝种族罪或共谋的规定。

④ *Reservations to the Convention on the Prevention and Punishment of the Crime of Genocide*, Advisory Opinion of 28 May 1951, p. 23: “The principles underlying the Convention are principles which are recognized by civilized nations as binding on States even without any conventional obligation.”

后来被包含进了《罗马规约》第 25 条第 3 款第 4 项的以共同目的行事的团伙实施犯罪这一概念中。[①] 沙巴斯认为因为《罗马规约》谈判进程太长,未将共谋灭绝种族罪纳入规约是起草者们的疏忽。[②]

根据前南刑庭的判例,共谋犯罪的行为要件是存在实施犯罪的协议或合议。[③] 在协议之前采取的行动不符合共谋犯罪的要求,由行为人单独承担责任。共谋犯罪的心理要件是共谋者不仅有参与此类共同协议的故意,还必须具备目标犯罪所要求的心理要件和特殊的心理要件。[④] 就其心理要件而言,不要求每个人都知道犯罪的所有细节或知道参与共谋犯罪的所有成员,只要行为人明知计划中的行为是犯罪行为并继续推进该行为,他就有可能被以共谋犯罪起诉。

2. 犯罪未遂

在日常用语中,犯罪未遂(attempt)意指尝试达成某种犯罪目标。[⑤] 17 世纪 40 年代后,英国便开始使用犯罪未遂的概念。英国的普通法院将犯罪未遂适用于所有严重犯罪,而不仅限于国家安全领域。[⑥] 随后,犯罪未遂的概念逐步为大陆法系的国家所接受。[⑦] 犯罪

---

① See Juliet R. Okoth, *The Crime of Conspiracy in International Criminal Law*, Asser Press, 2014, p. 180 – 181.

② See William Schabas, *Genocide in International Law*, Cambridge University Press, 2009, p. 315.

③ See *The Prosecutor v. Popovic et al.*, IT – 05 – 88 – T, Judgment and Sentence of 10 June 2010, para. 1184.

④ See *The Prosecutor v. Tolimir*, IT – 05 – 88/2 – T, Judgment of 12 December 2012, para. 786.

⑤ See Michael T. Cahill, *Inchoate Crimes*, The Oxford Handbook of Criminal Law, November 2014.

⑥ See James Fitzjames Stephen, *A History of the Criminal Law of England*, Cambridge University Press, 2014.

⑦ Strafgesetzbuch, German Criminal Code, 13 November 1998.

未遂被规定在《前南刑庭规约》第4条、《卢旺达刑庭规约》第2条和《罗马规约》第25条。《罗马规约》第25条第3款第6项中将犯罪未遂适用所有犯罪,《前南刑庭规约》第4条第3款第d项和《卢旺达刑庭规约》第2条第3款第d项中明确提及了种族灭绝罪的未遂。在前南刑庭的瓦西列维奇案中,法庭认为,谋杀未遂是一种严重的人身攻击。① 在前南刑庭的穆尔达案中,被告实行了谋杀未遂且被告最终认罪。② 犯罪未遂并非惩罚犯罪结果,而是惩罚行为人从事的行为。不论何种原因,犯罪结果虽然没有发生,行为人已实施了犯罪的实质性步骤并期待结果的发生。

根据《罗马规约》第25条第3款第6项的规定,犯罪未遂存在两种情况:(1)行为已经开始实施,由于行为人意志外的原因,虽然产生既遂危险,但没有将犯罪行为实施完成;(2)行为已实施,但行为人预期的结果没发生。③

犯罪未遂的行为要件包括两项:(1)已经开始实施犯罪行为的实质性步骤;(2)由于行为人意志以外的原因,犯罪结果没有实际发生。④ 如果是行为人主动放弃,《罗马规约》第25条第3款第6项规定,不可根据规约规定的犯罪未遂处罚。⑤ 对于《罗马规约》第25条

---

① See *The Prosecutor v. Vasiljević*, IT - 98 - 32 - T, Trial Chamber Judgment of 29 November 2002, paras. 234, 239.

② See *The Prosecutor v. Mrđa*, IT - 02 - 59 - S, Sentencing Judgment of 31 March 2004, para. 5.

③ 《罗马规约》第25条第3款第6项,犯罪未遂是指"已经以实际步骤着手采取行动,意图实施犯罪,但由于其意志以外的情况,犯罪没有发生"。参见孙明先:《中外刑法比较专论》,法律出版社2011年版,第184-185页。

④ See *The Prosecutor v. Abdallah Banda Abakaer Nourain*, ICC - 02/05 - 03/09 - 121 - Corr - Red, Pre - Trial Chamber: Decision on the Confirmation of Charges, 7 March 2011, para. 96.

⑤ 《罗马规约》第25条第3款第6项:"放弃实施犯罪或防止犯罪完成的人,如果完全和自愿地放弃其犯罪目的,不按犯罪未遂根据本规约受处罚。"

要求的“完全和自愿地放弃”的解释，埃塞尔认为，在单一的一次强奸行为中，“行为人因为被劝说而放弃实施强奸行为不能算作完全和自愿地放弃，仅当行为人不再寻找下一个受害者，才能视为完全和自愿地放弃”①。就心理要件而言，在卢旺达刑庭的恩绍戈扎案中，法院指出，犯罪未遂的心理要件应和该罪的犯罪既遂一样，即故意实施犯罪行为，并期待犯罪结果的发生。② 也就是说，行为人必须有完成犯罪的故意，并知道该犯罪的主要构成要件或特性。对于要求有特殊的心理要件的犯罪来说，行为人也须具备同样的特殊的心理要件。例如，实施危害人类罪中的迫害罪未遂，实施人必须具有迫害罪要求的特殊的心理要件。

3. 煽动犯罪

直接和公然地煽动(incitement)是指通过在公共场所发表演讲、出售或传播书面材料或印刷品、公开展示海报，或通过任何其他传播方式，直接挑唆实施人实施犯罪。③ 煽动犯罪一开始被认为是一种特殊的犯罪未遂。④ 随着时间的推移，它成为独立的未完成的犯罪，同时适用于普通法系和大陆法系国家。⑤ 除了柬埔寨法院特别法庭没有将煽动灭绝种族罪纳入其规约第 4 条以外，禁止直接和公然地煽动灭绝种族罪被规定在《前南刑庭规约》第 4 条第 3 款第

---

① Albin Eser, *Individual Criminal Responsibility*, The Rome Statute of the International Criminal Court: A Commentary, Oxford University Press, 2002, p. 817.

② See *The Prosecutor v. Nshogoza*, ICTR – 07 – 91 – T, Judgment of 7 July 2009, para. 205.

③ See *The Prosecutor v. Nyiramasuhuko et al.*, ICTR – 98 – 42 – T, Decision on Defence Motions for Acquittal under Rule 98 bis of 16 December 2004, para. 109.

④ See John W. Curran, *Solicitation: A Substantive Crime*, Minnesota Law Review, 1933.

⑤ See Gabriel Hallevy, *Incapacitating Terrorism through Legal Fight – the Need to Redefine Inchoate Offences under the Liberal Concept of Criminal Law*, Alabama Criminal Law Review, 2012.

c项、《卢旺达刑庭规约》第2条第3款第c项和国际刑事法院的《罗马规约》第25条中。不论目标犯罪是否发生，煽动者满足行为要件与心理要件，即构成犯罪。例如，在卢旺达刑庭的纳希马纳案中，上诉分庭认为，根据《防止及惩治灭绝种族罪公约》的准备工作文件："公约的起草者们故意惩治公然和直接地煽动灭绝种族的行为，即使灭绝种族罪最终没有发生。"①从《罗马规约》第25条第3款第2项和第25条第3款第5项的不同规定可以看出煽动灭绝种族罪不以灭绝种族罪的既遂为前提。②

煽动灭绝种族罪的行为要件是煽动人直接和公然鼓励他人实施灭绝种族行为。③"直接"煽动犯罪是指督促另一个人立即采取犯罪行动，而不是仅提出模糊或间接的建议。④"公然"煽动犯罪是指使用公开的传播工具鼓动公众实施犯罪。⑤在阿卡耶苏案中，卢旺达刑庭的审判分庭认为煽动行为发生的场所和帮助是否具有选择性或限制性都是非常重要的考量因素。⑥煽动灭绝种族罪的心理要件是煽动者必须既具有刺激或鼓励其他人进行犯罪的故意，又具备

---

① *The Prosecutor v. Nahimana et al.*, ICTR – 99 – 52 – A, Appeals Chamber Judgment of 28 November 2007, para. 678.

② 《罗马规约》第25条第3款第2项规定"命令、唆使、引诱实施这一犯罪，而该犯罪事实上是既遂或未遂的"；《罗马规约》第25条第3款第5项只规定直接和公然地煽动他人实施灭绝种族行为，不以灭绝种族罪的既遂或未遂为前提。

③ See *Augustin Ngirabatware v. The Prosecutor*, MICT – 12 – 29 – A, Judgment of 18 December 2014, para. 52.

④ See *The Prosecutor v. Kajelijeli*, ICTR – 98 – 44A – T, Judgment and Sentence, 1 December 2003, para. 855.

⑤ "在公共场所鼓动一定数量的人实施犯罪或利用大众传媒如广播、电视，鼓动公众实施犯罪。"参见李世光、刘大群、凌岩主编：《国际刑事法院罗马规约评释》，北京大学出版社2006年版，第266页。

⑥ See *The Prosecutor v. Akayesu case*, ICTR – 96 – 4 – T, Trial Chamber Judgment of 2 September 1998, para. 556.

特殊的心理要件。[①] 直接和公然的煽动行为构成未完成的犯罪，即使没有造成目标犯罪结果也应受到惩罚。[②]

综上，共谋犯罪、犯罪未遂与煽动犯罪原先仅作为普通法系刑法规定的未完成的犯罪，随后，被广泛规定和适用在国际刑事法庭的规约与国际刑事审判中。共谋犯罪、犯罪未遂与煽动犯罪均是无须证明目标犯罪结果的犯罪，只要具备相应的行为要件与心理要件，即构成未完成的犯罪。

三、资助恐怖主义犯罪属于单独犯罪

《制止资恐公约》第 2 条第 3 款规定，资金不必实际用于实施恐怖主义行为，这是《制止资恐公约》的特别之处。同样，联合国安理会第 2253 号和第 2462 号决议指出，资助恐怖主义行为不以恐怖主义行为的发生为前提。FATF 在对于反洗钱和反资助恐怖主义第 5 条的解释性说明中指出，国家应将资助恐怖主义行为规定为犯罪，即使上述资助行为与特定的恐怖主义行为并无联系。[③]《制止资恐公约草案》二读期间，一些国家的代表团质疑资助人从事的符合恐怖主义犯罪的责任形式的行为是否能构成单独的犯罪。在《制止资恐公约草案》的谈判过程中提出并讨论了两种方法：(1)将资助恐怖主义行为视为恐怖主义犯罪的责任形式；(2)将资助恐怖主义行为单独规定为一项犯罪。在单独规定为犯罪部分又分为两种观点：(1)一些代表团主张将资助恐怖主义行为通过公约规定为单独的、

---

① See *Augustin Ngirabatware v. The Prosecutor*, MICT – 12 – 29 – A, Judgment of 18 December 2014, para. 52.

② See *The Prosecutor v. Callixte Nzabonimana*, ICTR – 98 – 44D – A, Judgment of 29 September 2014, para. 234.

③ International Standards on Combating Money Laundering and the Financing of Terrorism & Proliferation, FATF, Paris, France, Interpretive note to Recommendation 5, 2012, www. fatf – gafi. org/recommendations. html, p. 13.

完成的犯罪;(2)一些代表团主张在将资助恐怖主义行为通过公约规定为独立的犯罪的基础上,规定构成资助恐怖主义犯罪无须证明恐怖主义犯罪的结果,将资助恐怖主义犯罪视为国际刑法中的未完成的犯罪。①

下面将分析以上两种方法的相关讨论、观点和实践。

(一)将资助恐怖主义行为视为恐怖主义犯罪的责任形式

《制止资恐公约草案》二读期间,一些国家的代表质疑是否需要将资助恐怖主义行为规定为单独的犯罪。② 若将资助恐怖主义行为与恐怖主义行为合并在一起看,由于共同指向恐怖主义犯罪,那么应将资助恐怖主义行为的被告视为参与恐怖主义犯罪活动的人,并将资助的行为视为以帮助或协助的方式参与恐怖主义犯罪,而与恐怖主义相关的国际公约中关于责任形式的规定足以涵盖此类资助行为。

此外,在《制止资恐公约》的起草过程中,奥地利的代表团提议,《制止资恐公约草案》中资助恐怖主义犯罪应只包括对恐怖活动组织的资助,而不包括对实施恐怖主义行为的个人的资助,因为这只是个人参与恐怖主义犯罪的方式(责任形式)。③ 他们认为,不能将犯罪准备阶段的行为定为独立犯罪,除非该行为具有特别危险的性

---

① Report of the *Ad Hoc* Committee Established by General Assembly Resolution 51/210 of 17 December 1996, A/54/37, Informal Summary of the Discussion in the Working Group, Prepared by the Rapporteur: Second Reading of Draft Articles 1 to 8, 12 and 17 on the basis of, *inter alia*, Documents A/AC. 252/1999/WP. 45, 47 and 51, paras. 84 – 87.

② Report of the *Ad Hoc* Committee Established by General Assembly Resolution 51/210 of 17 December 1996, A/54/37, Informal Summary of the Discussion in the Working Group, Prepared by the Rapporteur: Second Reading of Draft Articles 1 to 8, 12 and 17 on the Basis of, *inter alia*, Documents A/AC. 252/1999/WP. 45, 47 and 51, para. 87.

③ Proposal on the Definition of Offences/Submitted by Austria, A/AC. 252/1999/WP. 11, 16 March 1999.

质。特别危险的行为应仅包括资助恐怖活动组织的行为,因为"恐怖活动组织通常设定长期规划、组织的目标连续且分工明确",所以资助恐怖活动组织的行为应被规定为犯罪。① 但是,起草者质疑定义组织是否有用,最终由于《制止资恐公约》已经定稿,起草者没有采纳上述建议。②

有的国家规定资助人应构成帮助或协助恐怖主义犯罪。例如,根据2016年《西班牙刑法》第571条和第576条的规定,资助恐怖活动组织被认为是与恐怖活动组织合作的行为,被视为参与恐怖主义犯罪。③

报告员在《制止资恐公约草案》二读期间基于草案一读期间的第A/AC. 252/L. 7号和第A/AC. 252/L. 7/ Corr. 1号文件指出,绝大多数国家建议将资助恐怖主义行为规定为独立的犯罪,而不是将资助行为视为恐怖主义犯罪的责任形式,这已形成一种趋势。④ 最终,资助恐怖主义行为被《制止资恐公约》规定为一项单独的犯罪,而非将资助行为视为恐怖主义犯罪的责任形式。

(二)将资助恐怖主义行为单独规定为一项犯罪

安东尼·奥斯特和亚拉·埃斯基维尔·索托指出了资助恐怖主义行为应被单独规定为犯罪行为的原因。安东尼·奥斯特认为,

---

① Proposal on the Definition of Offences/Submitted by Austria, A/AC. 252/1999/WP. 11, 16 March 1999.

② Draft Convention on the Suppression of Acts of Nuclear Terrorism, Prepared by the Friends of the Chairman, A/C. 6/54/WG. 1/CRP. 35/Rev. 1, 7 October 1999.

③ FATF, Third Mutual Rvaluation Report on Anti - Money Laundering and Combating the Financing of Terrorism: Spain, 23 June 2006, p. 113 - 124.

④ Report of the Ad Hoc Committee Established by General Assembly Resolution 51/210 of 17 December 1996, A/54/37, Informal Summary of the Discussion in the Working Group, Prepared by the Rapporteur: Second Reading of Draft Articles 1 to 8, 12 and 17 on the basis of, inter alia, Documents A/AC. 252/1999/WP. 45, 47 and 51, para. 84.

资助恐怖主义行为本身与恐怖主义行为一样严重，恐怖主义的资助人应该受到与实施恐怖主义的人一样严厉的惩罚。[①] 亚拉·埃斯基维尔·索托认为，就资助恐怖主义行为的有害性和危险性而言，资助恐怖主义行为应被视为构成单独的伤害而不是一种辅助伤害，大量的资助可以改变实施恐怖活动的个人或组织发动袭击的能力，资助使恐怖活动变得更为连续和广泛，并给大量平民造成损害。因为恐怖主义犯罪的严重性质，资助恐怖主义行为极大促进恐怖主义行为的实施，所以足以使刑法将资助恐怖主义行为规定为一项单独的犯罪。[②] 实际上，将资助恐怖主义行为规定为单独犯罪的主要原因是：当资助人作为帮助或协助恐怖主义犯罪的行为人，资助人被视为辅助犯罪实施的从犯，仅在主犯实施了恐怖主义犯罪时，资助人的帮助行为才构成犯罪。但是，如果资助人已经完成了资金的提供和募集，且主观上有资助恐怖主义的故意，其目的是将资金用于实施恐怖主义行为，在未将资助恐怖主义行为规定为单独犯罪的情况下，如果恐怖主义行为没有实施，提供或募集资金的被告也会因此逃脱责任。

将资助恐怖主义犯罪规定为独立的刑事犯罪部分存在两种观点：(1)将资助恐怖主义行为通过公约规定为单独的、完成的犯罪；(2)在规定为单独的犯罪的基础上，规定构成资助恐怖主义犯罪无须证明恐怖主义犯罪的结果，资助恐怖主义犯罪构成国际刑法中的未完成的犯罪。

---

① See Anthony Aust, *Counter Terrorism – A New Approach: The International Convention for the Suppression of the Financing of Terrorism*, Max Plank Yearbook of United Nations Law, p. 288.

② See Yara Esquivel Soto, *An Autonomous Offence for the Financing of Terrorism: Notes from an Ibero – American Perspective*, Countering Terrorist Financing: The Practitioner's Point of View, 2009, p. 203.

1. 将资助恐怖主义行为视为单独的、完成的犯罪

资助恐怖主义行为被单独规定为犯罪的国家法律包括:新加坡2002年《制止恐怖主义与资助恐怖主义法》第2条、2012年《菲律宾预防和制止资助恐怖主义法案》等。加布里埃尔·哈勒维主张,在为实施恐怖活动的个人提供资助的行为中,恐怖主义行为是未完成的,而资助恐怖主义行为是完成的,因此,资助恐怖主义犯罪构成完成的犯罪。[①] 哈米德·托方萨兹认为,资助恐怖主义犯罪的目标犯罪是资助恐怖主义犯罪,在这种情况下,当完成资助行为且主观上故意提供资助,则资助恐怖主义犯罪完成,因此,资助恐怖主义犯罪是一项完成的犯罪。[②]

2. 将资助恐怖主义行为视为单独的、未完成的犯罪

《制止资恐公约》第2条第1款对于犯罪心理要件的规定是:资助人的目的是将资金用于实施恐怖主义行为,第2条第3款对于犯罪行为要件的规定是:"有关资金不需实际用于实施第1款(a)或(b)项所述的罪行。"

一些学者主张资助恐怖主义犯罪构成国际刑法中的未完成的犯罪。例如,刘大群法官认为,《制止资恐公约》第2条第5款所列的除未遂外的所有规定都应被视为犯罪的责任形式,犯罪的责任形式与未完成的犯罪不同,《制止资恐公约》中规定的资助恐怖主义犯

---

① See Gabriel Hallevy, *Incapacitating Terrorism through Legal Fight – The Need to Redefine Inchoate Offenses under the Liberal Concept of Criminal Law*, Alabama Civil Rights & Civil Liberties Law Review, 2012, p. 114.

② See Hamed Tofangsaz, *Criminalization of Terrorist Financing: From Theory to Practice*, New Criminal Review, 2018, p. 108.

罪本身构成国际刑法中的未完成的犯罪。[①] 卡斯滕·斯坦认为,《制止资恐公约》第2条第3款的规定使得资助恐怖主义犯罪构成一项独立的、未完成的犯罪。[②] 尼古拉指出,很多犯罪本质上是未完成的犯罪,如处于犯罪预备阶段的恐怖主义犯罪或占有罪。[③] J. 克雷格·巴克和约翰·P. 格兰特编辑的《国际法百科全书词典》主张,《制止资恐公约》第2条第3款至第5款是对于未完成的犯罪的规定。有理由认为,该书支持根据《制止资恐公约》第2条第3款将资助恐怖主义犯罪规定为未完成的犯罪。[④]

某些国家将资助恐怖主义行为视为未完成的犯罪。例如,荷兰法律中,资助恐怖活动组织犯罪一开始被规定为未完成的犯罪。[⑤]《荷兰刑法》第140a条规定了资助恐怖活动组织的行为,该行为不要求收集和提供资金用于或打算用于实施特定行为,而是要求为恐怖活动组织的利益提供或募集资金。[⑥] 荷兰最高法院在一项裁决中将"准备"阶段的行为定义为未完成的犯罪。法院指出,"与未遂犯罪相比,受惩罚的准备行为实际上离犯罪既遂更远,但犯罪的准备行为,已经完整包含行为人的犯罪故意",是否完成犯罪可能只是时

---

① See Liu Daqun, *On Criminal Responsibility for Terrorist Financing an Analysis of the International Convention for the Suppression of the Financing of Terrorism*, International Criminal Responsibility of War's Funders and Profiteers, Cambridge University Press, 2020, p. 331 – 361.

② See Carsten Stahn, *A Critical Introduction to International Criminal Law*, Cambridge University Press, 2019, p. 140.

③ See Nicola Padfield, *Criminal Law*, Oxford University Press, 2006, p. 163.

④ See J. Craig Barker, John P. Grant, *Encyclopaedic Dictionary of International Law*, Oxford University Press, 2009.

⑤ See Caroline M. Pelser, *Preparation to Commit a Crime: The Dutch Approach to Inchoate Offences*, Utrecht University Press, 2008, p. 70.

⑥ See FATF, Mutual Evaluation Report: Anti – money Laundering and Combating of the Financing of Terrorism: the Netherlands, 25 February 2011.

间问题。[①] 因此,荷兰早期将资助特定的恐怖活动组织的犯罪视为未完成的犯罪。[②] 然而,荷兰于2013年修订了其法律,将资助恐怖主义行为定为一项完成的犯罪。[③] 2006年《英国恐怖主义法》第五部分,将实施、协助实施与准备实施恐怖主义行为规定为犯罪。其中准备实施恐怖主义犯罪的规定符合未完成的犯罪的定义,并规定最高刑可处终身监禁。[④] 根据《丹麦刑法》第114条(恐怖主义犯罪)和第23条(协助)的规定,资助恐怖主义行为是作为协助恐怖主义犯罪进行定罪的。[⑤] 1985年《加拿大刑法》第83条第4款规定为恐怖主义目的使用或拥有财产,或虽尚未使用,但若主观上具备故意或明知,则构成资助恐怖主义犯罪。[⑥]《德国刑法》第89条第3款

---

① See FATF, Mutual Evaluation Report: Anti - money Laundering and Combating of the Financing of Terrorism: the Netherlands, 25 February 2011.

② FATF, Mutual Evaluation Report: Anti - money Laundering and Combating of the Financing of Terrorism: the Netherlands, 25 February 2011.

③ See FATF, Mutual Evaluation of the Netherlands: 2nd Follow - up Report, 14 February 2014.

④ 2006年《英国恐怖主义法》规定:(1)任何人故意实施以下行为即构成犯罪:(a)实施恐怖主义行为,或(b)协助他人实施此类行为。任何人故意从事任何犯罪的准备行为也构成犯罪。(2)就第1款的目的而言,无须故意和准备的行为与一个或多个特定的恐怖主义行为或一般的恐怖主义行为有关。(3)犯有本条所述犯罪的人,一经公诉程序定罪,可处终身监禁。UK Terrorism Act, 2006.

⑤ FATF, Third Mutual Evaluation on Anti - money Laundering and Combating the Financing of Terrorism: Kingdom of Denmark, 22 June 2006. See also FATF, Mutual Evaluation on Anti - money Laundering and Combating the Financing of Terrorism: Kingdom of Denmark, 3rd Follow - up Report, 22 October 2010.

⑥ "行为人若实施以下犯罪,可处以不超过10年的监禁……(b)拥有财产,故意将其全部或部分直接或间接用于或知道将全部或部分用于促进或开展恐怖活动。" Criminal Code (R. S. C., 1985, c. C - 46), Financing of Terrorism, 83.04, available at https://laws - lois. justice. gc. ca/eng/acts/c - 46/page - 9. html#docCont.

规定八类故意收集、接受或提供资产的行为构成资助恐怖主义犯罪。[①] 其中，在以勒索为目的的绑架（《德国刑法》第239条第1款）或劫持人质（《德国刑法》第239条第2款）这两种情形下，不论第89条第3款中第1项第1目的行为是否实际发生，只要为该行为收集、接受或提供资金就构成犯罪[②]，即这两种情形下的资助恐怖主义犯罪属于未完成的犯罪。在葡萄牙，以资助恐怖主义为目的而筹集资金被视为一种准备犯罪的行为，构成犯罪未遂。[③]

---

① 《德国刑法》第89条第3款规定资助恐怖主义犯罪的目的为："故意恐吓民众，以武力或武力威胁非法胁迫政府或国际组织，或破坏或严重损害一个国家或国际组织的基本政治、宪法、经济或社会结构，且此类犯罪可能会严重损害一个国家或一个国际组织。""intended to seriously intimidate the population, to unlawfully coerce an authority or an international organisation by force or threat of force or to destroy or significantly impair the fundamental political, constitutional, economic or social structures of a state or of an international organisation and which, given the nature or consequences of such offences, can seriously damage a state or an international organization." German Criminal Code, Section 89c, available at https://www. gesetze – im – internet. de/englisch_stgb/englisch_stgb. html#p0985.

② 《德国刑法》第89条第3款第1项第1目规定的行为包括："1. 在特定加重情节下谋杀（第211条）、谋杀（第212条）、灭绝种族（《违反国际法治罪法典》第6节）、危害人类罪（《违反国际法治罪法典》第7节）、战争罪（《国际法犯罪法典》第8、9、10、11或12条）、第224条规定的人身伤害或对他人造成严重身体或精神创伤，尤其是第226节所指犯罪类别。""1. murder under specific aggravating circumstances (section 211), murder (section 212), genocide (section 6 of the Code of Crimes against International Law), a crime against humanity (section 7 of the Code of Crimes against International Law), a war crime (section 8, 9, 10, 11 or 12 of the Code of Crimes against International Law), bodily harm under section 224 or bodily harm which causes severe physical or emotional trauma to another person, in particular of the type referred to in section 226." German Criminal Code, Section 89c, available at https://www. gesetze – im – internet. de/englisch_stgb/englisch_stgb. html#p0985.

③ See FATF, Third Mutual Evaluation Report: Anti – money Laundering and Combating the Financing of Terrorism: Portugal, 13 October 2006.

四、资助恐怖主义犯罪属于未完成的犯罪

综上所述,《制止资恐公约》的起草者拒绝将资助恐怖主义的行为视为恐怖主义犯罪的责任形式。接下来将详细分析资助恐怖主义犯罪是否构成一项未完成的犯罪。

在分析资助恐怖主义犯罪是否构成未完成的犯罪前,需要辨析两个前置问题。

第一,国际刑法中与未完成的犯罪相对的是犯罪的责任形式吗?前南刑庭在穆斯玛案中指出,未完成的犯罪与犯罪的责任形式的不同,被告可能因直接违反《前南刑庭规约》第 2 条第 3 款规定的未完成的犯罪承担个人刑事责任,而无须证明目标犯罪结果的发生。相反,"任何人以任何形式参与实施法庭管辖范围内的其他犯罪,只有在目标犯罪完成的情况下才可能承担刑事责任"①。易言之,前南刑庭似乎侧面指出未完成的犯罪与责任形式相对应,因为未完成的犯罪与目标犯罪是否最终实施无关,而责任形式的承担要求目标犯罪最终被实施。实际上,与未完成的犯罪相对的概念不是犯罪的责任形式。应当认为国际刑法中的未完成的犯罪是一种单独的犯罪类别,只要符合未完成的犯罪的行为要件与心理要件,即构成未完成的犯罪。

第二,资助恐怖主义犯罪的目标犯罪是恐怖主义犯罪还是资助恐怖主义犯罪?资助恐怖主义犯罪的目标犯罪是恐怖主义犯罪。例如,行为人故意通过刺伤某甲来实施谋杀行为,并执行了犯罪计划,致使某甲受了重伤却没有死亡,因为目标犯罪是谋杀,则该行为可能构成谋杀未遂,最关键之处在于辨别行为人的心理要件或目

---

① *The Prosecutor v. Musema*, IT – 96 – 13 – T, Trial Chamber Judgment of 27 June 2000, para. 116.

的。另外,共谋灭绝种族罪的目标犯罪是灭绝种族罪,而非共谋灭绝种族罪,灭绝种族罪是共谋行为的目的。危害人类罪未遂的目标犯罪是危害人类罪,而非危害人类罪未遂,行为人故意实施危害人类的行为并希望犯罪结果的发生,而非希望危害人类罪未遂的结果发生。同理,在资助恐怖主义犯罪中,行为人的意图是将资金将用于"实施"恐怖主义行为,而非将资金用于"资助"恐怖主义行为,①说明资助人的实际目的不光是为恐怖活动组织或实施恐怖活动的个人提供资金,而是让恐怖活动组织或实施恐怖活动的个人将钱用于实施恐怖活动,资助恐怖主义犯罪的目标犯罪应是恐怖主义犯罪。综上,资助行为的目的是实施恐怖活动,因此,资助恐怖主义犯罪的目标犯罪是恐怖主义犯罪。

本书认为,资助恐怖主义犯罪构成国际刑法中的未完成的犯罪,主要出于以下几点考虑。

第一,因为未区分行为与犯罪,所以一些学者认为资助恐怖主义犯罪是完成的犯罪。② 未完成的犯罪并不是指犯罪行为并未实际完成的犯罪,而是指无须证明目标犯罪结果的犯罪。上文已分析过的学者对资助恐怖主义犯罪的定义,虽然较为全面地指出了未完成的犯罪的特征,但是并未将行为与犯罪区分开来,尤其使用未完成

---

① 《制止资恐公约》第 2 条第 1 款并未将"in order to carry out"直接翻译为"其目的是实施",而是翻译为"其意图是将全部或部分资金用于,或者明知全部或部分资金将用于实施……"《制止资恐公约》的英文文本的含义为犯罪的目的是实施公约第 2 条第 1 款 a 项或 b 项的犯罪。See Article 2(1):"Any person commits an offence within the meaning of this Convention if that person by any means, directly or indirectly, unlawfully and wilfully, provides or collects funds with the intention that they should be used or in the knowledge that they are to be used, in full or in part, *in order to carry out* . . ."

② 本书第二章第二节第三点已述,加布里埃尔·哈勒维主张,在为实施恐怖活动的个人提供资助的行为中,恐怖主义行为是未完成的,而资助恐怖主义行为是完成的,因此,资助恐怖主义犯罪构成完成的犯罪。

的犯罪是“已完成的”等相关措辞，易产生歧义，因此，应该将行为与犯罪予以区分。行为是客观存在的，而是否构成犯罪主要根据国际公约或国际习惯而定。资助恐怖主义犯罪中，资助这一具体行为是完成的，而恐怖主义行为可能是未完成的。对于资助恐怖主义犯罪而言，因为《制止资恐公约》规定无须证明资金已用于实施恐怖主义行为，所以资助恐怖主义犯罪构成未完成的犯罪。

第二，如前所述，国际刑法中的未完成的犯罪是指在犯罪准备阶段实施的，不要求证明目标犯罪结果的犯罪。资助恐怖主义犯罪的目标犯罪是恐怖主义犯罪，因为《制止资恐公约》第 2 条第 3 款明确规定资助恐怖主义犯罪无须证明恐怖主义犯罪的结果，所以资助恐怖主义犯罪构成未完成的犯罪。共谋犯罪、煽动犯罪与犯罪未遂均无须证明目标犯罪的结果。对于共谋灭绝种族罪这一未完成的犯罪来说，在犯罪的准备阶段，多人故意达成合议实施灭绝种族行为就构成共谋犯罪，共谋行为完成，与最终灭绝种族行为是否实施无关。同样，煽动灭绝种族罪中，行为人故意直接和公然地煽动他人实施灭绝种族的行为即构成煽动灭绝种族罪，与最终是否实施灭绝种族罪无关。对于危害人类罪未遂这个未完成的犯罪来说，当行为人完全实施了危害人类罪的行为要件和心理要件，由于行为人意志外的原因最终没有发生犯罪结果，则构成犯罪未遂，最终是否发生危害人类罪的后果和构成犯罪未遂无关。《制止资恐公约》规定的资助恐怖主义犯罪和上述未完成的犯罪的性质相同，在恐怖主义犯罪的准备阶段，行为人故意提供和募集资金以实施恐怖主义行为，即构成资助恐怖主义犯罪，恐怖主义行为最终是否发生与构成资助恐怖主义犯罪无关。

第三，实践中，无须区分恐怖主义犯罪最终发生的资助恐怖主义行为与恐怖主义犯罪尚未发生的资助恐怖主义行为，不论恐怖主义犯罪最终是否发生，资助恐怖主义犯罪都不以恐怖主义犯罪的发生为前提，因为资助恐怖主义犯罪无须证明目标犯罪的结果，所以资助恐怖主义犯罪构成未完成的犯罪。具体来说，资助恐怖主义行为实施完成后，可能存在两种情况：恐怖主义行为没有发生；恐怖主义行为发生。第一种情况下，资助人故意将资金提供给正在计划实施恐怖活动的个人或组织或资助人故意将资金转移给联合国安理会第 1267 号决议公布的制裁综合清单中列明的实施恐怖活动的个人或组织以实施恐怖主义行为，虽然恐怖主义行为尚未着手实施，但资助人构成资助恐怖主义犯罪；第二种情况下，资助人故意将资金提供给联合国安理会制裁名单上的实施恐怖活动的个人或组织，即使恐怖主义犯罪实施完成，资助人构成资助恐怖主义犯罪仍然无须证明与恐怖主义犯罪有关，只要满足相应的行为要件与心理要件，即构成资助恐怖主义犯罪。

将资助恐怖主义犯罪规定为国际刑法中的未完成的犯罪的目的是预防目标犯罪的发生。资助恐怖主义犯罪的目标犯罪——恐怖主义犯罪是一种有系统、有组织的严重的国际犯罪，其不仅会造成成百上千人的人身或精神损害，还会造成巨大的财产损失。但是，仅对恐怖主义犯罪进行惩罚是不够的，真正能使实施恐怖活动的个人和组织丧失能力的有力方式是阻断其资金来源，因此，将在恐怖主义犯罪的预备阶段实施的资助恐怖主义犯罪的行为规定为未完成的犯罪能够大幅降低恐怖主义犯罪发生的风险，最大限度地减少损害结果，甚至阻止恐怖主义犯罪的发生。

总之，将恐怖主义犯罪准备阶段的资助恐怖主义犯罪的行为规定为未完成的犯罪是反恐斗争中非常重要的方式。《制止资恐公约》采用预防的手段将恐怖主义犯罪扼杀在“摇篮”中，其作用不仅仅在于事后惩罚，更多的是预防恐怖主义犯罪。将资助恐怖主义犯罪视为国际刑法中的未完成的犯罪是因为资助恐怖主义犯罪是一种无须证明目标犯罪结果的犯罪，无论恐怖主义行为实际发生与否,都与资助恐怖主义犯罪的确立无关。据此,组织恐怖活动、向恐怖活动组织提供咨询、为恐怖活动组织洗钱等行为也或被视为国际刑法中的未完成的犯罪,前提是通过国际公约的明确规定,如《制止资恐公约》第2条第3款的规定。

第三章　资助恐怖主义犯罪的个人刑事责任

《制止资恐公约》规定的个人刑事责任与其他部门性的恐怖主义公约的规定不同,本章将分析《制止资恐公约》下个人实施或协助实施资助恐怖主义犯罪的方式,以期阐明个人刑事责任的解释和适用相关的问题。本章主要依据是《制止资恐公约》第2条、《罗马规约》第25条、《前南刑庭规约》第7条、《卢旺达刑庭规约》第6条、国际刑事法庭案例及各国的案例。

第一节　关于个人刑事责任

一、个人刑事责任的产生与发展

个人责任原则是指"每个人只对自己或其代理

人的行为负责”①。个人责任原则不仅是《罗马规约》中第三编规定的刑法一般原则,还是一项公认的一般法律原则。从国际法理论来说,近代国际法时期就已经开始追究个人的国际刑事责任,包括在习惯国际法中确立的国际犯罪——海盗罪和贩卖奴隶罪。然而,从纽伦堡审判和东京审判开始,才落实了由代表国家行事的人单独承担责任的规定。联合国大会第177(Ⅱ)号决议a段指定由国际法委员会制定纽伦堡军事法庭判决中承认的国际法原则——纽伦堡原则。纽伦堡原则的原则一即强调了个人刑事责任原则。《前南刑庭规约》和《卢旺达刑庭规约》也对严重违反规约规定的个人承担国际刑事责任进行了规定。② 在前南刑庭科尔迪奇和切尔凯兹案中,审判分庭指出,个人刑事责任原则作为刑法的一般原则,是指个人为其作为或不作为承担责任。③ 同时,任何人不需为其他人实施的犯罪承担责任。④ 个人的国际刑事责任最典型的体现是《罗马规约》第25条的规定。其中第2款规定了实施本法院管辖权内的犯罪的个人应受到惩罚,第3款规定了个人实施或参与犯罪的方式,第4款规定了规约相关的个人刑事责任的确立不影响国际法上国家责任的

---

① 郑斌:《国际法院与法庭适用的一般法律原则》,韩秀丽、蔡从燕译,法律出版社2012年版,第215页。

② 《前南刑庭规约》第7条第1款:“任何人,计划、教唆、命令、实施或以其他方式帮助和唆使计划、准备或实施本规约第2条至第5条所指犯罪的人,必须对该犯罪承担个人责任。”《卢旺达刑庭规约》第6条第1款:“任何人,计划、教唆、命令、实施或以其他方式帮助和唆使计划、准备或实施本规约第2条至第4条所指罪行的人,必须对该犯罪承担个人责任。”

③ See *The Prosecutor v. Kordic and Cerkez*, IT – 95 – 14/2, Trial Chamber Judgment of 26 February 2001, para. 364.

④ 前南刑庭塔迪奇案的上诉分庭指出,“任何人都不可以为自己没有实施或者以其他某种方式参与的行为或事务,以及为不可以归责于自己的不作为而承担刑事责任”(*nulla poena sine culpa*)。*The Prosecutor v. Dusko Tadic*, IT – 94 – 1 – A, Appeals Chamber Judgment of 15 July 1999, para. 186.

确定。

从另一方面讲，不仅是实施国际犯罪的个人，命令、计划、帮助、协助实施国际犯罪的人都应该被追究个人刑事责任。犯罪嫌疑人参与犯罪的方式不尽相同，应承担的个人刑事责任也不同。本章讨论的资助恐怖主义犯罪的个人刑事责任，又称为责任形式，是指犯罪嫌疑人实施与参与犯罪的方式，而以何种方式参与犯罪，正是将犯罪嫌疑人与犯罪联系起来的最重要因素。

二、个人刑事责任的形式

《制止资恐公约》第 2 条规定了制止资助恐怖主义犯罪的责任形式，这一规定与部门性的恐怖主义公约的规定都不同。① 实践中，前南刑庭、卢旺达刑庭和国际刑事法院的案例中对于责任形式的分析，极大地发展了国际刑法中对于责任形式的规定。前南刑庭关于责任形式的规定是对已形成的国际人道法规则的适用②，说明前南刑庭判例中责任形式的依据为法庭规约和习惯国际法。从这一角度来说，国际刑事法院和特设法庭案例中形成的法理，对于解释国

① 一些与恐怖主义相关的公约仅以笼统的方式表明，不仅要对实施犯罪行为的人进行惩治，还要对以其他方式参与犯罪的人进行惩治，如 1970 年《关于制止非法劫持航空器的公约》第 1 条、1971 年《关于制止危害民用航空安全的非法行为的公约》第 1 条第 2 款第 1 项和第 2 项、1973 年《关于防止和惩处侵害应受国际保护人员包括外交代表的罪行的公约》第 2 条第 1 款、1979 年《反对劫持人质国际公约》第 1 条第 2 款的规定。一些有关恐怖主义的国际公约对责任形式的规定比较详细，如 1980 年《核材料实物保护公约》第 7 条第 1 款、2005 年《制止危及海上航行安全非法行为公约议定书》第 3 条之四、1988 年《制止危及大陆架固定平台安全非法行为议定书》第 3 条第 2 款、1997 年《制止恐怖主义爆炸事件的国际公约》第 2 条第 2 款和第 3 款的规定。此外，我国于 2022 年 10 月 30 日批准的《北京公约》(《制止与国际民用航空有关的非法行为的公约》)也规定了实施犯罪、组织犯罪、指挥犯罪、协助他人犯罪的责任。

② The Secretary - General, Report of the Secretary - General Pursuant to Paragraph 2 of Security Council Resolution, S/25704, 3 May 1993, para. 29.

际条约中的责任形式也十分重要。虽然对实施或参与资助恐怖主义犯罪的个人进行惩治主要是依据各国法律的规定,但对于其国内法的解释,“应与对国内法具有约束力的国际公约和习惯法规定一致”①。

《罗马规约》第 25 条第 3 款规定的责任形式包括:实施犯罪、命令犯罪、唆使犯罪、引诱犯罪、帮助和教唆犯罪、协助犯罪、协助以共同目的行事的团体犯罪,《罗马规约》第 28 条规定的责任形式包括指挥官责任和上级责任。其中,实施犯罪包括直接实施犯罪、间接实施犯罪、共同实施犯罪和间接共同实施犯罪。②《前南刑庭规约》第 7 条与《卢旺达刑庭规约》第 6 条均规定了实施犯罪、计划犯罪、鼓动犯罪、命令犯罪、帮助和唆使犯罪,并在判例中使用了习惯国际法下的共同犯罪组合的责任形式。③

---

① *Interlocutory Decision on the Applicable Law: Terrorism, Conspiracy, Homicide, Perpetration, Cumulative Charging*, STL - 11 - 01/I/AC/R176bis, Appeals Chamber Judgment of 16 February 2011, p. 2.

② 正文中表述来源于《罗马规约》中文文本的规定。此外,《罗马规约》第 25 条第 3 款第 5 项与第 6 项属于未完成的犯罪的规定,因此并未被列出。《罗马规约》第 25 条第 3 款:“有下列情形之一的人,应依照本规约的规定,对一项本法院管辖权内的犯罪负刑事责任,并受到处罚:1. 单独、伙同他人、通过不论是否负刑事责任的另一人,实施这一犯罪;2. 命令、唆使、引诱实施这一犯罪,而该犯罪事实上是既遂或未遂的;3. 为了便利实施这一犯罪,帮助、教唆或以其他方式协助实施或企图实施这一犯罪,包括提供犯罪手段;4. 以任何其他方式支助以共同目的行事的团伙实施或企图实施这一犯罪。这种支助应当是故意的,并且符合下列情况之一:(1)是为了促进这一团伙的犯罪活动或犯罪目的,而这种活动或目的涉及实施本法院管辖权内的犯罪;(2)明知这一团伙实施该犯罪的意图;5. 就灭绝种族罪而言,直接公然煽动他人灭绝种族;6. 已经以实际步骤着手采取行动,意图实施犯罪,但由于其意志以外的情况,犯罪没有发生。但放弃实施犯罪或防止犯罪完成的人,如果完全和自愿地放弃其犯罪目的,不按犯罪未遂根据本规约受处罚。”

③ 正文中表述均为笔者翻译。《前南刑庭规约》第 7 条与《卢旺达刑庭规约》第 6 条的英文文本如下:“A person who planned, instigated, ordered, committed or otherwise aided and abetted in the planning, preparation or execution of a crime referred to in Articles 2 to 4 of the present Statute, shall be individually responsible for the crime.”

三、国际刑法上的个人刑事责任与我国刑法规定的区别

我国的犯罪构成要件中包含了共同犯罪及犯罪形态，这二者共同属于修正的犯罪构成要件。[①] 我国采取的方法是先判断犯罪行为及其在犯罪中所起的作用，以此来决定责任，因此在犯罪构成中已经包含了责任形式。对于共同犯罪的问题，我国国内将共同犯罪分为两类。第一类是分工分类法，包括实行犯、组织犯、教唆犯、帮助犯。第二类是作用分类法，包括主犯、从犯、胁从犯。分工分类法虽利于分清共同犯罪人的参与方式，但是不能准确说明共同犯罪中行为的法律性质。作用分类法虽直接体现了犯罪嫌疑人作用的大小，但是不能准确说明共同犯罪人的分工及彼此联系，难以准确定罪。因此，我国兼顾两类做法，将共同犯罪的种类分为主犯、从犯、胁从犯和教唆犯。[②]

国际刑法中的责任形式与我国刑法规定不同的原因是普通法系国家与大陆法系国家法律对犯罪构成规定不同，国际刑法中责任形式的分类主要来源于普通法系国家的理论与实践，我国刑法的规定主要借鉴了大陆法系国家的做法。普通法系国家或国际刑事法院采取先确定犯罪成立且责任存在，再确定承担责任的大小的方式，单独讨论个人刑事责任的承担。例如，国际刑事法院不仅需要根据《罗马规约》第 6 至 8 条确定一项行为是否构成犯罪，还需在确立犯罪后，根据《罗马规约》第 25 条的规定确定每个人的责任大小。同样，《前南刑庭规约》第 2 至 5 条与第 7 条、《卢旺

---

① 陈兴良认为，组织犯、教唆犯和帮助犯构成对犯罪的第一次修正，犯罪在预备、未遂和中止等不同阶段停止的情形则构成对犯罪的第二次修正。参见陈兴良：《共同犯罪论》（第 3 版），中国人民大学出版社 2017 年版，第 467 页。

② 参见陈兴良：《共同犯罪论》（第 3 版），中国人民大学出版社 2017 年版，第 232 - 246 页。

达刑庭规约》第 2 至 4 条与第 6 条也对犯罪和责任形式分别进行规定。大陆法系国家则先判断犯罪行为和在犯罪中所起的作用，以此来决定责任，因此，在犯罪构成中已经包含了个人刑事责任。

四、国际刑事法庭审判中的个人刑事责任

国际刑事法庭审判个人刑事责任时主要依据以下三个原则。

（一）刑罚个别化原则

在立法方面，法律规定了各种犯罪的责任形式，以区别主犯和从犯、首恶和协从，并规定对不同行为处以不同刑罚。在司法审判方面，根据所涉犯罪的严重性和犯罪嫌疑人具体实施的行为来调整刑事制裁，以最好地达到刑罚的公平性和功能性的平衡。[①] 犯罪的严重性和犯罪者的危险性是刑罚个别化原则的主要评估标准。

（二）比例原则

刑罚个别化原则的基础是比例原则（principle of proportionality）。与武装冲突中的比例原则不同[②]，本书讨论的比例原则有两重含义：

---

① See Mojca M. Plesnicar, *The Individualization of Punishment: Sentencing in Slovenia*, European Journal of Criminology, 2013, p. 464.

② 武装冲突中的比例原则指非法行为的受害者采取的单独或集体的反措施是否与他方使用的武力的强度和规模相称。例如，在 2003 年石油平台案中，国际法院适用必要性和相称性原则来确定美国 1988 年对军舰触雷的回击是否符合武装冲突中要求的必要性和比例原则。国际法院认为：“在本案的情况下，这不能被视为一种符合比例原则的自卫。”同样地，《1949 年 8 月 12 日日内瓦四公约关于保护国际性武装冲突受难者的附加议定书（第一议定书）》第 51 条第 5 款第 2 项和《罗马规约》第 8 条第 2 款第 2 项第 4 目禁止可能对平民造成的，违反预期得到的具体直接整体军事利益的比例原则的攻击。在非军事领域，国际法委员会起草的国家责任条款草案对第 21 条的评述中说明，对环境的保护也是检验是否满足必要性和比例原则要求的因素之一。Draft Articles on Responsibility of States for Internationally Wrongful Acts, Commentary to Article 21, para. 4, in Report of the International Law Commission on the Work of Its Fifty – third Session, A/56/10, UN GAOR, 56th Sess., Supp. No. 10, 2001, p. 43.

第一，比例原则即刑罚的轻重与被告人犯罪行为的严重程度相称。对被告的定罪，应按他在犯罪中所起的作用而定。第二，表示在司法审判中一种利益的权衡。

比例原则在确立个人刑事责任时的作用可以追溯到很久以前，在《圣经》的《出埃及记》中，它被描述为“以眼还眼以牙还牙”。① 根据巴尔默的说法，比例原则“基于一种本能的道德观念”，即“施加与受害者受到的相同类型和程度的伤害是惩罚错误行为者的一种公平手段”②。比例原则也得到康德的支持，他认为，对罪犯进行的任何惩罚都不应该用于增加罪犯或其他公民社会的利益，而必须根据他的违法行为对他施加惩罚。因此，对于康德而言，不以比例原则来衡量对罪犯的惩罚是违反公正和平等原则的。③ 但是，如果仅仅根据“以眼还眼”的原则，如果被告无意杀人，只是出于轻率或过失导致被害人死亡，那么被告仍被判处死刑是不合理的。此后，边沁和贝卡里亚试图从不同的角度解释比例原则。贝卡里亚认为，如果对两种给社会造成不同损害的犯罪给予同等的惩罚，在更有利的情况下，犯罪嫌疑人肯定会实施更严重的犯罪。④ 他进一步论证说，比例原则不应该仅基于受害方受到伤害的等级来衡量犯罪的严重程度，而置公共利益于不顾。⑤ 功利主义者边沁也主张，惩罚必须着眼

---

① See Richard Clifford, Aloysius Fitzgerald, Collaborators on the Revised Psalms of the New American Bible, 1991, Exodus, 21:23 - 25.

② Thomas A. Balmer, *Some Thoughts on Proportionality*, Oregon Law Review, Vol. 87, 2008, p. 875.

③ See Dersolegn Yeneabat Mekonen, *The Principle of Proportionality of Punishment in Criminal Law: An Appraisal of the Ethiopian Anti - Terrorism Law*, Journal of Law, Policy and Globalization, Vol. 48, 2016, p. 95.

④ See Rymond Guess, *Beccaria on Crimes and Punishments and Other Writings*, Cambridge Texts in the History of Political Thought, 2013, p. 21.

⑤ See Rymond Guess, *Beccaria on Crimes and Punishments and Other Writings*, Cambridge Texts in the History of Political Thought, 2013, p. 22.

于惩罚的后果,而不是基于错误的行为。对他而言,惩罚的目的不应是报复,而应是预防犯罪。[①] 上述理论的交锋说明,比例原则对刑罚目的中的报应主义很重要,由于他们关注个人是否得到公正的惩罚。同时,比例原则对功利主义学说也同样重要,因为不按比例进行惩罚是低效的,不仅不能适当地阻止不当行为,还破坏法治。同时也说明,惩罚应是一种适当的行为,惩罚不应该比应得的更严厉,而是符合罪罚相称原则,是成比例的。

比例原则主要是针对被告的定罪而言的,按照被告在犯罪中所起的作用来定罪,这里尤其重要的是被告以何种方式参与犯罪。例如,资助恐怖主义未遂或者共谋资助恐怖主义,虽然没有发生实际的危害后果,但若受到同等处罚,是否违反比例原则? 一些国家规定犯罪未遂的责任应轻于犯罪既遂的责任,或煽动、共谋犯罪的责任应轻于犯罪实施人的责任,但另一些国家则将犯罪未遂的惩罚与犯罪既遂的惩罚等同起来。实际上,处以同样的惩罚是不公平的,只要在造成社会危害方面,未完成犯罪的严重程度低于后者,那么就应该对未完成的犯罪施加较轻的刑罚。

(三)有利于被告原则

有利于被告原则是指根据比例原则权衡之后,作出有利于被告的判决或裁定。[②] 在拉丁语中,"*in dubio*"的含义为"应对事实存在合理怀疑","*pro*"的含义为"有利于","*reo*"的含义为"被告"。有利于被告原则包含其他原则,包括无罪推定、适用法律有疑问时做有利于被告的解释、排除合理怀疑等。国际刑事法院审判时依据有

---

① See Morris J. Fish, *An Eye for an Eye: Proportionality as a Moral Principle of Punishment*, Oxford Journal of Legal Studies, Vol. 28, No. 1, 2008, p. 64.

② 这一原则可以适用于许多情况:当事实在有罪与无罪之间存在疑问时,应将其视为无罪;当事实在重罪与轻罪之间存在疑问时,应视为轻罪;对加重情节存在疑问的,这些加重情节应不予采纳。

利于被告原则的原因是保护弱者、防止公权力的扩张。

许多国际公约都规定了无罪推定原则。[①] 威廉·劳弗认为,"禁止自证其罪、沉默权甚至是咨询和面对控告者的权利,都基于无罪推定,并且是对无罪推定的反映",无罪推定被视为人权的一项基本原则。荷兰前副首相马克西姆·菲尔哈登2004年4月14日在议会下议院发表讲话称,"宁可放过十个有罪的人也不让一个无辜的人获罪"这一原则不适用于恐怖主义。[②] 原因在于刑法的基本职能是保护无辜者不被错误定罪,但在恐怖主义犯罪中,恐怖主义受害者的权利优先于恐怖主义犯罪嫌疑人的权利。实际上,利益的均衡与无罪推定无关,无论均衡的利益是什么,无罪推定都应是贯穿整个刑事审判的铁律。

无罪推定的具体内容包括:(1)在初步调查中,剥夺自由的行为必须受到严格的规范和审查。(2)举证责任应由检察机关承担,在宣判有罪之前,证据必须"排除合理怀疑"。(3)被告有权保持沉默,且无须承担证明自己无罪的责任。就资助恐怖主义犯罪而言,在初步调查阶段,不得任意或惩罚性地拘留犯罪嫌疑人。在审判阶段,若犯罪嫌疑人仅存在资助的故意或明知而不存在资助行为,则不构成犯罪。若犯罪嫌疑人以帮助的方式参与实施资助恐怖主义犯罪,帮助人对资助恐怖主义犯罪的实施并未起到实质性帮助,则不构成帮助实施资助恐怖主义犯罪。

立法机关不可能预见法律颁布后可能发生的所有情况,当定义

---

① 包括《公民权利和政治权利国际公约》第14条第2款、《前南刑庭规约》第21条第3款、《卢旺达刑庭规约》第20条第3款、《罗马规约》第66条、《欧洲人权公约》第6条第2款、《欧盟基本权利宪章》第48条、《非洲人权和人民权利宪章》第7条第1款第2项、《儿童权利公约》第40条第2款第b项第1目、《联合国保护所有移徙工人及其家庭成员权利国际公约》第18条第2款等。

② Elies Van Sliedregt, *A Contemporary Reflection on the Presumption of Innocence*, Revue Internationale De Droit Penal, 2009, p. 247 - 267.

不明时应采纳有利于被告人的解释,《罗马规约》第22条第2款也对此予以规定。① 实践中,在国际刑事法院巴希尔案中,第一预审分庭指出,《罗马规约》第22条第2款“完全包含了有利于被告”的原则,这意味着在不确定的情况下,“应作出对被调查人更有利的解释”。② 在前南刑庭克里斯蒂奇案中,法庭指出,虽然《罗马规约》规定,灭绝种族行为可以包含“毁灭团体中的部分人口”,不必包含大量受害人,但审判分庭认为,习惯国际法上灭绝一般涉及大量的受害人,站在有利于被告的立场上,审判分庭决定采用“大量的受害人”这一有利于被告的解释方法。③ 国际刑事法院加丹加案中,审判分庭指出,在解释《罗马规约》的规则时必须考虑第22条第2款,因为它规定扩大解释中对被告人不利的任何含义都应不予采纳。④ 资助恐怖主义犯罪中,当定义不明、对同一规则有多种解释或犯罪嫌疑人的一个行为可以被以多种责任形式提起诉讼时,法庭应作有利于被告的解释。

在证明被告人有罪或无罪、被告的责任形式时,普通法系采用排除合理怀疑(beyond reasonable doubt)的证明标准。排除合理怀疑是指在被排除合理怀疑之前,不能推定为有罪。排除合理怀疑满足木桶定律的推论,即如果有一条证据没有排除合理的怀疑,就应

---

① 《罗马规约》第22条:“法无明文不为罪”规定:“(二)犯罪定义应予以严格解释,不得类推延伸。含义不明时,对定义作出的解释应有利于被调查、被起诉或被定罪的人。”

② *Prosecutor v. Al Bashir*, ICC-02/05-01/09-3, Decision on the Prosecution's Application for a Warrant of Arrest against Omar Hassan Ahmad Al Bashir, 4 March 2009, para. 160.

③ See *The Prosecutor v. Radislav Krstic*, IT-98-33-T, Trial Chamber Judgment of 2 August 2001, para. 502.

④ See *Prosecutor v. Germain Katanga*, ICC-01/04-01/07-3436-tENG, Judgment Pursuant to Article 74 of the Statute, 7 March 2014, para. 50.

判决被告无罪，或者说，刑事诉讼中控方证据需要满足除得出被告人有罪这一结论外，不能从事实中推导出其他合乎逻辑的结论的要求。证明标准都是建立在概然率或可能性的基础之上，由于真相的不可知性，控方需要满足排除合理怀疑的证明标准，而不是完全确信（full certainty）。在资助恐怖主义犯罪中，即使联合国安理会第1267号决议公布了制裁综合清单，各国也有各自的实施恐怖活动的个人和恐怖活动组织的名单，但在刑事审判中，检方仍负有举证证明被告实施或参与了资助恐怖主义犯罪的责任，法庭认定构成资助恐怖主义犯罪的证明标准为排除合理怀疑。

事实上，错误的定罪比错误的释放更严重。因此，犯罪嫌疑人在被法庭宣布有罪之前，都应当被推定是无罪的。检方承担举证责任，犯罪嫌疑人可以反驳对其提出的控诉。法庭认定构成实施或协助资助恐怖主义犯罪的证明标准为排除合理怀疑，当定义不明时法庭应作有利于被告的解释。

第二节 资助恐怖主义犯罪的责任形式

责任形式（modes of liability），即根据"联系原则"将被告与特定行为、被告与其他被告、过去的决定与可预见或不可预见的后果、惩罚与道德等联系起来，是指犯罪嫌疑人实施与参与犯罪的方式。[①] 根据《罗马规约》第25条第2款的规定，个人刑事责任是指实施法院管辖权内的犯罪的人，应依照该规约的规定负个人责任并受到处罚。可以说，行

---

① Wayne Jordash Q. C., Natacha Bracq, *Modes of Liability and Individual Criminal Responsibility*, The African Court of Justice and Human and Peoples' Rights in Context, Cambridge University Press, 2 May 2019.

为人以不同责任形式实施或参与国际犯罪,可能导致个人刑事责任。

大陆法系国家先判断犯罪行为及其在犯罪中所起的作用,以此来确定责任,因此,在犯罪构成中已经包含了责任形式。普通法系国家或国际刑事法院采取先确定犯罪成立且责任存在,再确定承担责任的大小的方式,单独讨论责任形式。本部分依据普通法系国家或国际刑法的理论与实践,探究资助恐怖主义犯罪的责任形式。

《制止资恐公约》第 2 条明确规定了资助恐怖主义犯罪的责任形式①,包括实施犯罪、以共犯身份参与犯罪、组织或指使他人实施犯罪、协助以共同目的行事的团伙实施犯罪。实施犯罪中包含直接实施犯罪、间接实施犯罪和共同实施犯罪,以共犯身份参与犯罪包含计划犯罪、鼓动犯罪、帮助和唆使犯罪。资助恐怖主义犯罪的责任形式中的心理要件和行为要件概览见附件四。

一、实施犯罪

个人刑事责任中最重要的是个人实施犯罪,其次是其他形式的参与犯罪。《制止资恐公约》第 2 条第 1 款对于实施犯罪(commission)的规定如下:“任何人以任何手段,直接或间接地……或者明知全部或部分资金将用于实施……任何行动。”对于实施这一责任形式中具体包含的内容,直接实施犯罪和间接实施犯罪的责任形式被

---

① “1. 本公约所称的犯罪,是指任何人以任何手段,直接或间接地非法和故意地提供或募集资金,其意图是将全部或部分资金用于,或者明知全部或部分资金将用于实施……3. 就一项行为构成第 1 款所述罪行而言,有关资金不需实际用于实施第 1 款(a)或(b)项所述的罪行。4. 任何人如试图实施本条第 1 款所述罪行,也构成犯罪。5. 任何人如有以下行为,也构成罪行:(a)以共犯身份参加本条第 1 款或第 4 款所述罪行;(b)组织或指使他人实施本条第 1 款或第 4 款所述犯罪;(c)协助以共同目的行事的一伙人实施本条第 1 款或第 4 款所列的一种或多种罪行;这种协助应当是故意的,或是:(一)为了促进该团伙犯罪活动或犯罪目的,而此种活动或目的涉及实施本条第 1 款所述的罪行;或(二)明知该团伙意图实施本条第 1 款所述的一项罪行。”

明确规定在《制止资恐公约》第2条第1款中。《制止资恐公约》第2条第1款中没有直接提及共同实施犯罪的责任,但是《制止资恐公约》第2条规定“任何人以任何手段”,根据文本解释,应既包含单独实施犯罪,又包含共同实施犯罪。因此,本书将实施犯罪分为直接实施犯罪、间接实施犯罪和共同实施犯罪。

(一)直接实施犯罪

本书使用的实施犯罪有两重含义:一是指广义的实施,包括了所有参与犯罪的方式;二是指狭义的实施,即亲手犯。本部分所讨论的直接实施犯罪(direct commission)是第二种情况。《元照英美法词典》将实施(commit)解释为:“犯(罪);作(恶)。”[①]前南刑庭和卢旺达刑庭判例中对于实施犯罪的解释相同,为亲手或者直接实施犯罪的人。[②] 国际刑事法院指出实施犯罪是指完成某犯罪的构成要件的个人。[③] 直接实施犯罪的行为要件是被告通过作为或不作为、单独或伙同他人直接实施了犯罪行为。[④] 直接实施犯罪的心理要件应直接依据《罗马规约》第30条的规定,即实施人故意或明知实施犯罪行为。[⑤]

实施资助恐怖主义犯罪的具体案例较多。例如,2022年美国的乔治亚娜·詹彼得罗案中,被告在社交媒体上发布了许多谴责美国

---

① 薛波主编:《元照英美法词典》(缩印版),北京大学出版社2013年版,第258页。

② See *The Prosecutor v. Dr. Milomir Stakić*, IT – 97 – 24 – T, Trial Chamber Judgment of 31 July 2003, paras. 438 – 439.

③ See *The Prosecutor v. Thomas Lubanga Dyilo*, ICC – 01/04 – 01/06, Pre – Trial Chamber: Decision on the Confirmation of Charges of 29 January 2007, para. 318.

④ See *The Prosecutor v. Thomas Lubanga Dyilo*, ICC – 01/04 – 01/06, Pre – Trial Chamber Decision on the Confirmation of Charges of 29 January 2007, para. 332.

⑤ See *Prosecutor v. Limaj et al.*, IT – 03 – 66 – T, Judgment of 30 November 2005, para. 509.

的帖子和支持针对美国的恐怖袭击的图片，并向可疑的慈善组织提供了金钱支持，因此，美国田纳西州东区联邦地区法院裁定乔治亚娜实施了资助恐怖主义犯罪。① 2021 年美国的冈萨雷斯诉谷歌案中，冈萨雷斯等作为法国恐怖袭击受难者家属，根据《美国反恐怖主义法》在美国加利福尼亚州北区地方法院对谷歌的运营商提起诉讼，指控运营商在知情的情况下，通过与指定的恐怖活动组织分享广告收入向指定的恐怖活动组织提供资助。法院指出，尽管运营商通过分享部分广告收入协助了恐怖活动组织开展恐怖活动，但运营商并未出现在袭击现场，并且运营商与恐怖活动组织进行了正常的商业交易，运营商不存在故意资助、促进或实施恐怖活动的心理要件，因此宣告证据不足。②

2019 年美国的穆罕默德・艾希纳维案中，穆罕默德・艾希纳维虽然知道“伊斯兰国”的目的是胁迫政府并报复政府，但他不仅在网上帮助该组织宣传、宣誓效忠该组织，还承认从该组织收受资金用于恐怖袭击，并就如何制造爆炸装置寻求指导，因此，被告在美国马里兰州地方法院认罪，承认向恐怖活动组织（“伊斯兰国”）提供和企图提供物质支持、共谋和资助恐怖主义犯罪。但随后被告上诉，声称法院未能证明他具有特定的心理要件（specific intent），因为他的行为并非旨在迫使政府采取行动，也非报复政府。美国联邦第四巡回上诉法院 2019 年作出维持原判的决定，指出被告满足心理要件的要求，被告认罪时承认明知“伊斯兰国”是一个外国恐怖活动组织，被告通过他的行动表明了对“伊斯兰国”的支持，还承认从“伊斯兰

---

① See *United States v. Giampietro*, No. 2:19 - cr - 00013, United States District Court, M. D. Tennessee, Northeastern Division, 11 July 2022, p. 1 - 9.

② See *Gonzalez v. Google LLC*, No. 18 - 16700, No. 18 - 17192, No. 19 - 15043, United States Court of Appeals, Ninth Circuit, 2021, p. 872 - 877.

国”那里收取资金用于实施恐怖袭击。①

2007 年美国的阿拉伯银行案中，阿拉伯银行向恐怖活动组织提供金融服务，该恐怖活动组织旨在根除以色列并谋杀或驱逐犹太人，并已导致以色列、约旦河西岸和加沙地带未武装的无辜民众大量伤亡。美国国民起诉阿拉伯银行违反了美国《爱国者法案》的多项规定，包括阿拉伯银行通过提供金融服务、明知或故意将此类服务用于实施恐怖主义行为，仍直接和间接地资助恐怖主义。2007 年美国纽约东区联邦地区法院判决认为阿拉伯银行的行为违反美国《爱国者法案》规定的禁止向恐怖分子提供物质支持和禁止资助恐怖主义的规定，构成实施资助恐怖主义犯罪。②

对于 2002 年 4 月发生在突尼斯杰尔巴岛的针对犹太人教堂的恐怖袭击案，西班牙重罪法庭对两名商人的资助行为作出定罪的决定，原因在于这两名商人不仅直接向自杀式袭击的司机的家属汇寄资金，还向“基地”组织成员直接汇寄资金。资助司机的家属的行为不能直接确定构成资助恐怖主义犯罪，向“基地”组织成员汇款的行为则满足资助恐怖主义犯罪的行为要件。就心理要件而言，这两名商人无法证明与收取资助方存在合法的商业活动，且商人隐藏汇兑票据，因而法庭最终宣布两名商人构成资助恐怖主义犯罪。③ 与此相关，资助人为恐怖活动个人或组织提供和募集资金的行为是否直接构成资助恐怖主义犯罪？《制止资恐公约》禁止以实施第 2 条第 1 款 a 项和 b 项为目的而从事的故意提供或募集资金的行为，但是对

---

① See *United States v. Elshinawy*, No. 18 – 4223, United States Court of Appeals Fourth Circuit, 16 July 2019, p. 1 – 7.

② See *Oran ALMOG, et al. v. Arab Bank, PLC*, Nos. 04 – CV – 5564 (NG) (VVP), 05 – CV – 0388 (NG) (VVP), United States District Court E. D. New York, 29 January 2007, p. 258 – 295.

③ 参见联合国毒品和犯罪问题办公室，《恐怖主义案例摘要》，2010 年，第 83 段。

于为恐怖活动个人或组织提供和募集资金，其目的是实施除恐怖主义行为以外的任何其他目的行为，例如人道主义援助，则不受公约的管辖。尽管如此，资助人为联合国安理会第1267号决议公布的制裁综合清单中列明或各国提供的制裁名单中的个人或组织提供资金时仍应相当谨慎，因为名单是公开的，资助人应该知道或有理由知道若将资金提供给恐怖活动组织和实施恐怖活动的个人，资助人有可能会面临被起诉的风险。

另外，在恐怖主义行为既遂后实施的资助行为是否受《制止资恐公约》的管辖？例如，帮助实施恐怖活动的个人潜逃或为实施恐怖活动的个人的家属提供资助等行为，是否构成资助恐怖主义行为？根据《制止资恐公约》第2条的规定[①]，公约禁止的范围似乎不包括恐怖主义行为实施后的资助行为，而是将资助恐怖主义行为限定为恐怖主义犯罪既遂前的各类资助行为。

（二）间接实施犯罪

间接实施（indirect commission）犯罪，是指单独或伙同他人通过知情或不知情的、不论是否负刑事责任的第三人或组织实施的犯罪。《罗马规约》第25条第3款第1项中规定了间接实施（through another person）犯罪，间接实施犯罪的行为人承担主犯的责任。《罗马规约》中规定的实施犯罪的行为人，是指控制了某项行为的实施，并知道自己施加了控制的人。[②] 易言之，间接实施犯罪的实施人需承担主犯的责任，其理论基础即是犯罪控制论。犯罪控制论最早由德国学者克劳斯·罗辛（Claus Roxin）提出，犯罪控制论是《罗马规

---

① 《制止资恐公约》第2条："其意图是将全部或部分资金用于，或者明知全部或部分资金将用于实施……"

② See *The Prosecutor v. Germain Katanga*, ICC - 01/04 - 01/07 - 3436 - tENG, Trial Chamber Judgment of 7 March 2014, para. 1396.

约》区分主犯和从犯的基础。[①] 例如,当高级别的将领控制下属来实施国际犯罪,由于将领能够控制是否以及如何实施犯罪且知道这种控制,因而承担主犯责任。[②]

间接实施犯罪的行为要件包括以下三种情形:一是通过无辜的第三人间接实施犯罪。以无辜的第三人间接实施犯罪的,应当免除第三人的刑事责任。例如,指使无民事行为能力人或未满 18 岁的儿童[③]将另一人推下桥。二是通过非无辜的第三人间接实施犯罪。直接实施犯罪的人虽被视为工具,但是明知是犯罪且实施了犯罪行为,因此同样有罪且承担主犯责任;间接实施人因控制犯罪是否实施及实施方式,所以承担主犯责任。三是通过对组织的控制间接实施犯罪。[④] 根据国际刑事法院的判例,通过对组织的控制间接实施犯罪的行为要件为:该组织内存在等级关系;间接实施人必须对组织有一定程度的控制;组织中存在自动实施机制以确保犯罪的实施。[⑤] 组织内部的自动实施机制可能包括两种情况:(1)如果直接实施人不遵守命令,他可能会被另一个下属替换,随后犯罪仍会被组织内的其他人实施。[⑥] (2)自动实施机制中可能存在特别服从的执

① See *The Prosecutor v. Thomas Lubanga Dyilo*, ICC – 01/04 – 01/06, Pre – Trial Chamber: Decision on the Confirmation of Charges of 29 January 2007, para. 338.

② See *The Prosecutor v. Thomas Lubanga Dyilo*, ICC – 01/04 – 01/06, Pre – Trial Chamber Decision on the Confirmation of Charges of 29 January 2007, para. 330.

③ 依据 1989 年《儿童权利公约》,儿童指 18 岁以下的任何人。

④ See *The Prosecutor v. Germain Katanga*, ICC – 01/04 – 01/07 – 3436 – tENG, Trial Chamber Judgment of 7 March 2014, para. 1415.

⑤ See *The Prosecutor v. Germain Katanga and Mathieu Ngudjolo Chu*, ICC – 01/04 – 01/07 – 716 – Conf, Decision on the Confirmation of Charges, 26 September 2008, paras. 490 – 520.

⑥ See *The Prosecutor v. Germain Katanga and Mathieu Ngudjolo Chu*, Decision on the Confirmation of Charges, ICC – 01/04 – 01/07 – 716 – Conf, 26 September 2008, para. 516.

行者。即使明知涉及非法行为,执行者也会自动执行指令。[①] 间接实施犯罪的心理要件直接适用《罗马规约》第30条的规定故意或明知的心理要件。间接实施者需要与实施者有共同的心理要件,也包括一些犯罪要求的特殊的心理要件。[②]

间接实施资助恐怖主义犯罪的案例较丰富。例如,2003年在波哥大的埃尔诺加尔俱乐部发生的恐怖主义袭击中,"哥伦比亚革命武装力量"(被欧盟指定为恐怖活动组织)为一名体育老师提供资金和犯罪工具(汽车),因此发生了恐怖袭击。该组织欺骗这名体育老师在引发爆炸装置后可以成功脱逃,实际上装置引爆后会立即发生爆炸。[③] 在此案中,若"哥伦比亚革命武装力量"被主管当局认定为恐怖活动组织,那么该组织的领导人可能构成命令实施恐怖主义罪、实施资助恐怖主义犯罪还是间接实施恐怖主义罪?可以假设三种情况:(1)如果"哥伦比亚革命武装力量"和体育老师之间存在法律或事实上的上下级关系,可能构成命令实施恐怖主义罪。(2)如果满足心理要件,由于存在为恐怖主义提供资金的行为,该组织的领导人可能构成实施资助恐怖主义犯罪。(3)如果该组织完全控制老师的意志,并由该组织来决定犯罪是否实施和如何实施,该组织的领导人可能构成间接实施恐怖主义犯罪,承担主犯的责任。

间接实施犯罪可以通过不知情的第三人来实施。例如,行为人A欲募集资金并转给恐怖活动组织,便欺骗不知情的行为人B,宣称

---

① See *The Prosecutor v. Germain Katanga and Mathieu Ngudjolo Chu*, Decision on the Confirmation of Charges, ICC - 01/04 - 01/07 - 716 - Conf, 26 September 2008, para. 518.

② See *The Prosecutor v. Germain Katanga*, ICC - 01/04 - 01/07 - 3436 - tENG, Trial Chamber Judgment of 7 March 2014, para. 1399.

③ 参见联合国毒品和犯罪问题办公室,《恐怖主义案例摘要》,2010年,第22段。

该资金会被用于支持民族解放运动或用于其他合法行动，行为人 B 随后将资金转移至恐怖活动组织账户。不知情的行为人 B 因为不存在犯罪的心理要件而不能被定罪。行为人 A 由于存在要求行为人 B 转移资金的行为，并且是故意为之，无论恐怖主义行为是否发生，都构成间接实施资助恐怖主义犯罪。① 在此要区分另外一种情况，如果行为人 A 欺骗行为人 B 并称欲募集资金支持恐怖主义行为，结果实为挥霍从行为人 B 处获取的资金，在这种情况下虽然预期的恐怖主义行为不会发生，行为人 B 由于存在故意提供资金的行为，仍然会被以资助恐怖主义犯罪而起诉，行为人 A 应构成国内的普通诈骗罪。②

行为人可能通过组织来间接实施资助恐怖主义犯罪，例如，意大利格贝尔行动的策划者被主管当局起诉，犯罪嫌疑人通过控制合法的企业从事非法活动并获取超过 500 万欧元，再通过企业将资金转移给与恐怖主义行为有关联的集团，以此来资助恐怖活动组织。③ 犯罪嫌疑人控制组织转移资金至恐怖活动组织的行为，构成间接实施资助恐怖主义犯罪。通过组织来间接实施资助恐怖主义犯罪的另一种方式是通过慈善组织转移资金。例如，善行国际基金的执行主任在美国认罪并被判处刑罚，因其承认基金会的资金被提供给恐怖活动组织，善行国际基金因此也被联合国 1267 委员会认定为与"基地"组织有联系的慈善组织。④

---

① See Liu Daqun, *On Criminal Responsibility for Terrorist Financing An Analysis of the International Convention for the Suppression of the Financing of Terrorism*, International Criminal Responsibility of War's Funders and Profiteers, Cambridge University Press, 2020, p. 348.

② 不过这不仅要依据《制止资恐公约》来认定，还要根据国内法，确认资助恐怖主义犯罪是否以恐怖主义行为发生为前提。

③ 联合国毒品和犯罪问题办公室，《恐怖主义案例摘要》，2010 年，第 86 段。

④ 联合国毒品和犯罪问题办公室，《恐怖主义案例摘要》，2010 年，第 93 段。

（三）共同实施犯罪

《制止资恐公约》中规定任何人以任何手段实施的资助恐怖主义行为均构成犯罪，因此，应包含共同实施的情况。一般认为，共同实施（joint commission）中包括共同犯罪（co－perpetration）和共同犯罪组合（joint criminal enterprise）。

1.共同犯罪

共同犯罪是指共同犯罪人共同控制犯罪，每一共同犯罪人都为犯罪作出了不可或缺的贡献（essential contribution）。不可或缺的贡献是指少了任何一个共同犯罪人的参与，目标犯罪便不会发生。[①]《罗马规约》第25条规定了共同（jointly with another）犯罪。2007年，国际刑事法院在卢班加案使用共同犯罪的概念，并在随后的判例中持续使用共同犯罪的概念。[②] 但是，对共同犯罪也不乏批评，主要批评的观点是，共同犯罪依赖法官自由心证，是推测性的。[③]

国际刑事法院指出共同犯罪的行为要件为：(1)被告与至少一个人之间存在共同计划或协议；[④](2)在共同计划中每一个共同犯罪者都作出必不可少的贡献。[⑤] 共同犯罪的心理要件是：除《罗马规约》第30条对于心理要件的规定外，共同犯罪的心理要件还须满

---

① See *The Prosecutor v. Dr. Milomir Stakic*, IT－97－24－T, Trial Chamber Judgment of 31 July 2003, paras. 440, 490.

② See *The Prosecutor v. Thomas Lubanga Dyilo*, ICC－01/04－01/06, Pre－Trial Chamber I, Decision on the Confirmation of Charges, 29 January 2007, paras. 338－367.

③ See Jean de Hemptinne, Rudolf Roth, Elies van Sliedregt, *Moses of Liability in International Criminal Law*, Cambridge University Press, Coperpetration Based on Joint Control over the Crimes, 2019, p. 87.

④ See *The Prosecutor v. Jean－Pierre Bemba Gombo, Aimé Kilolo Musamba, Jean－Jacques Mangenda Kabongo, Fidèle Babala Wandu and Narcisse Arido*, ICC－01/05－01/13－1989－Red, Trial Chamber Judgment Pursuant to Article 74, 19 October 2016, para. 66.

⑤ See *The Prosecutor v. Bosco Ntaganda*, ICC－01/04－02/06AAz, Appeals Chamber Judgment of 30 March 2021, para. 1041.

足:(1)被告和其他共同犯罪者相互意识到实施共同计划可能导致犯罪的客观要件发生的风险。(2)被告和其他共同犯罪者均必须接受犯罪的客观要件发生的结果并表示同意。(3)被告和其他共同犯罪者均意识到能够共同控制犯罪的事实情况。① 共同犯罪中争议最大的要素之一是"共同计划或协议"的确切范围。在姆巴鲁希马纳案中,国际刑事法院认为协议或共同计划的概念和《罗马规约》第25条第3款第4项规定的"共同目的"在功能上是一致的。② 在卢班加案中,国际刑事法院认为,共同计划不必专门指向实施犯罪,共同计划包含犯罪的一个要件就足够。③ 共同犯罪的心理要件直接适用《罗马规约》第30条规定的故意或明知的心理要件的规定。④

共同犯罪分为直接共同犯罪(direct co - perpetration)和间接共同犯罪(indirect co - perpetration)。间接共同犯罪是指行为人A与行为人B有共同的犯罪目标并共同制定了犯罪计划,行为人A或行为人B的下级或由行为人A或行为人B控制的组织实施了犯罪,行为人A与行为人B除了为自身行为与其下级或受其控制的组织行为负责外,行为人A也要为行为人B的下级或受行为人B控制的组织的犯罪负责,行为人B也要为行为人A的下级或受行为人A控制的组织的犯罪负责。在国际刑事法院的翁文案中,预审分庭认为,

---

① See *The Prosecutor v. Thomas Lubanga Dyilo*, ICC - 01/04 - 01/06, Pre - Trial Chamber I, Decision on the Confirmation of Charges, 29 January 2007, paras. 361, 366.

② See *The Prosecutor v. Callixte Mbarushimana*, ICC - 01/04 - 01/10 - 465 - Red, Pre - Trial Chamber I, Decision on the Confirmation of Charges, 16 December 2011, para. 271.

③ See *The Prosecutor v. Thomas Lubanga Dyilo*, ICC - 01/04 - 01/06, Pre - Trial Chamber I, Decision on the Confirmation of Charges, 29 January 2007, para. 344.

④ See *The Prosecutor v. Germain Katanga and Mathieu Ngudjolo Chui*, ICC - 01/04 - 01/07, Pre - Trial Chamber Decision on the Confirmation of Charges, 30 September 2008, para. 534.

间接共同犯罪与直接共同犯罪的唯一区别在于行为要件方面,间接共同犯罪是由间接共同犯罪人通过他人或利用他人来具体实施的。① 对于"通过他人"的解释,魏根认为,《罗马规约》第25条第3款第1项应根据其字面意思来解释,即"需要证明对直接实施犯罪的人的意志存在实际控制"。因此,强烈的"心理或身体压力、操纵或控制或是通过组织控制"都可能是其表现形式。② 另外,"控制需要根据该组织中当事人之间的关系来证明",而"被告是一个组织的领导者这一事实本身并不能成为他控制该组织所有成员意志的决定性证据"③。

资助恐怖主义犯罪中的共同犯罪的具体情形,比如,两人有去资助恐怖活动组织的共同计划,其中行为人A负责募集资金,行为人B使用自己的账户为实施恐怖活动的个人转账,由于二人对于犯罪目的的达成缺一不可,并且主观上都有资助恐怖主义犯罪的故意,因此,行为人A和行为人B构成共同实施资助恐怖主义犯罪。对于间接共同犯罪,比如,行为人A与行为人B共同计划给实施恐

---

① See *The Prosecutor v. Dominic Ongwen*, ICC – 02/04 – 01/15 – 422 – Red, Decision on the Confirmation of Charges against Dominic Ongwen, Pre – Trial Chamber Ⅱ, 23 March 2016, paras. 38 – 39: "'Indirect co – perpetration' or 'joint indirect perpetration'... still rests on the notion of reciprocal imputation of co – ordinated actions performed by each co – perpetrator. The only difference with 'direct' co – perpetration is that the objective elements of the crime are executed by other persons who are utilised by the co – perpetrators for the commission of the crime."

② T. Weigend, *Perpetration through an Organization: The Unexpected Career of a German Legal Concept*, Journal of International Criminal Justice, 2011, p. 106, 109; Jean de Hemptinne, Rudolf Roth, Elies van Sliedregt, *Moses of Liability in International Criminal Law*, Cambridge University Press, Coperpetration Based on Joint Control over the Crimes, 2019, p. 66.

③ See Jean de Hemptinne, Rudolf Roth, Elies van Sliedregt, *Moses of Liability in International Criminal Law*, Cambridge University Press, Coperpetration Based on Joint Control over the Crimes, 2019, p. 67.

怖活动的个人转账，于是行为人B要求其财务总监C或其控制的公司D进行转账操作，财务总监C或其控制的公司D均知晓收款人是实施恐怖活动的个人。直接实施犯罪的行为人C或公司D虽被视为工具，但是明知是犯罪且实施了犯罪行为，因此构成实施资助恐怖主义犯罪，应承担主犯责任；行为人A虽没有直接实施犯罪，但是因与行为人B存在共同计划，共同通过行为人C或公司D实施犯罪，因此行为人A构成间接共同实施资助恐怖主义犯罪，承担主犯责任。

2. 共同犯罪组合

共同犯罪组合是指有共同目的的多人共同实施犯罪，每一个共同犯罪人都对犯罪的发生作出了显著贡献（significant contribution）。前南刑庭和卢旺达刑庭在判例中均指出，作为习惯国际法中的责任形式，共同犯罪组合属于实施犯罪的一种责任形式。[①] 共同犯罪组合和共同犯罪本质是一样的，只是由不同的国际法庭提出的不同的责任形式。共同犯罪和共同犯罪组合中参与的个人都应承担主犯责任。二者不同在于：(1)共同犯罪要求每个人都对犯罪的发生作出必不可少的贡献；[②]而共同犯罪组合中，行为人只需对犯罪作出显著贡献。(2)共同犯罪不要求共同计划本质上是非法的，共同计划中包含犯罪的关键要素就满足要求；[③]共同犯罪组合要求共同计划包含非法目的本身，或共同计划是通过非法手段达成一个合法的目

① See *The Prosecutor v. Tolimir*, IT – 05 – 88/2 – T, Trial Chamber Judgment of 12 December 2012, para. 885. *The Prosecutor v. Casimir Bizimungu*, ICTR – 99 – 50 – T, Trial Chamber Judgment of 30 September 2011, para. 1906.

② See *The Prosecutor v. Thomas Lubanga Dyilo*, ICC – 01/04 – 01/06, Pre – Trial Chamber I, Decision on the Confirmation of Charges, 29 January 2007, paras. 343, 346.

③ See *The Prosecutor v. Thomas Lubanga Dyilo*, ICC – 01/04 – 01/06, Pre – Trial Chamber I, Decision on the Confirmation of Charges, 29 January 2007, para. 344.

的，共同计划必须专门针对犯罪的实施。① (3)共同犯罪中共同犯罪人存在上下级隶属关系，重视行为要件及犯罪控制论；共同犯罪组合中，共同犯罪人不存在等级关系，且重视共同犯罪人之间的心理关系。

前南刑庭认为共同犯罪组合构成一项习惯国际法规则，因此可以对该责任形式进行管辖。② 共同犯罪组合共有三种形式。第一类是共同犯罪组合的基本形式，它以所有共同犯罪者根据共同目的行事，并且具有相同的心理要件为代表。例如，多人制定谋杀计划，虽然每个人参与犯罪的方式不同，但每个人都具备谋杀的故意。第二类是共同犯罪组合的系统形式，它的特点是存在有组织的犯罪系统、被告对该系统性质有一定程度的认识且被告积极参与系统的执行。例如，犯罪嫌疑人在集中营杀害或虐待被害人。第三类是共同犯罪组合的扩展形式，指当有共同目的的多人联合实施犯罪时，尽管某犯罪并不包含在共同目的之中，但这是执行共同目的的自然和可预见的结果。例如，犯罪组织在某村庄持枪强行驱逐某民族的成员，在驱逐的过程中，一名或多名受害者被枪杀。虽然谋杀可能不是共同目的的明确组成部分，但可以预见的是，持枪强行驱逐平民可能会导致一名或多名平民丧生。

前南刑庭的塔迪奇案中指出三种类型的共同犯罪规定的行为要件相同：(1)存在多个行为人；(2)存在构成犯罪或涉及犯罪的共

---

① See M. Milanović, *An Odd Couple: Domestic Crimes and International Responsibility in the Special Tribunal for Lebanon*, Journal of International Criminal Justice, 2007, p. 1146.

② 参见［德］格哈德·韦勒：《国际刑法学原理》，王世洲译，商务印书馆 2009 年版，第 145 页。

同计划、设计或目的;(3)被告人对上述计划有显著的作用。[①] 这三种类型的共同犯罪组合的心理要件中,共同犯罪组合的第一种类型和第二种类型要求被告与其他共同犯罪人有相同的故意(share the same intent)。[②] 第三种类型的共同犯罪组合的心理要件是故意参与(intent to participate)并促进一个团体的犯罪活动。[③] 对于在共同目的外的犯罪,共同犯罪组合的被告只有在满足以下条件时才承担责任:(1)此共同目的外的犯罪对被告来说是自然的和可预见的后果;(2)被告愿意承担该风险。[④]

资助恐怖主义犯罪的案例中,共同犯罪组合的第一种形式比较常见。例如,一个以资助恐怖主义犯罪为目的的组织,其内部成员有明确的分工,有人负责销售毒品募集资金,有人负责联系实施恐怖活动的个人,有人负责使用哈瓦拉系统来转移资金,有人负责组织内部的运营与管理,组织内部成员均知道组织的目的,那么组织中的所有人都应以共同犯罪组合的形式承担主犯的责任。共同犯罪组合的第三种形式是指对于共同犯罪计划外的行为,由于其可预见性且被告愿意承担此种风险,可将被告与犯罪活动联系起来,因而被判定有罪。比如,恐怖活动组织的领导人欲获得特定领土的控制权,资助人 A 为其提供大量的现金和必要的军事装备以获得特定领土,后来恐怖活动组织招募大量的儿童加入其武装部队,由于资助人 A 对于推进犯罪计划起到显著作用,并且由于招募人员与招募

---

① See *Prosecutor v. Dusko Tadic*, IT – 94 – 1 – A, Appeal Judgment of 15 July 1999, para. 227.

② See *Prosecutor v. Dusko Tadic*, IT – 94 – 1 – A, Appeal Judgment of 15 July 1999, paras. 220, 228.

③ See *Prosecutor v. Mico Stanisic*, IT – 08 – 91 – A, Judgment of 30 June 2016, para. 595.

④ See *Prosecutor v. Dusko Tadic*, IT – 94 – 1 – A, Appeal Judgment of 15 July 1999, para. 228.

儿童的行为存在可预见性，资助人可能会为招募儿童兵的行为承担责任。

二、以共犯身份参与犯罪

《制止资恐公约》第 2 条第 5 款 a 项禁止以共犯身份(accomplice)实施第 2 条第 1 款或第 4 款所述犯罪。[①] 根据《布莱克法律词典》的释义，共犯是指："明知、自愿和故意与主犯联合实施犯罪，并因此受到惩罚的人。"[②]就以共犯身份参与犯罪的责任形式而言，从犯的参与主要依赖于主犯行为的不法性，追究的是其对于主犯的实施行为的作用，而非追究与主犯相同的责任。[③] 一般认为，以共犯身份参与犯罪包含计划犯罪、鼓动犯罪、帮助和唆使犯罪等责任形式。

(一)计划犯罪

计划犯罪是指一人或多人在犯罪的准备阶段和实施阶段设计犯罪的具体实施。[④]《欧洲国际军事法庭宪章》第 6 条和《远东国际军事法庭宪章》第 5 条禁止计划、准备、发动侵略战争的行为。《前南刑庭规约》第 7 条、《卢旺达刑庭规约》第 6 条和《塞拉利昂问题特别法庭规约》第 6 条均惩罚计划实施国际犯罪的个人。计划犯罪的行为要件指，行为人设计了一项或多项构成国际犯罪的行为[⑤]，在执

---

① 按照《制止资恐公约》的中文文本，"accomplice"被翻译为"以共犯身份"。本书认为，"共犯身份"这一规定比较模糊，不仅容易和共同犯罪混淆，还很难判断这里规定的是主犯还是从犯。因此，将"accomplice"翻译为"协从"更为准确。但是，为了和《制止资恐公约》的中文译本保持一致，本书仍然使用"以共犯身份"这一表述。

② Bryan A. Garner ed. , *Black's Law Dictionary*, 9th edition, West, 2009, p. 18.

③ See Miles Jackson, *Complicity in International Law*, Oxford University Press, 2015, p. 22.

④ See *The Prosecutor v. Jean – Paul Akayesu*, ICTR – 96 – 4 – T, Trial Chamber Judgment of 2 September 1998, para. 480.

⑤ See *The Prosecutor v. Charles Ghankay Taylor*, SCSL – 03 – 01 – A, Appeal Chamber Judgment of 26 September 2013, para. 492.

行计划过程中实施了一项或多项国际犯罪[①],且目标犯罪最终发生。计划不仅应存在于被告的脑海中,还存在于文字或一些其他可传递的形式中。[②] 计划犯罪和实施犯罪之间不需要存在必要条件,也不需要证明存在因果关系,然而计划需对实施犯罪行为有实质性贡献(substantially contributing)。[③] 计划犯罪的心理要件是指行为人必须故意计划一项作为或不作为,并且明知通过执行该计划将实施一项或多项国际犯罪,或个人必须知道在执行该计划的过程中极有可能实施一项或多项国际犯罪。[④]

资助恐怖主义犯罪中的计划犯罪的情形,比如,有共同目的的二人有意实施资助恐怖主义行为,并签订了一个每年支付计划以资助恐怖活动组织。如果这二人仅是签订了资助计划,而没有实际的转移资金的行为,也没有发生恐怖主义行为,那么不承担计划资助恐怖主义的责任。如果二人既有计划,又完成了资金的转移,那么二人应承担实施资助恐怖主义犯罪的责任,将计划作为加重处罚的情节。

(二)鼓动犯罪

鼓动犯罪是指通过公开或非公开的方式促使、鼓励或教促实施者实施犯罪。鼓动犯罪的责任被规定在《欧洲国际军事法庭宪章》

---

① See *The Prosecutor v. Dragomir Miloševi*, IT－98－29/1－A, Appeal Chamber Judgment of 12 November 2009, para. 268.

② See G. Boas, J. Bischoff and N. Reid, *Forms of Responsibility in International Criminal Law*, Cambridge University Press, 2007, p. 356.

③ See *The Prosecutor v. Dario Kordic, Mario Cerkez*, IT－95－14/2－A, Appeal Chamber Judgment of 17 December 2004, para. 26.

④ See *The Prosecutor v. Dario Kordic, Mario Cerkez*, IT－95－14/2－A, Appeal Chamber Judgment of 17 December 2004, para. 31.

第6条[①]、《前南刑庭规约》第7条、《卢旺达刑庭规约》第6条、《塞拉利昂问题特别法庭规约》第6条第1款和《设立起诉在民主柬埔寨时期实施的罪行的柬埔寨法院特别法庭法》第29条中。

鼓动犯罪的行为要件是促使(inciting)、鼓励(soliciting)或教促(inducing)其他人实施犯罪行为。[②] 可以通过作为或不作为的方式作出,可以通过语言或其他沟通方式表达,也可以只是以暗示的方式作出。[③] 鼓动不需要是直接的或公开的行为,[④]鼓动者和实施者不需要有任何上下级关系,[⑤]鼓动者也不需要对实施者存在任何有效控制。[⑥] 鼓动犯罪的行为要件要求鼓动行为与实施犯罪之间存在因果关系。鼓动犯罪仅在实施者按照鼓动内容行事,或当鼓动行为对实施者的行为有重大贡献或有重大影响,[⑦]且实际犯罪行为发生后,鼓动行为才应受到惩罚。[⑧] 这与《制止资恐公约》的规定不同。根据

---

① "参与制定或执行共同计划或共谋实施任何相关犯罪的领导人、组织者、鼓动者和共犯应对任何人在执行该计划时实施的所有行为负责。""Leaders, organizers, instigators and accomplices participating in the formulation or execution of a common plan or conspiracy to commit any of the relevant crimes are responsible for all acts performed by any persons in execution of such plan."《欧洲国际军事法庭宪章》,1951年,第6条。

② See *The Prosecutor v. Naser Oric*, IT – 03 – 68 – T, Judgment of 30 June 2006, para. 271.

③ See *The Prosecutor v. Milutinovic*, IT – 05 – 87 – T, Judgment of 26 February 2009, para. 83.

④ See *The Prosecutor v. Jean – Paul Akayesu*, ICTR – 96 – 4 – T, Trial Chamber Judgment of 2 September 1998, para. 483.

⑤ See *The Prosecutor v. Naser Oric*, IT – 03 – 68 – T, Judgment of 30 June 2006, para. 272.

⑥ See *The Prosecutor v. Milutinovic*, IT – 05 – 87 – T, Judgment of 26 February 2009, para. 83.

⑦ See *The Prosecutor v. Vojislav Šešelj*, IT – 03 – 67 – R77.2 – A, Appeal Chamber Judgment of 19 May 2010, para. 153.

⑧ See *The Prosecutor v. Jean – Paul Akayesu*, ICTR – 96 – 4 – T, Trial Chamber Judgment of 2 September 1998, para. 482.

《制止资恐公约》第2条第5款a项的规定，在以共犯身份参加资助恐怖主义犯罪的责任形式中（包括鼓动资助恐怖主义犯罪），资助恐怖主义犯罪既遂或犯罪未遂均构成犯罪，而不仅仅在资助恐怖主义犯罪既遂的情况下，鼓动行为才受到惩罚。但没有必要反向证明若无鼓动者的强烈鼓励行为，实施者不可能实施犯罪。[①] 在实施者已经下定决心实施犯罪的情况下，鼓励的行为不属于鼓动犯罪这一责任形式。由于在这种情况下，鼓动者的行为并不是犯罪的原因，这种行为可能构成帮助和唆使犯罪的责任。[②] 不要求必须在鼓动行为之后立即实施犯罪，当然，卢旺达刑庭在恩查米希戈案判决中指出："在确定是否有实质性贡献时，从鼓动犯罪到实施犯罪行为之间经过的时间是相关的考虑因素，时间越长，联系就越弱。"[③]

鼓动犯罪的心理要件是鼓动者必须有诱使实施者犯罪的故意，或者知道犯罪的实施很大可能是由该鼓动行为造成的。[④] 在前南刑庭的奥里奇案中，法庭指出：鼓动者必须知道他对实施者施加的影响，并且鼓动者心理上期待犯罪行为被实施；鼓动人必须明知实施者有实施犯罪的故意；鼓动者不用知道犯罪是其鼓动行为的必然后果。[⑤] 如果鼓动者不知道行为可能造成风险，就不应受到惩罚。对于需要特殊的心理要件的犯罪，鼓动者只需要知道实施者的特殊的

---

① See *The Prosecutor v. Milutinovic*, IT－05－87－T, Judgment of 26 February 2009, para. 84.

② See Jean de Hemptinne, Rudolf Roth, Elies van Sliedregt, *Moses of Liability in International Criminal Law*, Cambridge University Press, 2019, Instigation, p. 271.

③ *The Prosecutor v. Siméon Nchamihigo*, ICTR－01－63－T, Trial Chamber Judgment of 12 November 2008, para. 368.

④ See *The Prosecutor v. Dario Kordic, Mario Cerkez*, IT－65－14/2－A, Judgment of 17 December 2004, para. 32.

⑤ See *The Prosecutor v. Naser Oric*, IT－03－68－T, Trial Chamber Judgment of 30 June 2006, para. 279.

心理要件,而不必拥有相同的特殊的心理要件。①

行为人的行为可能构成鼓动实施资助恐怖主义犯罪,比如,行为人 A 欲实施资助恐怖主义行为,但是出于胆怯没有实施,行为人 B 在了解上述情况后单独约见行为人 A,并鼓励称这些行为很难被追踪,不会有任何风险。行为人 A 随即将资金转移至实施恐怖活动的个人手中。上述案件中,由于鼓动人的鼓动行为与实施人实施的资助恐怖主义行为有因果关系,并且二人均具备资助恐怖主义犯罪的故意,因此,行为人 A 应承担实施资助恐怖主义犯罪的责任,行为人 B 承担鼓动资助恐怖主义犯罪的责任。

(三)帮助和唆使犯罪

帮助和唆使分别有不同的含义,帮助指为犯罪提供实际或物质上的帮助,而唆使则是指鼓励犯罪或为犯罪提供精神支持。② 虽然在《欧洲国际军事法庭宪章》和《远东国际军事法庭宪章》中并没有包含帮助和唆使犯罪这一责任形式,但管制委员会《关于惩治战争罪、危害和平罪和危害人类罪罪犯的第 10 号法令》第Ⅱ条第 2 款将唆使的责任纳入惩罚范围,并规定:"任何人,不论其国籍或身居何位,如果以(a)主犯身份或(b)从犯身份或命令或唆使实施规定的犯罪,则被视为实施了本条第 1 款所定义的犯罪。"③1991 年《危害人类和平及安全治罪法草案》第 3 条第 2 款和 1996 年《危害人类和平

---

① See *The Prosecutor v. Naser Oric*, IT – 03 – 68 – T, Trial Chamber Judgment of 30 June 2006, para. 279.

② See *The Prosecutor v. Jean – Paul Akayesu*, ICTR – 96 – 4 – T, Trial Chamber Judgment of 2 September 1998, para. 484.

③ "2. Any person without regard to nationality or the capacity in which he acted, is deemed to have committed a crime as defined in paragraph 1 of this Article, if he was (a) a principal or (b) was an accessory to the commission of any such crime or ordered or abetted the same." Control Council Law No. 10 Punishment of Persons Guilty of War Crimes, Crimes against Peace and against Humanity.

及安全治罪法草案》第2条第3款d项中对帮助和唆使犯罪的责任予以规定。《前南刑庭规约》第7条、《卢旺达刑庭规约》第6条、《罗马规约》第25条第3款第3项都规定了帮助和唆使犯罪的责任。

帮助和唆使犯罪的行为要件是向犯罪的实施者提供实际帮助、鼓励、精神帮助或是道德上的支持，并对犯罪的发生有实质性的贡献。帮助行为可能由作为或不作为组成，可以发生在主犯的行为之前、之中或之后。犯罪行为地点可能与犯罪实际发生的时间和地点相距甚远，并且帮助者或唆使者在实施者犯罪期间不必亲自在场。① 除事后的帮助和唆使犯罪外，犯罪的实际实施者无须知道帮助者和唆使者的存在或者其贡献。② 由于帮助和唆使的责任是一种从犯的责任，要求犯罪最终被实施。但是，根据《制止资恐公约》第2条第5款a项规定，构成帮助与唆使资助恐怖主义犯罪的责任形式，满足资助恐怖主义犯罪既遂或资助恐怖主义犯罪未遂均符合规定，不要求犯罪最终被实施。

帮助和唆使犯罪的心理要件是帮助者或唆使者知道他们的作为或不作为为犯罪的实施提供帮助、鼓励或道义支持。③ 帮助者和唆使者不需要知道实施者的具体行为，但他必须了解犯罪的基本要件，包括实施者的心理状态。也就是说，帮助者必须了解实施者所实施犯罪的基本要素，然而，他不必和实施者具备相同的心理要件。④

---

① See *The Prosecutor v. Blagojevic*, IT－02－60－T, Judgment of 17 January 2005, para. 726.

② See *The Prosecutor v. Vasiljević*, IT－98－32－A, Appeal Chamber Judgment of 25 February 2004, para. 102.

③ See *The Prosecutor v. Tadic*, IT－94－1－A, Judgment of 15 July 1999, para. 229.

④ See *The Prosecutor v. Popovic et al.*, IT－05－88－A, Judgment of 30 January 2015, para. 1812.

帮助和唆使犯罪不仅可以发生在实施资助恐怖主义行为之前或之中,还可以发生在实施资助恐怖主义行为之后。例如,在资助恐怖主义犯罪实施前,帮助者或唆使者通过毒品交易获取资金,或帮助者通过鼓励、明示或暗示的方式对实施者表达将对其资助恐怖主义的行为予以协助等。在资助恐怖主义犯罪实施后,帮助者或唆使者可能帮助隐藏或销毁交易记录、为资助恐怖主义行为实施者提供庇护所等。另外,具有法定义务的人的不作为也有可能承担帮助和唆使犯罪的责任。例如,银行职员明知有一笔转账或汇款的收款人是与实施恐怖活动的个人或组织有关联的公司,但银行职员并没有制止或停止转账或汇款行为,那么该银行职员也会因帮助资助恐怖主义犯罪而被起诉。

三、组织或指使他人实施犯罪

国际刑事法院、前南刑庭、卢旺达刑庭的规约和判例中均没有组织或指使他人(organizes or directs others)实施犯罪这一责任形式。《布莱克法律词典》不包含动词"指使"(direct)的释义,而是将名词"指令"(direction)解释为:"命令(an order),关于如何进行的指示。"[①]《布莱克法律词典》将"命令"(order)解释为:"命令、指令或指示。"[②]按照文本解释,指使他人实施犯罪的通常含义是指上级对下级下达指令的行为,下级则按照指令行事。也就是说,一般情况下,没有等级关系不存在指使的行为,因此,指使(direct)犯罪与命令(order)犯罪最为相似。

《布莱克法律词典》没有对动词"组织"(organize)单独进行解释,而是将名词"组织"(organization)解释为:"为共同目的而成立的

---

① Bryan A. Garner ed. ,*Black's Law Dictionary*,9th edition,West,2009,p. 526.

② Bryan A. Garner ed. ,*Black's Law Dictionary*,9th edition,West,2009,p. 1206.

团体”,将“有组织犯罪”(organized crime)解释为:“依靠非法活动获取收入的犯罪集团。”①可见,虽然组织(organize)犯罪的责任形式是否包含上下级关系尚不明确,但是作为组织、机构或犯罪团体,其内部理应存在分工和上下级关系,并且组织行为与领导力相关,组织他人实施犯罪与命令犯罪有一定的相关性。

综上所述,指使他人犯罪的情况中包含下达指令的行为,暗含上下级关系,一般情况下,指使即命令,而组织行为与领导力相关,因此,组织或指使他人实施犯罪的责任形式与国际刑事法院、前南刑庭、卢旺达刑庭的规约中规定的命令犯罪最为相似。此外,《制止资恐公约》的提案国法国在起草《制止资恐公约草案》时指出,公约打击的对象既包括了解资金用途的发布“命令者”,又包括明知组织的恐怖主义目标,但仍为其提供或募集资金,或帮助为其提供或募集资金的资助人,②说明在《制止资恐公约》的起草阶段,已着重强调追究命令实施资助恐怖主义犯罪的行为人的责任。因此,本节将基于命令犯罪这一责任形式分析组织或指使他人实施资助恐怖主义犯罪。

虽然在《欧洲国际军事法庭宪章》、《远东国际军事法庭宪章》、1950 年的纽伦堡原则和 1954 年的《危害人类和平及安全治罪法草案》中均没有提及命令犯罪的责任,但在管制委员会《关于惩治战争罪、危害和平罪和危害人类罪罪犯的第 10 号法令》中明

① Bryan A. Garner ed. , *Black's Law Dictionary*, 9th edition, West, 2009, p. 1210.

② The document provided that “who are the persons at whom the convention is aimed (arts. 1, 2, 3, 5 and 7)? This convention is aimed both at ‘those who give orders’, who are aware of the use of the funds, and contributors, who are aware of the terrorist nature of the aims and objectives of the whole or part of the association which they support with their donations in cash or in kind; it is not aimed primarily at ordinary individuals’”. Draft International Convention for the Suppression of the Financing of Terrorism, Working Document Submitted by France, A/AC. 252/L. 7/Add. 1, 11 March 1999, para. 5.

确规定了命令犯罪的责任,并且在二战后的纽伦堡审判[①]和东京审判[②]中,均有被告因为命令犯罪而被判处刑罚。命令犯罪的责任被明确规定在四部日内瓦公约[③]、1991 年和 1996 年的《危害人类和平及安全治罪法草案》[④]、《前南刑庭规约》[⑤]、《卢旺达刑庭规约》[⑥]、《罗马规约》[⑦]和其他国际刑事法庭规约中。[⑧]

命令犯罪的行为要件为"处于法律或事实上的上级指示另一个人实施犯罪行为",并且命令须对犯罪的实施者产生实质性的影响。[⑨] 发布命令的人可以是法律上的、事实上的或者临时的上级。[⑩] 上级不用直接向实施者下达命令,[⑪]命令不限于以书面形式或其他

---

① See *United States of America et al. v. Göring et al.* ,International Military Tribunal(Nuremberg) ,1 October 1946 ,Vol. I,p. 311 –314.

② See United States of America et al. *v*. Araki et al. ,International Military Tribunal (Tokyo) ,4 November 1948 ,in N. Boister and R. Cryer eds. ,Documents on the Tokyo International Military Tribunal :Charter, Indictment and Judgments ,Oxford University Press, 2008 ,p. 396.

③ 1949 年《日内瓦第一公约》第 49 条;1949 年《日内瓦第二公约》第 50 条;1949 年《日内瓦第三公约》第 129 条;1949 年《日内瓦第四公约》第 146 条。

④ 1991 ILC Draft Code of Crimes,Article 15(1).

⑤ 《前南刑庭规约》第 7 条第 1 款。

⑥ 《卢旺达刑庭规约》第 6 条第 1 款。

⑦ 《罗马规约》第 25 条第 3 款第 2 项。

⑧ 《东帝汶混合法庭规约》第 14.3(b)部分;《塞拉利昂问题特别法庭规约》第 6 条第 1 款;《柬埔寨法院特别法庭规约》第 29 条。

⑨ *The Prosecutor v. Limaj et al.* ,IT –03 –66 –T,Trial Chamber Judgment of 30 November 2005 ,para. 515.

⑩ See *The Prosecutor v. Laurent Semanza*, ICTR –97 –20 –A, Appeal Chamber Judgment of 20 May 2005 ,para. 363.

⑪ See *The Prosecutor v. Karadzic*, IT –95 –5/18 –T, Judgment of 24 March 2016 ,para. 573.

特定形式下达。[①] 犯罪必须已经实施,命令者才承担责任。[②] 命令这一责任形式并不包括不作为的情况。[③] 也就是说,对于被告没有下达的命令,不能要求被告承担责任。命令的责任形式不同于指挥官责任(command responsibility)。命令需包含上级明确的指令,因此不包含不作为的形式,而指挥官责任主要是一种不作为的情况,即上级知道或应当知道下级将要或已经实施某种犯罪行为而没有采取必要的措施去阻止或惩罚下级。[④] 命令犯罪的心理要件是发布命令者知道犯罪会根据他的命令而实施,或者发布命令者知道根据他的命令实施犯罪的可能性很大。不用证明下达命令者与实施者具有相同的心理要件。[⑤] 当下达命令者知道通过执行命令,犯罪的可能性很大,还继续下令行动或放弃采取行动,则行为人满足命令犯罪的心理要件。[⑥]

对于下达命令者的责任到底应是主犯还是从犯的问题,在 2018 年本巴案中,国际刑事法院上诉分庭认为,在量刑方面,个人根据《罗马规约》第 25 条第 3 款第 2 项规定承担的责任并不比第 25 条第 3 款第 1 项规定承担的责任轻。[⑦] 但本巴案实际上并没有说明下达

---

① See *The Prosecutor v. Milutinović et al.* , IT – 05 – 87 – T, Trial Chamber Judgment of 26 February 2009, paras. 87 – 88.

② See *The Prosecutor v. Popovic et al.* , IT – 05 – 88 – T, Judgment and Sentence, 10 June 2010, para. 1013.

③ See *The Prosecutor v. Stanislav Galic*, IT – 98 – 29 – A, Appeal Chamber Judgment of 30 November 2006, para. 176.

④ See *The Prosecutor v. Tihomir Blaskic*, IT – 95 – 14 – A, Appeal Chamber Judgment of 29 July 2004, para. 42.

⑤ See *The Prosecutor v. Milutinovic et al.* , IT – 05 – 87 – T, Judgment of 26 February 2009, para. 87.

⑥ See *The Prosecutor v. Blaskic*, IT – 95 – 14 – A, Judgment of 29 July 2004, para. 42.

⑦ See *The Prosecutor v. Bemba Gombo*, ICC – 01/05 – 01/08 A, Appeal Chamber Judgment of 8 June 2018, paras. 59 – 60.

命令者这一责任是否属于主犯的责任，仅从罪责的承担方面认为下达命令者的责任与实行犯的责任相当。有学者认为下达命令者应作为主犯，由于下达命令者和实施者之间不是平级关系，下达命令者实际上是利用权威迫使下级去实施犯罪的间接主犯。[①] 但是这样的解释方式混淆了命令犯罪和间接主犯的概念。根据国际刑事法院的案例，命令这一责任形式应承担从犯的责任。[②] 这是由于拥有权威的下达命令者不用有效地控制实施者，[③]只要有一种权威能够强迫下级去实施犯罪即可。因此，虽然下达命令者必须行使某种程度的权力，但该权力不是由下达命令者控制实施者的个人意志的程度。而间接共同主犯不仅下令实施犯罪，还通过对个人或组织的控制从根本上决定是否以及如何实施犯罪。[④] 因此，从对实施人的控制来说，间接共同犯罪人对实施人的控制应高于下达命令者。总之，国际刑事法院规定命令实施犯罪的行为人应承担从犯的责任，罪责的承担方面，国际刑事法院则认为下达命令者的责任与实施者的责任是同等的。

组织或指使他人实施犯罪的行为人是主犯还是从犯?《制止资恐公约》第 2 条第 5 款第 2 项规定了组织或指使他人实施犯罪这一责任形式，而没有将此规定在第 2 条第 1 款的实施犯罪的主犯的责任中，似乎意为使组织或指使他人实施犯罪的行为人承担从犯的责

---

① See A. Eser, *Individual Criminal Responsibility*, The Rome Statute of the International Criminal Court: A Commentary, Oxford University Press, 2002, Vol. I, p. 767 – 796.

② See *The Prosecutor v. Thomas Lubanga Dyilo*, ICC – 01/04 – 01/06 – 3121 – Red, Appeal Chamber Judgment of 1 December 2014, para. 462.

③ See *The Prosecutor v. Dario Kordic, Mario Cerkez*, IT – 95 – 14/2 – A, Appeal Chamber Judgment of 17 December 2004, para. 28.

④ See *The Prosecutor v. Germain Katanga and Mathieu Ngudjolo Chu*, ICC – 01/04 – 01/07 – 716 – Conf, Decision on the Confirmation of Charges, 26 September 2008, para. 518.

任。同样,在国际刑事法院卢班加案中,上诉分庭认为,《罗马规约》区分了第25条第3款第1项下的主犯的责任和第25条第3款第2项到第25条第3款第4项的从犯的责任。① 可以认为,根据国际刑事法院的实践,由于组织或指使他人实施犯罪的责任不属于《罗马规约》第25条第3款第1项中规定的主犯责任,因此组织或指使他人实施犯罪也应属于从犯的责任。

资助恐怖主义犯罪中的组织或指使他人实施犯罪的情形,比如,存在上下级关系的上级指使其下级为实施恐怖活动的个人转账,以达成资助恐怖主义的目的,下级由于具备行为要件与心理要件构成资助恐怖主义犯罪,远离犯罪行为发生地的上级也不能免除责任,应承担组织或指使他人实施资助恐怖主义犯罪的责任。

四、协助以共同目的行事的团伙实施犯罪

协助(contribute)以共同目的行事的团伙实施(group acting with a common purpose)犯罪指三个以上的行为人基于共同的目的实施犯罪,这一责任形式被规定在《罗马规约》第25条第3款第4项、1998年《制止恐怖主义爆炸的国际公约》第2条第3款第3项、1996年《欧盟成员国之间的引渡公约》第3条第4款。《罗马规约》第25条第3款第4项规定了协助以共同目的行事的团伙实施或企图实施犯罪这一责任形式,并通过"其他方式"这一短语,将以共同目的行事的团伙实施犯罪规定为其他责任形式的兜底条款,并避免与其他责任形式相冲突。《制止资恐公约》第2条第5款第3项没有规定"其他方式",因此《制止资恐公约》规定的其他责任形式有可能会和

① See *The Prosecutor v. Thomas Lubanga Dyilo*, ICC – 01/04 – 01/06 – 3121 – Red, Appeal Chamber Judgment of 1 December 2014, para. 462.

协助以共同目的行事的团伙实施犯罪这一责任形式冲突。①

协助以共同目的行事的团伙实施犯罪的行为要件是行为人为一群有共同目的行事的人共同实施犯罪作出重大贡献，②在确定一个人是否作出重大贡献时，可考虑的因素包括："(1)在获知该团体的共同目的后参与犯罪的持续性；(2)为犯罪活动有效实施所做的任何努力；(3)该人是否制定或仅仅执行犯罪计划；(4)犯罪嫌疑人在团伙中的地位；(5)犯罪嫌疑人所犯罪行的严重性。"③具体来说，协助以共同目的行事的团伙实施犯罪的行为要件包括：(1)要求最终犯罪既遂或未遂。(2)犯罪是由一个团体实施的，团体需要有共同目标。共同目标是指两人或多人之间达成一致或共同计划。④(3)该个人以《罗马规约》第 25 条第 3 款第 1 项至第 3 项所述以外的任何方式促成犯罪，在《制止资恐公约》中并没有作此规定。⑤ 协助以共同目的行事的团伙实施犯罪的心理要件是协助人故意为之，这是该犯罪形态与其他犯罪形态具有最显著区分之处，即或为了促进团伙实施公约禁止行为的犯罪目的，或知道团伙故意实施公约禁

① See Liu Daqun, *On Criminal Responsibility for Terrorist Financing An Analysis of the International Convention for the Suppression of the Financing of Terrorism*, International Criminal Responsibility of War's Funders and Profiteers, Cambridge University Press, 2020, p. 349.

② See *The Prosecutor v. Germain Katanga*, ICC - 01/04 - 01/07, Trial Chamber Judgment of 7 March 2014, para. 1632.

③ *The Prosecutor v. Mbarushimana*, Pre - Trial Chamber Decision on the Confirmation of Charges, 16 December 2011, para. 284.

④ See *The Prosecutor v. Mbarushimana*, Pre - Trial Chamber Decision on the Confirmation of Charges, 16 December 2011, paras. 270 - 271.

⑤ See *The Prosecutor v. Francis Kirimi Muthaura*, ICC - 01/09 - 02/11, Pre - Trial Chamber Decision of 23 January 2012, para. 421.

止的行为。①

《制止资恐公约》第2条第5款第3项单独规定协助以共同目的行事的团伙实施犯罪这一责任形式，不能因个人属于团体的一员而定罪，而是需要建立个人与犯罪之间的联系。当存在三个以上的行为人因为共同的目标而协同实施犯罪的团伙，如协助人明知该犯罪团伙的意图是实施资助恐怖主义犯罪或为了促进资助恐怖主义犯罪的发生，而为该团伙犯罪提供各种形式的协助，协助人也应承担责任。资助恐怖主义犯罪中的协助以共同目的行事的团伙实施犯罪的情形，比如，一个由5人组成的犯罪团伙的目标是实施资助恐怖主义行为，为了达成这一目标，行为人A或为了促进资助恐怖主义犯罪的发生，或在明知该犯罪团伙意图实施资助恐怖主义犯罪的情况下，主动为该犯罪团伙提供了资金，不论最终恐怖主义行为是否发生，行为人A也会被以协助以共同目的行事的团伙实施资助恐怖主义犯罪这一责任形式而起诉。②

还需要说明，根据《制止资恐公约》第2条的规定，资助恐怖主义犯罪的责任形式虽然无须证明恐怖主义犯罪的结果，但必须证明资助恐怖主义犯罪既遂或资助恐怖主义犯罪未遂，这被规定在《制止资恐公约》第2条第4款与第5款。具体来说，《制止资恐公约》第2条第4款规定实施资助恐怖主义犯罪未遂，也构成犯罪；《制止资恐公约》第2条第5款规定以共犯身份参加资助恐怖主义犯罪或

---

① See *The Prosecutor v. Germain Katanga*, ICC-01/04-01/07, Trial Chamber Judgment of 7 March 2014, para. 1620. “参与团伙犯罪者仅知道该团伙可能将实施犯罪是不够的，他必须知道该团伙有意实施特定犯罪。”参见李世光、刘大群、凌岩主编：《国际刑事法院罗马规约评释》，北京大学出版社2006年版，第266页。

② See Liu Daqun, *On Criminal Responsibility for Terrorist Financing an Analysis of the International Convention for the Suppression of the Financing of Terrorism*, International Criminal Responsibility of War's Funders and Profiteers, Cambridge University Press, 2020, p. 352.

犯罪未遂、组织或指使他人实施资助恐怖主义犯罪或犯罪未遂、协助以共同目的行事的团伙实施资助恐怖主义犯罪或犯罪未遂,均构成犯罪。

第四章　国家制止资助恐怖主义犯罪的义务与责任

国家本身要根据国际法承担义务，国家应为自身违反国际法义务的行为承担国家责任。本章主要分析《制止资恐公约》中规定的国家义务及国家违反公约义务应承担的责任。在《制止资恐公约》下，国家有防止和制止在其境内的个人或组织实施或协助实施资助恐怖主义行为的义务及进行国际合作的义务，但该公约没有规定国家本身不能从事资助恐怖主义行为的义务。从逻辑上来说，国家负有防止和制止个人或组织实施资助恐怖主义行为的义务的前提是国家本身也不应从事资助恐怖主义行为。

国家须对违反公约义务的行为承担责任，国家责任是国际不法行为的结果。国际不法行为的构成要素包括客观要素与主观要素，客观要素是指一国违反了国际法义务，主观要素是指根据归责原则，行为可归因于国家而被视为国家行为。

第一节 国家制止资助恐怖主义犯罪的义务

一、防止与制止的义务

《制止资恐公约》第18条第1款要求缔约国合作防止《制止资恐公约》第2条所述的犯罪，并采取一切可行措施防止和遏制在其境内为在其境内或境外实施这些罪行进行的准备工作。《制止资恐公约》第18条中规定的强制性措施属于缔约国的义务，而其他措施则允许缔约国自行决定是否采用。《制止资恐公约》规定的主要义务是：(1)禁止个人或组织实施资助恐怖主义行为，并禁止个人或组织协助实施上述行为。① 为防止和制止个人或组织实施或协助实施资助恐怖主义行为，国家应履行立法义务、起诉与惩罚义务、初步调查义务。(2)规范金融机构和从事金融交易的其他行业应采取的措施。② 除金融机构外，本部分还将分析国家规范非营利组织、替代性汇款系统行为的义务。

国家防止资助恐怖主义犯罪的义务是一种行为义务，而非结果义务。在2007年波黑诉塞黑案中，国际法院指出，各国有义务采取合理措施防止灭绝种族罪的发生，“这种义务是行为义务而非结果义务”。也就是说，这项义务并没有要求各国成功阻止灭绝种族罪

---

① 《制止资恐公约》第18条第1款第1项规定：“采取措施禁止蓄意鼓励、怂恿、组织或从事实施第2条所述罪行的人和组织在其境内进行非法活动”。

② 《制止资恐公约》第18条第1款第2项规定：“采取措施规定金融机构和从事金融交易的其他行业使用现行效率最高的措施查证其惯常客户或临时客户，以及由他人代其开立账户的客户的身份，并特别注意不寻常的或可疑的交易情况和报告怀疑为源自犯罪活动的交易。”

的发生，而是国家尽可能地采取合理的措施防止灭绝种族行为的发生即可，国家在这里是注意义务（due diligence），而不是阻止实施的义务。① 在该案中，塞尔维亚和黑山因为没有采取一切合理措施防止斯雷布雷尼察发生灭绝种族行为，并且违反《代顿和平协定》没有将姆拉迪奇移交前南刑庭，因此应承担国际责任。在恐怖主义背景下，因为一国对其领土的控制并不必然导致一国知道其领土内发生的所有不法行为，不能直接推测出国家不可能不知道其境内所有的资助恐怖主义行为，所以国家承担的是行为义务而非结果义务。

（一）立法义务

根据《制止资恐公约》第 4 条与第 5 条的规定，国家应采取措施将资助恐怖主义行为规定为国内法中的犯罪，以防止和制止个人或法律实体实施或协助实施的资助恐怖主义犯罪。《制止资恐公约》第 18 条要求国家应禁止在其境内的个人和法律实体实施资助恐怖主义行为的准备工作，也禁止个人和法律实体鼓动、怂恿、组织、从事实施资助恐怖主义行为。《制止资恐公约》规定的个人，按照文义解释，应包括任何人，不论其是不是国家工作人员，或者是不是根据国家的授权从事某行为的个人。《制止资恐公约》规定的法律实体是指位于一国境内或依据一国国内法设立的组织。

《制止资恐公约》明确规定各国有义务将公约规定的资助恐怖主义行为转化为国内法中的犯罪，若缔约国未履行立法义务，则与公约的规定不符。因此，各缔约国应积极按照《制止资恐公约》的要

① See *Application of the Convention on the Prevention and Punishment of the Crime of Genocide*（Bosnia and Herzegovina *v*. Serbia and Montenegro），Judgment of 26 February 2007，para. 430.

求将资助恐怖主义行为规定为国内法中的犯罪。[①]《制止资恐公约》的非缔约国也有将资助恐怖主义犯罪规定为国内法中的犯罪的义务，因为本书第二章第一节已证明，资助恐怖主义犯罪是习惯国际法中一项的犯罪，所以非缔约国也有义务制止资助恐怖主义犯罪。

（二）起诉与惩罚义务

根据《制止资恐公约》第4条的规定，国家应采取措施将资助恐怖主义行为规定为国内法下的犯罪，由国内主管当局经过正当程序起诉后，根据比例原则适当惩罚实施资助恐怖主义犯罪的个人。《制止资恐公约》第5条规定依法追究位于该国领域内或依据一国法律设立的法律实体的责任。当管理人、控制人以法律实体的管理人或控制人身份实施了资助恐怖主义行为，那么不仅要追究个人的刑事责任，还要追究法律实体的刑事、民事或行政责任，并采取包括罚款在内的措施。《制止资恐公约》第6条规定，对个人和组织违反制止资助恐怖主义的国内刑法规定，不得以政治、宗教或意识形态等理由为其辩解。因此，《制止资恐公约》不仅规定立法义务，还规定了起诉和惩罚义务。

实践中，国家积极履行起诉与惩罚实施或参与实施资助恐怖主义行为的个人或组织的义务。例如，在2022年美国的乔治亚娜·詹彼得罗案中，被告在社交媒体上发布了许多谴责美国的帖子和支持

---

① 例如，英国2000年《恐怖主义法》、俄罗斯2001年8月7日第115－FZ号《关于打击非法收入合法化（洗钱）和资助恐怖主义的法令》、新加坡2002年《制止恐怖主义与资助恐怖主义法》、日本2002年《惩治资助公共恐吓罪法》、美国2005年《打击恐怖融资法》、菲律宾2012年《预防和制止资助恐怖主义法案》、泰国2016年《反恐和大规模毁灭性武器扩散的资助行为法案》等已将资助恐怖主义行为规定为犯罪。关于此问题，参见本书第二章第一节。

针对美国开展恐怖袭击的图片，并向可疑的慈善组织提供资金支持，因此，美国田纳西州东区联邦地区法院判定被告实施了资助恐怖主义犯罪。[①] 在2019年美国的穆罕默德·艾希纳维案中，美国联邦第四巡回上诉法院指出，穆罕默德承认从"伊斯兰国"收受资金用于恐怖袭击，并接受了"伊斯兰国"关于制造爆炸装置的指导，穆罕默德明知"伊斯兰国"的目的是迫使政府采取或放弃采取行为，却宣誓效忠"伊斯兰国"，因此构成实施资助恐怖主义犯罪。[②] 在2002年4月发生在突尼斯杰尔巴岛的针对犹太人教堂的恐怖袭击案中，西班牙宣罪法庭对两名商人的资助恐怖主义行为作出定罪的决定，原因是这两名商人向"基地"组织成员直接汇寄资金，由于商人无法证明与收取资助方存在合法的商业活动且隐藏汇兑票据，因而法庭最终宣布两名商人构成实施资助恐怖主义犯罪。[③]

（三）初步调查义务

国家对事实进行初步调查的义务被规定在《制止资恐公约》第9条第1款，当缔约国被告知资助恐怖主义行为的犯罪嫌疑人出现在其境内时，该缔约国有对事实进行初步调查的义务。调查是依据一国的国内法进行的，调查不仅要符合该国法律的程序要求，还要符合实质要求。当国家得到初步的调查结果，应迅速将调查结果通知其他确立管辖权的国家，同时需要表明国家自身是否将要行使管辖权。[④] 如果缔约国认为有必要，在调查时，可以以引渡或起诉为目的

---

① See *United States v. Giampietro*, No. 2:19 - cr - 00013, United States District Court, M. D. Tennessee, Northeastern Division, 11 July 2022, p. 1 - 9.

② See *United States v. Elshinawy*, 781 Fed. Appx. 168, 2019, United States Court of Appeals, Fourth Circuit, p. 1 - 7.

③ 联合国毒品和犯罪问题办公室，《恐怖主义案例摘要》，2010年，第83段。

④ 《制止资恐公约》第9条第6款。

对犯罪嫌疑人进行拘留。只是在对其进行拘留时,应符合国际法、国际人权法对保障犯罪嫌疑人的基本权利的规定,保证在拘留期间犯罪嫌疑人获得公平待遇,并将拘留情况告知已经确立管辖权的其他国家。

(四)规范金融机构和从事金融交易的其他行业行为的义务

根据《制止资恐公约》的规定,国家有义务规范金融机构和从事金融交易的其他行业的行为,要求上述机构至少应采取以下措施。

一是国家有义务规定金融机构进行客户识别。在建立客户账户时,金融机构等应仔细核实客户的身份,并专门对法律实体的法人资格和结构进行审查。《制止资恐公约》对客户识别规定详细的原因是实施恐怖主义行为的资金来源可能合法,并且资金的金额可大可小,很难被识别,而客户身份识别是识别资助恐怖主义行为的主要方式。

二是国家有义务规定金融机构进行记录保存,记录保存的年限为5年。虽然规定金融机构的记录保存义务有利于识别可疑交易,但是《制止资恐公约》第18条第1款第2项第4目的规定有一些不足。第一,《制止资恐公约》第18条第1款第2项规定国家应规范金融机构和从事金融交易的其他行业的行为,而第18条第1款第2项第4目仅对金融机构规定了记录保存义务,从事金融交易的其他行业无须履行记录保存义务,同一条款中的不同规定似乎缺乏一致性。第二,因为《制止资恐公约》第18条第1款使用短语“采取一切切实可行的措施”[①],所以《制止资恐公约》第18条第1款旨在规定强制性措施。但是,《制止资恐公约》第18条第1款第2项又使用“缔约国应考虑”,即《制止资恐公约》第18条第1款第2项之第1目至第4目的义务是可选择的,其中包括缔约国的金融机构的记录保存的义务。如果客户识别和可疑交易报告是强制性措施,而记录保存义务是选择性措施,可能会出现矛盾:当主管当局要求提供数据时,金融机构并未保存,那么强制性措施中的客户识别或识别可疑交易也无法被执行。

三是国家有义务规定金融机构报告可疑交易。当金融机构和从事金融交易的其他行业怀疑交易源自犯罪活动时应立即报告,金融机构应迅速向主管当局报告可疑交易[②],而无须采用“有合理理由怀疑”的标准。可疑交易报告的义务不仅限于报告涉嫌恐怖主义的活动,还包括所有涉嫌犯罪的活动。金融机构免于因违反任何信息披露的要求而承担的责任。

---

① 《制止资恐公约》第18条第1款规定:“缔约国应合作防止发生第2条所述罪行,采取一切切实可行的措施,除其他外包括在必要时修改其国内立法,防止和遏制在其境内为在其境内或境外实施这些罪行进行准备工作,包括:(a)采取措施禁止蓄意鼓励、怂恿、组织或从事实施第2条所述罪行的人和组织在其境内进行非法活动;(b)采取措施规定金融机构和从事金融交易的其他行业使用现行效率最高的措施查证其惯常客户或临时客户,以及由他人代其开立账户的客户的身份,并特别注意不寻常的或可疑的交易情况和报告怀疑为源自犯罪活动的交易。为此目的,缔约国应考虑:(一)订立条例禁止开立持有人或受益人身份不明或无法查证的账户,并采取措施确保此类机构核实此类交易真实拥有人的身份;(二)在法律实体的查证方面,规定金融机构在必要时采取措施,从公共登记册或客户,或从两者处取得成立公司的证明,包括客户的名称、法律形式、地址、董事会成员以及规定实体立约权力的章程等资料,以核实客户的合法存在和结构;(三)制定条例迫使金融机构承担义务向主管当局迅速报告所有并无任何明显的经济目的或显而易见的合法目的的、复杂、不寻常的巨额交易以及不寻常的交易方式,无须担心因诚意告发而承担违反披露资料限制的刑事或民事责任;(四)规定各金融机构将有关国内和国际交易的一切必要记录至少保存五年。”

② 可疑交易是指无明显经济目的或无合法目的的交易或大额不寻常交易。

(五)规范非营利组织行为的义务

非营利组织的资金来源较广且具有一定隐蔽性,更易被恐怖活动组织利用,因此,国家有义务定期对非营利组织开展风险评估,防止非营利组织秘密地将资金转移至实施恐怖活动的个人或恐怖活动组织,对易受到资助恐怖主义行为影响的非营利组织采取相应的措施,以防非营利组织成为资助恐怖主义的渠道。为履行义务,国家应采取的措施包括:关注非营利组织的大额的、不寻常的、无明显合法目的的交易,关注账户资金的异常变动,关注汇款人和收款人的账户信息不明确的交易,并对非营利组织进行风险评估设置一定的客观标准。① 同时,国家对非营利组织也不应施加过多的限制,若采用更严格的审批程序、更严格的审查交易报告等措施,可能影响言论自由和结社自由。

如果非营利组织涉嫌实施或参与资助恐怖主义犯罪,那么需要首先判断非营利组织的管理者、实际控制人是否具有资助恐怖主义犯罪的行为要件与心理要件。如果非营利组织的管理者、实际控制人具有实施或参与资助恐怖主义行为的故意和行为,或明知组织内的个人从事或参与了资助恐怖主义行为,没有制止而是采取纵容的态度,那么不仅相关的个人应承担责任,非营利组织也应承担相应的责任。《制止资恐公约》第5条规定这种责任可以是刑事、民事责任,也可以是行政责任。为了有效地制裁非营利组织,也可以对组织进行罚款。

(六)规范替代性汇款系统的义务

正式的货币和价值转移服务由银行和其他受监管的金融机构提供。替代性汇款系统又被称为非正式的货币和价值转移系统,是指通

① 参见舒铭:《非营利组织恐怖融资犯罪预防问题研究》,载《江西警察学院学报》2019年第2期。

过非正式的方式提供金融服务以转移货币或其他形式的资金的系统。替代性汇款系统包括但不限于黑市比索兑换(black market peso exchange)、信贷证券(hundi)和哈瓦拉系统(hawala transactions)。为规范替代性汇款系统的行为,国家有义务建立机制监测汇款服务和资金的跨境运输。各国应确保提供替代性汇款服务的个人或组织经过严格的注册、审批程序,并要求所有正式和非正式的汇款服务遵守 FATF 关于反洗钱和反资助恐怖主义的标准。国家还应对为资助恐怖主义犯罪提供替代性汇款服务的人进行惩罚。

二、国际合作的义务

国际合作既包含国家之间的合作,又包含国家同国际刑事法庭的合作。[①] 由于《制止资恐公约》、联合国安理会的决议和 2012 年 FATF 国际标准建议中并未规定与国际刑事法院的合作,因此本部分仅讨论国家间的合作。在国际合作中,最重要的是“或引渡或起诉”,它对防止和制止犯罪也极有成效。[②] 除了或引渡或起诉的措施外,制止资助恐怖主义犯罪的国际合作措施还包括司法协助,资金的识别、侦查、冻结、扣押和没收,金融领域的合作。

(一)或引渡或起诉

1.《制止资恐公约》关于管辖权与引渡的规定

(1)《制止资恐公约》规定缔约国确立管辖权的方式。

一般而言,国家确立管辖权的方式包括属地管辖权(基于行为发生的地点)、主动属人管辖权(基于被告的国籍)、保护性管辖权

---

① 参见马呈元:《国际刑法论》(增订版),中国政法大学出版社 2013 年版,第 619 页。

② 参见[意]切萨雷·贝卡里亚:《论犯罪与刑罚》,黄风译,中国法制出版社 2005 年版,第 76 页;马呈元:《国际刑法论》(增订版),中国政法大学出版社 2013 年版,第 623 页。

(基于基本安全利益)、被动属人管辖权(基于受害者的公民身份)和普遍管辖权(指一国对与该国没有任何联系的犯罪进行的管辖,不管犯罪发生地,也不管受害人的国籍或犯罪嫌疑人的国籍)。《制止资恐公约》第7条中规定了缔约国"应"酌情采取措施确立管辖权的方式包括:第一,属地管辖权(包括行为发生在一国境内,或发生在悬挂该国国旗的船舶或根据该国法律登记的航空器上);第二,属人管辖权;第三,在席的普遍管辖权。缔约国"可以"确立管辖权的方式包括:第一,一国是犯罪的目的或结果发生地;第二,被动属人管辖权;第三,犯罪的目的及于一国的国境外的国家、政府设施;第四,犯罪的目的或结果是迫使政府作为或不作为;第五,一国境内的惯常居所在该国境内的无国籍人实施的犯罪;第六,犯罪行为发生地是一国政府运营的航空器(与前述"应"确立管辖权中所述的发生在一国航空器内的行为不同,这里是指发生在一国政府运营的航空器内的行为)。《制止资恐公约》不排除任何国家国内法对与该犯罪确立管辖权的方式的规定,包括缺席的普遍管辖权。当然,《制止资恐公约》和《联合国反腐败公约》一样,明确界定了依据国内法行使管辖权的界限是在不影响或不妨碍一般国际法准则的情况下,这是防止被错误理解为一国可以确立超越国际法范畴的管辖权。

可见,《制止资恐公约》中提供的确立管辖权的方式相当全面,不仅对一些公约没有规定的被动属人管辖权予以规定,还规定了在席的普遍管辖权,或称为实际控制的普遍管辖权。普遍管辖权主要分为基于习惯国际法、基于国际条约、基于国内法的普遍管辖权三种类型。在席的普遍管辖权是基于国际条约建立的管辖权,其"主要表现为'或引渡或起诉原则'"①。除普遍管辖权外,上述确立管辖权的方式都要求犯罪与一国有联系,而在席的普遍管辖权仅要求一种最低限度

① 马呈元:《论普遍管辖权的意义》,载《中国政法大学学报》2013年第3期。

的联系，即公约中有对“或引渡或起诉”条款的规定，并且犯罪嫌疑人出现在一国境内。当被告出现在一国境内，就无法逃脱惩罚，或被引渡至有管辖权的国家，或由行为人所在地法院进行管辖。

在席的普遍管辖权一开始只适用于在航空器内的犯罪，如劫机。劫机者可能将飞机降落在一个不具有属地或属人管辖权的国家，为确立降落地国的管辖权，出现了“在席的普遍管辖权”的概念。后来，在席的普遍管辖权延伸到其他领域的犯罪，如侵害国际受保护的人员、劫持人质及资助恐怖主义行为。在艾希曼案中，耶路撒冷法院确立管辖权的基础是在席的普遍管辖权。耶路撒冷地方法院指出，根据国际法审判犯罪的管辖权是普遍的，这又被称为“在席的普遍管辖权”，这种管辖权已经在《查士丁尼法典》中提到过，并且意大利北部的城镇在中世纪就已经开始依据这种管辖权来审判在其管辖范围内的特定类型的危险罪犯，而不论犯罪地点在哪里。[①] 总之，《制止资恐公约》第 7 条规定缔约国可以根据在席的普遍管辖权确立管辖权，《制止资恐公约》第 10 条关于“或引渡或起诉”的规定则是在席的普遍管辖权的直接体现，这是惩罚犯罪最有效的措施之一。

(2)不具有管辖权的缔约国的引渡义务。

引渡是指经一国请求，将位于另一国内的犯罪嫌疑人移交至提交请求的国家的司法行为。[②] 当犯罪嫌疑人所在地的缔约国没有管辖权，该国应将犯罪嫌疑人引渡给具有管辖权的国家，或由犯罪嫌

---

① See *Adolf Eichmann case*, Criminal Case No. 40/61, available at https://www.asser.nl/upload/documents/DomCLIC/Docs/NLP/Israel/Eichmann_Judgement_11-12-1961.pdf, paras. 12, 13.

② 参见[英]劳特派特修订：《奥本海国际法》(上卷第 2 分册)，王铁崖、陈体强译，商务印书馆 1981 年版，第 179 页；马呈元：《国际刑法论》(增订版)，中国政法大学出版社 2013 年版，第 630 页。

疑人所在地的缔约国对犯罪嫌疑人进行起诉。缔约国因没有管辖权而进行引渡主要包括三种情况。

第一，国家应将资助恐怖主义犯罪规定为可予引渡的犯罪，并将该犯罪添加进国家现有的引渡条约中。

第二，引渡的法律依据是请求引渡的国家与被请求引渡的国家的国内法、国际条约及互惠原则。一国为履行“或引渡或起诉”义务对犯罪嫌疑人进行引渡时，一般应先考虑请求国与被请求国之间是否存在引渡资助恐怖主义犯罪的多边或双边条约，若两国之间存在多边或双边引渡条约，应按照条约的规定对资助恐怖主义犯罪嫌疑人进行引渡。

第三，实际情况中，并非所有国家间都存在引渡条约。《制止资恐公约》第 11 条对于没有引渡条约时国家间如何进行引渡作了具体规定，其中包含两种情况：一是被请求国的国内法明确要求订有条约为引渡的条件，被请求引渡的国家可以自行决定是否将《制止资恐公约》视为进行引渡的法律依据。这一种情况在《制止资恐公约》中使用的措辞是“可以”，这是由缔约国自行决定的事项，因此被请求国可以拒绝引渡。当被请求国拒绝引渡犯罪嫌疑人，由犯罪嫌疑人所在地国自由裁量是否引渡或起诉犯罪嫌疑人，但不能直接将犯罪嫌疑人释放。二是被请求国的国内法并未要求订有条约为引渡的条件，被请求国应该将资助恐怖主义行为规定为国内的可予引渡的犯罪。这种情况下《制止资恐公约》使用的措辞是“应”，这是对缔约国的强制性要求。也就是说，在符合被请求国国内法规定的前提下，缔约国应该将资助恐怖主义犯罪规定为可予引渡的犯罪。

另外，当存在多个引渡请求国，《制止资恐公约》是否规定了引渡的顺位？《制止资恐公约》管辖的资助恐怖主义犯罪是具有跨国因素的犯罪，因此很可能存在多个国家都具有管辖权且要求引渡的情况，对于多个国家均要求引渡时的顺位问题，《制止资恐公约》并未作出规定。在艾希曼案中,以色列最高法院认为犯罪行为发生地在起诉被告方面并不应优先于其他国家,虽然犯罪行为发生地更易于收集证据,但是当被告逃离犯罪行为发生地,那么犯罪行为发生地国家无法对被告进行调查、起诉或审判,并且在该案中,行为发生地国无法也不愿对被告进行起诉。[①] 实际上,多个请求国间不应存在顺位关系。[②] 根据《制止资恐公约》第7条第5款的文本解释和上下文解释,对于引渡的规定中并没有顺位的要求,各国应相互协调来确定行使管辖权的国家,并在调查或司法程序方面提供最大限度的帮助。[③]

2.《制止资恐公约》中的"或引渡或起诉"原则

(1)关于"或引渡或起诉"原则。

"或引渡或起诉"原则是指当犯罪嫌疑人出现在某一不具有管辖权的缔约国境内,如果该国不将此人引渡,应立即交由行为人所在地国主管当局以便起诉。[④] "或引渡或起诉"原则是惩罚犯罪最有效的措施之一。

在洛克比空中事故引起阿拉伯利比亚民众国诉联合王国案(以

---

① See Amnesty International, Eichmann Supreme Court Judgment: 50 Years On, Its Significance Today, Amnesty International June 2012, available at https://www.amnesty.org/en/wp-content/uploads/2021/06/ior530132012en.pdf, at 27, 28, accessed on 1 August 2022.

② 《引渡示范条约》第16条规定:"一缔约国如从另一缔约国和第三国收到引渡同一人的请求,应斟酌决定将其引渡给哪一个国家。" Model Treaty on Extradition, A/RES/45/116, 14 December 1990, Article 16, available at https://www.unodc.org/pdf/model_treaty_extradition.pdf.

③ 《制止资恐公约》第7条第5款:"如果多个缔约国要求对第2条所述罪行行使管辖权,有关的缔约国应力求适当协调它们的行动,特别是在起诉条件以及在提供司法互助的方式方面。"

④ 参见[意]切萨雷·贝卡里亚:《论犯罪与刑罚》,黄风译,中国法制出版社2005年版,第76页;马呈元:《国际刑法论》(增订版),中国政法大学出版社2013年版,第623页。

下简称洛克比空难案)中,国际法院并未承认"或引渡或起诉"原则的习惯国际法地位,只是个别法官在洛克比空难案判决的声明或反对意见中谈及此问题。洛克比空难案的文森法官、塔拉索夫法官、纪尧姆法官和阿吉拉尔法官对判决发表了联合声明并指出:"根据一般国际法,不存在'或引渡或起诉'的义务。"①贝耶伊法官在对洛克比空难案判决的反对意见中指出:"国际法中不存在任何禁止或允许强制引渡国民的规则。"②与此不同的是,韦拉曼特里法官在洛克比空难案判决的反对意见中指出:"'或引渡或起诉'原则在习惯国际法中显然已被广泛接受。"③阿吉博拉法官在对洛克比空难案判决的反对意见中指出:"'或引渡或起诉'是一项国际法承认的权利,甚至被一些法学家视为强行法。"④在 2012 年或引渡或起诉案中,国际法院主张《禁止酷刑和其他残忍、不人道或有辱人格的待遇或处罚公约》(以下简称《禁止酷刑公约》)规定的缔约国对事实进行初

① *Questions of Interpretation and Application of the 1971 Montreal Convention arising from the Aerial Incident at Lockerbie*(Libyan Arab Jamahiriya *v.* United Kingdom), Joint Declaration by Judges Evensen, Tarassov, Guillaume and Aguilar Mawdsley(translation), Provisional Measures, Order of 14 April 1992, para. 2.

② *Questions of Interpretation and Application of the 1971 Montreal Convention arising from the Aerial Incident at Lockerbie*(Libyan Arab Jamahiriya *v.* United Kingdom), Dissenting Opinion by Judge Bedjaoui(translation), Provisional Measures, Order of 14 April 1992, para. 12.

③ *Questions of Interpretation and Application of the 1971 Montreal Convention arising from the Aerial Incident at Lockerbie* (Libyan Arab Jamahiriya *v.* United Kingdom), Dissenting Opinion by Judge Weeramantry, Provisional Measures, Order of 14 April 1992, p. 69.

④ *Questions of Interpretation and Application of the 1971 Montreal Convention arising from the Aerial Incident at Lockerbie* (Libyan Arab Jamahiriya *v.* United Kingdom), Provisional Measures, Order of 14 April 1992, Dissenting Opinion by Judge Ajibola, p. 82.

步调查的义务及“或引渡或起诉”的义务是“对缔约国整体的义务”[①]。也就是说,若《禁止酷刑公约》的缔约国违反“或引渡或起诉”的义务,则公约的任一其他缔约国都有权在国际法院对责任国提起诉讼。简而言之,在或引渡或起诉案中,国际法院虽然没有承认“或引渡或起诉”原则的习惯国际法地位,但是将《禁止酷刑公约》中规定的“或引渡或起诉”的义务作为“对缔约国整体的义务”。

根据或引渡或起诉案(比利时诉塞内加尔),本书认为或引渡或起诉原则的内涵包括:第一,“或引渡或起诉”的义务是指当犯罪嫌疑人出现在不具有管辖权的缔约国境内,该缔约国选择有二:或引渡给有管辖权的国家,或对犯罪嫌疑人进行起诉。第二,当被请求国同意引渡请求后,该国不必再继续履行起诉义务,条件是“引渡的目的地国对犯罪嫌疑人具有管辖权”[②]。第三,对于履行起诉义务的时间,国际法院认为不仅要在合理的时间内履行,还应根据公约的目的和宗旨,毫不拖延地开展诉讼程序。[③] 第四,起诉义务往往以已经履行公约要求的其他义务为前提,例如该国通过立法,已将资助恐怖主义行为定为刑事犯罪或已展开调查。[④] 第五,引渡需要满足

① 根据国际法委员会对于《责任草案》第48条第1款a项的评述,“‘对缔约国整体的义务’是指建立在条约基础上的一种集体义务。受害国以外的国家基于‘对缔约国整体的义务’援引另一缔约国的责任,需要满足两个条件:第一,只有受同一个公约约束才能基于‘对缔约国整体的义务’援引另一缔约国的国家责任。第二,该义务已经超越了缔约国的双边关系,必须是为保护全体缔约国的集体利益而设立的。”参见李嘉怡:《“对缔约国整体的义务”概念在国际法院的适用》,载《中国海洋大学学报(社会科学版)》2022年第5期。

② *Questions Relating to the Obligation to Prosecute or Extradite*(Belgium *v.* Senegal), Judgment of 20 July 2012, para. 120.

③ See *Questions Relating to the Obligation to Prosecute or Extradite*(Belgium *v.* Senegal), Judgment of 20 July 2012, paras. 114, 115.

④ See *Questions Relating to the Obligation to Prosecute or Extradite*(Belgium *v.* Senegal), Judgment of 20 July 2012, para. 91.

双重犯罪的要求,即两国同时将特定行为定为犯罪,并且存在引渡的依据,即满足引渡要求,无须规定相同的罪名。例如,一些国家并未将恐怖主义犯罪列为可引渡的犯罪,但是与恐怖主义相关的暴力行为,如谋杀、针对个人和财产的暴力行为构成一国国内法中的犯罪,那么也满足双重犯罪的要求。引渡过程中,需要对被引渡者提供最低限度的程序性保障,因为程序的公平不仅包括审判程序的公平,还包括引渡程序的公平。①

(2)《制止资恐公约》对"或引渡或起诉"的规定及特征。

《制止资恐公约》规定的"或引渡或起诉"具有以下几方面的特征:

第一,自从1970年《关于制止非法劫持航空器的公约》对"或引渡或起诉"原则进行了规定,其他部门性的恐怖主义公约都基本依照了上述规定,因为《制止资恐公约》还规定了"无论在任何情况下且无论罪行是否在其境内实施",所以《制止资恐公约》对于"或引渡或起诉"原则的规定比其他部门性的恐怖主义公约更全面。②

---

① 《制止资恐公约》第17条规定,在嫌疑人被羁押、采取任何措施或提起诉讼时(包括被引渡时),应保证嫌疑人获得公平待遇。

② 1963年《关于在航空器内的犯罪和某些其他行为的公约》第16条第2款,公约并未规定引渡的义务。自1970年《关于制止非法劫持航空器的公约》起,基本上所有部门性的恐怖主义公约都对"或引渡或起诉"原则进行了规定。1970年《关于制止非法劫持航空器的公约》第7条、1971年《关于制止危害民用航空安全的非法行为的公约》第7条与《制止资恐公约》的规定类似,但是没有对于"不作无理拖延"和"无论在任何情况下"将被告交由主管当局进行起诉进行规定。1973年《关于防止和惩处侵害应受国际保护人员包括外交代表的罪行的公约》第7条、1988年《补充关于制止危害民用航空安全的非法行为的公约的制止在为国际民用航空服务的机场上的非法暴力行为的议定书》第5条第2款是对"或引渡或起诉"原则的一般性规定。1979年《反对劫持人质国际公约》第8条第1款、1980年《核材料实物保护公约》第8条第2款与第10条、1988年《制止危及大陆架固定平台安全非法行为议定书》第3条第4款、2005年《制止危及海上航行安全非法行为公约议定书》第6条第3款与《制止资恐公约》规定类似,但没有规定"无论在任何情况下且无论罪行是否在其境内实施"。1998年《制止恐怖主义爆炸的国际公约》第8条第1款、2005年《制止核恐怖主义行为国际公约》第11条第1款、《东盟打击恐怖主义公约》第13条第1款和《制止资恐公约》规定十分相似,但是没有规定"无论在任何情况下"。

"无论在任何情况下且无论罪行是否在其境内实施"是《制止资恐公约》对"或引渡或起诉"规定中起诉的条件限定,也是《制止资恐公约》规定的特别之处。"无论在任何情况下",是指当犯罪嫌疑人出现在一国领土内,无论在任何情况下,若不将其引渡给有管辖权的国家,应不作无理拖延并交由本国起诉。《制止资恐公约》规定"无论罪行是否在其境内实施"的目的是防止一国国内法规定只能对发生在本国的资助恐怖主义行为进行起诉。诚然,行为发生地国因更易于收集和保留证据,相较于其他国家具备一定优势,但是,"或引渡或起诉"原则旨在防止犯罪嫌疑人寻找"避风港",无论缔约国是不是行为发生地国,当犯罪嫌疑人出现在其境内,如不引渡,均应毫不延迟地将犯罪嫌疑人交由行为人所在地国的主管当局以便起诉。① 当《制止资恐公约》的缔约国的国内法对于制止资助恐怖主义行为的"或引渡或起诉"原则的规定与《制止资恐公约》不符,应以《制止资恐公约》为准。②

第二,《制止资恐公约》第 11 条第 4 款规定以引渡为目的,将犯罪行为发生地扩大至包括具有属地管辖权、属人管辖权、被动属人管辖权的国家,犯罪的目的地或结果发生地等。③ 一些犯罪由于具有跨国因素,犯罪行为发生地和犯罪结果发生地往往不属于同一

① 《制止资恐公约》第 10 条第 1 款规定:"在第 7 条适用的情况下,犯罪嫌疑人在其境内的缔约国如不将该人引渡,则无论在任何情况下且无论罪行是否在其境内实施,均有义务不作无理拖延,将案件移送其主管当局,以按照该国法律规定的程序进行起诉。主管当局应以处理该国法律定为性质严重的任何其他罪行的相同方式作出决定。"

② 《制止资恐公约》第 11 条第 5 款规定:"缔约国之间的所有引渡条约和安排中与第 2 条所述罪行有关的规定,与本公约不符的,应视为缔约国之间已参照公约作了修改。"

③ 《制止资恐公约》第 11 条第 4 款规定:"为缔约国之间引渡的目的,必要时应将第 2 条所述罪行视为不仅在发生地实施,而且也在依照第 7 条第 1 款和第 2 款确立管辖权的国家境内实施。"

国,在这种情况下,犯罪行为发生地国和犯罪结果发生地国或都可以被视为行为发生地国。例如,在国际刑事法院在对缅甸情势调查中认为,强迫人员迁徙罪始于缅甸,终于孟加拉国。因此,法院将犯罪行为发生地国和犯罪结果发生地国都解释为行为发生地国,由于孟加拉国(犯罪结果发生地国)是缔约国,因此法院具有管辖权。①资助恐怖主义犯罪也存在类似情形。例如,《制止资恐公约》的非缔约国伊朗的国民在伊朗通过缔约国科威特的银行转账给缔约国伊拉克的实施恐怖活动的个人,那么伊拉克是否也可被视为犯罪行为发生地国?因为伊拉克是犯罪目的地或结果发生地,可以根据《制止资恐公约》第 11 条的规定将伊拉克视为犯罪行为发生地。

第三,《制止资恐公约》第 11 条第 4 款虽然将犯罪行为发生地扩大至包括具有属地管辖权、属人管辖权、被动属人管辖权的国家,但是第 11 条规定扩大后的犯罪行为发生地国不包括根据《制止资恐公约》第 7 条第 4 款规定确立行为人所在地管辖权的国家。这样规定的原因实际非常巧妙,这是由于一些国际条约或国内法规定,只有犯罪行为发生地国作为请求国,另一国才有义务引渡犯罪嫌疑人。实际上,犯罪嫌疑人所在地国不可能也不需要向另一国提交引渡请求,因为犯罪嫌疑人本来就在其领土内,因此,犯罪行为发生地国无须扩大至包含行为人所在地国,否则将出现冲突。这是《制止资恐公约》规定的特别之处,大多公约并不包含此类规定。②

---

① See *Situation in the People's Republic of Bangladesh/Republic of the Union of Myanmar*, ICC - 01/19, Pre - Trial Chamber Ⅲ, Decision Pursuant to Article 15 of the Rome Statute on the Authorisation of an Investigation into the Situation in the People's Republic of Bangladesh/Republic of the Union of Myanmar, 14 November 2019, paras. 54 - 62, 120 - 126.

② 例如《联合国打击跨国有组织犯罪公约》、《联合国反腐败公约》和《保护所有人免遭强迫失踪国际公约》。

（二）司法协助

司法协助是指为便于开展调查与起诉，国家间在调取证据、文书送达、检查物品和场地、搜查等方面进行的合作。[①] 司法协助的义务主要是一种条约义务。截至 2024 年 8 月，在全球范围内没有统一的司法协助条约，除了区域间的司法互助条约[②]，国家间司法协助最主要的依据是双边条约。对于双边条约中如何对司法协助条款予以规定，1990 年联合国大会通过了《刑事事件互助示范条约》和《关于犯罪收益的刑事事项互助示范条约的任择议定书》[③]，2007 年联合国毒品和犯罪问题办公室制定了《刑事事项互助示范法》[④]，都为国家间缔结双边条约提供了借鉴。

对于制止资助恐怖主义犯罪，当国家间存在司法协助条约时，国家间应根据多边条约和双边条约中司法协助条款的规定提供帮助；当国家间不存在司法协助条约时，缔约国主要根据《制止资恐公

---

① 狭义的刑事司法协助是指："为实现刑事诉讼的目的，国家根据国际条约和国内法，相互应对方的委托代为履行某些刑事诉讼行为的活动。"参见马呈元：《国际刑法论》（增订版），中国政法大学出版社 2013 年版，第 657 页。2000 年《联合国打击跨国有组织犯罪公约》第 18 条第 3 款规定的司法协助的内容包括：向个人获取证据或陈述；送达司法文书；执行搜查和扣押并实行冻结；检查物品和场所；提供资料、物证以及鉴定结论；提供有关文件和记录的原件或经核证的副本，其中包括政府、银行、财务、公司或营业记录；为取证目的而辨认或追查犯罪所得、财产、工具或其他物品；为有关人员自愿在请求缔约国出庭提供方便；不违反被请求缔约国本国法律的任何其他形式的协助。

② 区域一级的司法互助条约包括 1959 年《欧洲刑事互助条约》、1992 年《美洲刑事互助条约》、2000 年《欧洲联盟成员国刑事互助公约》等。

③ Model Treaty on Mutual Assistance in Criminal Matters, General Assembly resolution 45/117 of 14 December 1990, Annex, available at https://documents-dds-ny.un.org/doc/RESOLUTION/GEN/NR0/565/06/IMG/NR056506.pdf? OpenElement.

④ UNODC, Revised Manuals on the Model Treaty on Extradition and on the Model Treaty on Mutual Assistance in Criminal Matters, Part One: Revised Manual on the Model Treaty on Extradition, p. 65, available at https://www.unodc.org/pdf/model_treaty_extradition_revised_manual.pdf.

约》来提供帮助,其他国家可以依据国内法的规定来提供帮助。《制止资恐公约》第 12 条第 1 款规定缔约国不仅在调查期间有义务提供司法协助,还在起诉与引渡程序上也有提供司法协助的义务。①《制止资恐公约》在司法协助方面的具体规定还包括:在满足《制止资恐公约》规定的情况下,可以将一国境内被羁押者或正在服刑的人转移至另一国家,以提供证据或其他协助。同时规定,情报或证据只能用于请求国指明的用途,而不能用于其他用途,也不可用于与请求书中的调查起诉不同的事由,此项规定的例外是当情报或证据可以用来证明被告无罪的情况下,可被用于请求书以外的目的,但是最好提前通知被请求国。《制止资恐公约》第 12 条第 5 款没有指出双边条约或多边条约中的义务是否优先于《制止资恐公约》中的义务②,根据公约的目的和宗旨,此条旨在使国家间相互提供最大限度的协助,并没有规定何种条约义务优先。另外,《制止资恐公约》规定了给予司法协助的一般义务,不同于《联合国反腐败公约》和《联合国打击跨国有组织犯罪公约》中缔约国可以主动向另一缔约国提供司法协助所需资料的规定③,《制止资恐公约》规定提供司法协助所需资料是应请求国请求,缔约国没有义务主动提供资料。

(三)资金的识别、侦查、冻结、扣押和没收

1. 关于资金的识别、侦查、冻结、扣押和没收的措施

打击恐怖主义的一个关键因素是阻断资金链,这将极大地削弱

---

① 《制止资恐公约》第 12 条第 1 款规定,缔约国间在“进行的刑事调查或提起的刑事诉讼或引渡程序提供最大程度的协助”。

② 《制止资恐公约》第 12 条第 5 款规定:“缔约国应按照缔约国之间可能存在的任何司法互助或信息交流的条约或其他安排履行第 1 款和第 2 款所规定的义务。如果没有这种条约或安排,缔约国应按照各自的国内法相互提供协助。”

③ 《联合国反腐败公约》第 46 条第 4 款;《联合国打击跨国有组织犯罪公约》第 18 条第 4 款。

实施恐怖活动的个人和组织实施恐怖主义行为的能力，因此，各国必须对实施恐怖活动的个人及组织所依赖的资金采取限制性措施，这些措施主要包括识别、侦查、冻结、扣押和没收资金。冻结、扣押、没收实施恐怖活动的个人及组织的资金等措施被一些国家认为是一项刑罚，属于执行外国刑事判决，另一些国家认为冻结、扣押、没收实施恐怖活动的个人及组织的资金等措施与刑罚无关，是在合作收集证据，因此属于国际合作的范畴。①

冻结和扣押是指主管当局命令暂时禁止资金所有人转换或处置资金，被冻结或扣押的资金仍属于资金所有人。没收是指根据主管当局的命令永久剥夺资金，将资金的所有权从原始资金所有人转移到国家。资金的管理方面，冻结的资金由持有该资金的金融机构管理，目的是预防性的，通过剥夺所有者对资金的控制权，来防止资金被分散。扣押的资金由法院或其他主管当局暂时管理，没收的资金的所有权从原始资金所有人转移到国家。

实际在《制止资恐公约》通过之前，已有一些公约对犯罪所得的收益的扣押或没收进行规定。②《制止资恐公约》规定，对于资助恐怖主义犯罪，缔约国应采取措施识别、侦查、冻结、扣押或没收用于实施犯罪使用的任何资金以及犯罪收益的措施，制止资金流向实施恐怖活动的个人及组织的第一步是识别和侦查可疑资金。实践中，只要相关机构有理由认为个人或组织可能支持或实施恐怖袭击，相关机构即可冻结可疑资产。为此，各国有义务通过统一机构向金融

① 参见联合国毒品和犯罪问题办公室，《刑事事项上的国际合作：打击恐怖主义》，2012 年，第 100 页。

② 如 1988 年《联合国禁止非法贩运麻醉药品和精神药物公约》规定对麻醉药品或精神药品犯罪和洗钱的收益进行冻结或扣押；1990 年《关于犯罪收益的清洗、搜查、扣押和没收问题的公约》规定不仅是毒品犯罪或洗钱罪，对所有犯罪的收益均进行扣押和没收。

部门或从事金融交易的其他行业传递、转移有关冻结实施恐怖活动的个人和组织的信息，在海关、移民和其他相关当局之间进行充分协调，并通过对资金的识别、侦查、冻结、扣押等措施，来防止资金被用于实施资助恐怖主义和洗钱活动。

对于资金的识别、侦查、冻结、扣押等措施，《制止资恐公约》、安理会决议与2012年FATF国际标准建议中规定不同。《制止资恐公约》的规定较为全面，但是，《制止资恐公约》将资金的范围限定于用于实施犯罪使用的资金及收益，不包括其他个人资产。联合国安理会决议规定各国有义务冻结实施恐怖活动的个人的资产。决议规定的冻结的资金范围较广，不仅包含实施或企图实施恐怖主义或资助恐怖主义犯罪所使用的资金和收益，还包含个人或实体拥有和控制的个人资产。① 决议规定应毫不拖延地冻结恐怖主义资金，但对冻结时间没有规定。决议仅规定了冻结的义务，而未规定扣押或没收。2012年FATF国际标准建议涉及冻结、扣押和没收三个方面，资产的范围不仅包括实施犯罪使用的资金和犯罪收益，还包括打算用于资助恐怖主义犯罪的资产及收益。

2. 对资金采取的上述措施与合法资本自由流动的平衡

国家间及各国国内在收集、转移个人数据及财务信息，或国内采取冻结、扣押、没收资金的措施时，极有可能对合法资本的自由流动产生限制，直接对个人或组织的合法的经营活动造成影响。为了平衡打击资助恐怖主义犯罪与合法资本自由流动的关系，《制止资恐公约》在“序言”中指出，在所有情况下，对资助采取的措施都应受到严格的保障，以确保不妨碍合法资本的自由流动。

---

① 联合国安理会第1267号决议下令冻结与“基地”组织、塔利班相关个人和实体的资产（assets），而第1373号决议规定了各国冻结实施及协助实施恐怖活动的个人及实体的资产的一般义务，并由每个国家选择各自的冻结手段。

平衡打击资助恐怖主义犯罪与合法资本自由流动的关系的一种简单的解决方式是将实施恐怖活动的个人与恐怖活动组织的范围严格限定为被联合国安理会第 1267 号决议公布的制裁综合清单中列明的和各国指定的实施恐怖活动的个人与恐怖活动组织名单中的个人和实体。然而，上述方式实施起来难度较大，并且只有在国家清楚掌握所有与恐怖主义相关的信息时才可能实现。因此，国家可以采取以下措施：

(1)建立打击资助恐怖主义全面和有效机制。通过建立国家内统一的打击资助恐怖主义的机制，提升金融系统和其他行业打击资助恐怖主义犯罪的有效性和透明性，尽可能地减少资助恐怖主义犯罪的发生。当资助恐怖主义犯罪数量降低，因打击资助恐怖主义犯罪引起的对资金采取的限制性措施也会大幅减少。

(2)制定监测程序。金融情报机构和其他行业应依照国内的监测程序开展监测，对于信息的接收、处理、传播必须严格根据条约或国内法律规定的程序进行，以免限制合法资本的自由流动。

(3)加强信息分享与传递。金融机构出具的可疑交易报告(suspicious transaction reports)一般会被进行保密处理，不能自发传递，但这构成有效实施反洗钱或反资助恐怖主义政策的障碍。因此，欧盟通过了可取性原则(principle of availability)。根据这一原则，与调查有关的信息可供另一个成员国的同级别的主管机构访问。各国间可疑交易报告的传递有益于更快地识别资助恐怖主义行为，便于金融情报机构和其他行业采取措施，各国也可以通过金融情报机构在国家间传递和分享金融情报。

(4)提供救济渠道。在保证充分通知的基础上，应对被限制的个人或组织提供救济渠道，被执行人应该有质疑的权利，主管部门应尽快作出准予或不准予解除限制性措施的决定。

(四)金融领域的合作

1.金融情报机构之间的合作

信息交流通常通过双边或多边条约建立的司法协助机制进行,也可以根据政府机构的谅解备忘录或协议书合作或通过金融情报机构交换信息。金融情报机构作为国家机构,“负责接收、分析和向主管当局披露涉嫌犯罪所得的信息,以打击洗钱活动”①。埃格蒙特集团的金融情报机构间根据2001年6月13日在海牙通过的《关于洗钱案件金融情报机构之间信息交换的原则》相互交换信息。《制止资恐公约》第12条第4款建议各国建立与其他国家共享信息或证据的机制,第18条第3款指出各国应合作交换信息并建立沟通渠道,各国也可以通过国际刑事警察组织交换信息。

对于金融情报机构接收的信息,一个金融情报机构从另一个金融情报机构收到的信息仅可被用于被请求的目的,并且接收的金融情报不得转让,也不可未经请求直接用于调查、起诉等目的。② 当然也存在特例,关于洗钱案件,即使没有与其他金融情报机构就信息交换达成协议,一些金融情报机构仍有权与其他金融情报机构交换信息。例如,美国金融情报机构有权在没有与其他金融情报机构就信息交换达成协议时与其他金融情报机构交换信息。③ 许多金融情报机构有权与其他金融情报机构签订信息共享协议,而一些金融机构只有在与负责此项工作的部长协商或经过批准后才能这样做。例如,加拿大金融情报机构与其他机构之间的信息交换协议可以由

① Egmont Group, Statement of Purposes of the Egmont Group of Financial Intelligence Units, The Hague, 13 June 2001.

② See Egmont Group, Principles for Information Exchange between Financial Intelligence Units for Money Laundering Cases, The Hague, 13 June 2001, paras. 11, 12.

③ See *Suppressing the Financing of Terrorism: A Handbook for Legislative Drafting*, International Monetary Fund, 2003, p. 62.

负责的部长签署,或者在得到负责的部长同意的情况下由金融情报机构签署。①

2. 资金及收益的处理

《制止资恐公约》第 8 条规定,每一缔约国按照各自的法律规定可以对资助恐怖主义犯罪的资金进行识别、侦查、冻结、扣押或没收,对资金进行的上述处理措施不仅指资产,还包括资产取得的收益。在一国没收资金和收益后,不仅需要对被害人或其家属进行赔偿,在另一缔约国对缔约国没收资产起到一定的贡献时,还应基于与其他国家缔结的条约或协定,依据公平分配的原则,逐案分享资金和收益。② 持有没收资金和收益的缔约国需进行评估后决定予以分享的金额,分享资金及收益主要有两种方式:第一种由持有没收资金的缔约国根据公约或国内法的规定,与提供帮助的其他缔约国共享资金;第二种由持有没收资金的缔约国将资金移交至其他缔约国后,由其他缔约国将部分资金退回原来持有资金的国家。资金的识别、侦查、冻结、扣押或没收措施可能会影响到善意第三人,尤其是在资金经由第三人转移、保管的情况下。但是资金和收益的处理不应影响善意第三人的合法权益。

总之,为确保缔约方进行最大程度的合作,《制止资恐公约》载有关于国际刑事合作的详细规定。若想使得打击资助恐怖主义行为更为有效,则需要各国严格依照公约要求,将资助恐怖主义行为定为国内法中的犯罪,并履行公约规定的国际合作的义务,包括“或引渡或起诉”的义务,司法协助的义务,资金的识别、侦查、冻结、扣押和没收的义务,金融领域的合作义务等。

---

① See *Suppressing the Financing of Terrorism*: *A Handbook for Legislative Drafting*, International Monetary Fund, 2003, p. 62.

② 《制止资恐公约》第 8 条第 3 款和第 4 款。

三、不从事公约禁止行为的义务

现行打击国际犯罪的公约打击与惩罚的犯罪主体主要是个人，少数打击国际犯罪的公约规定犯罪主体也包括法人，《制止资恐公约》并未规定国家作为主体不从事国际犯罪的义务。尽管如此，国家在履行《制止资恐公约》规定的防止和制止个人或法人行为义务的同时，也应履行不从事公约禁止行为的义务。

《防止及惩治灭绝种族罪公约》虽未明确国家作为主体不从事灭绝种族罪的义务，但第 9 条指出，国家对灭绝种族罪的责任的争端应提交国际法院。[①] 在 2007 年波黑诉塞黑案中，国际法院解释道，虽然公约没有实际指出缔约国自身有义务不实施灭绝种族罪，但是，《防止及惩治灭绝种族罪公约》第 1 条规定缔约国确认灭绝种族行为是一种国际法上的犯罪，应予以防止并惩治，根据《防止及惩治灭绝种族罪公约》的目的和宗旨，如果《防止及惩治灭绝种族罪公约》一方面要求国家防止灭绝种族行为，另一方面却不禁止国家通过其机关或者实际控制的行为人实施此类行为，这是自相矛盾的。因此，国际法院得出结论：在《防止及惩治灭绝种族罪公约》中规定了缔约国应为自身实施的灭绝种族行为承担国家责任。[②]

与《防止及惩治灭绝种族罪公约》的规定相同，《制止资恐公约》中也未明确规定国家实施资助恐怖主义行为的责任。不同之处在于，《制止资恐公约》主要防止与制止以各种形式实施或参与资助恐

---

① 《防止及惩治灭绝种族罪公约》第 9 条规定："缔约国间关于本公约的解释、适用或实施的争端，包括关于某一国家对于灭绝种族罪或第 3 条所列任何其他行为的责任的争端，经争端一方的请求，应提交国际法院。"

② See *Application of the Convention on the Prevention and Punishment of the Crime of Genocide*(Bosnia and Herzegovina *v.* Serbia and Montenegro) , Judgment of 26 February 2007 , para. 166.

怖主义的个人和法律实体，打击与惩治的犯罪主体并不包括国家。

《制止资恐公约》的准备工作文件中明确排除国家作为主体实施的资助恐怖主义行为。一些国家的代表团提议删去国家资助恐怖主义犯罪的责任。例如：一些代表团提议删去 A/AC. 252/1999/WP. 21 文件中所载第 5 条第 5 款，因为国家责任的概念不属于公约草案的范围。[①] 条款草案工作组主席团就第 3 条至第 25 条所提讨论的文件时提出："关于国际法下的国家责任概念的原第 5 条第 5 款已决定予以删除，理由是该款不在本公约草案范围内。"[②]法国拟定的《制止资恐公约草案》第 5 条对于法人责任明确规定："本条的规定不导致指控国家负有法人责任。"[③]一些代表团建议添加国家资助恐怖主义犯罪的责任，但是未被采纳。例如古巴的代表指出："《制止资恐公约草案》没有给恐怖主义下定义，提供资助的定义也有些缺陷，特别是草案把参与资助恐怖主义的某些行为主体排斥在外，如法人和国家本身。"[④]巴基斯坦和伊拉克的代表也表示，对于《制止资恐公约》中未包含国家恐怖主义的概念感到遗憾。[⑤]

2017 年，乌克兰根据《制止资恐公约》和《消除种族歧视公约》，对俄罗斯向乌克兰东部地区的恐怖活动组织提供资助和在克里米亚地区实施种族歧视的行为在国际法院提起诉讼。对于资助恐怖

---

① 联合国大会 1996 年 12 月 17 日第 51/210 号决议所设的特别委员会的报告，第五十四届会议补编第 37 号，A/54/37，1999 年 5 月 5 日，附件四，第 46 段。

② 联合国大会第五十四届会议，第六委员会，议程项目 160，消除国际恐怖主义的措施，A/C. 6/54/L. 2，1999 年 10 月 26 日，附件三，第 55 页，第 127 段。

③ 联合国大会 1996 年 12 月 17 日第 51/210 号决议设立的特别委员会第三届会议，A/AC. 252/L. 7，1999 年 3 月 15 日至 26 日。

④ 联合国大会第五十四届会议，第六委员会，第 35 次会议简要记录，A/C. 6/54/SR. 35，27 April 2000，第 66 段，第 8 页。

⑤ 联合国大会第五十四届会议，第六委员会，第 35 次会议简要记录，A/C. 6/54/SR. 35，2000 年 4 月 27 日，第 67、68 段，第 9 页。

主义行为,乌克兰认为俄罗斯从其境内向在乌克兰东部地区的恐怖活动组织提供金钱、车辆、武器装备的行为及资助“哈尔科夫游击队”等非法武装团体的行为,违反了《制止资恐公约》的相关条款。① 乌克兰指出,《制止资恐公约》在“序言”中提及的联合国大会第51/210号决议和《消灭国际恐怖主义措施的宣言》中均包含国家不得直接实施资助恐怖主义行为的规定。

俄罗斯在初步反对意见中指出,《制止资恐公约》主要规定个人刑事责任,如《制止资恐公约》第4条和第5条规定,将追究违反公约第2条规定的个人和法律实体的责任,并由各国在国内法中将该犯罪定为国内法中的犯罪。《制止资恐公约》第7条规定国家确立管辖权的依据,第8条和第9条分别规定应侦查并冻结公约规定的资金,并且国家应对资助恐怖主义行为进行调查。第10条至第12条对“或引渡或起诉”与司法互助进行了规定,但并未包含国家责任的规定。国家资助恐怖主义的行为已经被《联合国宪章》中规定的不干涉原则与不使用武力原则所包含。② 关键问题是,《制止资恐公约》是否隐含禁止国家资助《制止资恐公约》第2条规定行为的规定,因此,根据《制止资恐公约》第24条的规定法院是否具有管辖权?俄罗斯指出,公约的文本、题名、结构和起草历史,均无法证明《制止资恐公约》中包含国家作为主体实施资助恐怖主义犯罪的责任。在《制止资恐公约》中没有一处提及国家责任的字眼,并且根据

---

① See *Application of the International Convention for the Suppression of the Financing of Terrorism and of the International Convention on the Elimination of All Forms of Racial Discrimination* (Ukraine *v.* Russia Federation), Application Instituting Proceedings, 16 January 2017.

② See *Application of the International Convention for the Suppression of the Financing of Terrorism and of the International Convention on the Elimination of All Forms of Racial Discrimination* (Ukraine *v.* Russian Federation), Preliminary Objections Submitted by the Russian Federation, 12 September 2018, para. 241.

其规定，个人和法律实体有不从事公约禁止行为的义务，国家仅有防止和制止资助恐怖主义行为的义务。① 即使“序言”提到一般国际法，但是，《制止资恐公约》主要是作为国家的执法工具，而不能创设国家责任，这也为公约和起草历史中没有明确提及国家责任所证明。② 虽然印度对于《制止资恐公约草案》文本的提议中明确规定，“缔约国禁止从事组织、鼓动、资助、帮助或参与恐怖主义行为”，但《制止资恐公约》最终的文本中并未如此规定。另外，对于乌克兰提及的《制止资恐公约》“序言”中提及的联合国大会第 51/210 号决议和《消灭国际恐怖主义措施宣言》中均包含国家直接实施恐怖主义行为，俄罗斯认为，国际条约即使笼统提及通过的联合国决议，但并没有将这些决议完全转化为具有约束力的条约，因此，上述决议和宣言对于《制止资恐公约》是否包括国家资助恐怖主义的责任的问题都没有影响。

2019 年国际法院对俄罗斯提出的初步反对意见作出判决，指出《制止资恐公约》没有规定国家作为主体实施资助恐怖主义的责任。国际法院指出，《制止资恐公约》的“序言”规定公约的目的是防止和制止资助恐怖主义行为，并通过起诉和惩罚资助人来实现该目的，公约第 4 条规定各缔约国应将资助恐怖主义行为定为国内法意义上的犯罪，均证明《制止资恐公约》仅规定与惩罚个人刑事责任，没有规定国家作为主体实施资助恐怖主义的责任。值得注意的是，国家

---

① See *Application of the International Convention for the Suppression of the Financing of Terrorism and of the International Convention on the Elimination of All Forms of Racial Discrimination* (Ukraine *v.* Russian Federation), Preliminary Objections Submitted by the Russian Federation, 12 September 2018, para. 130 – 132.

② See *Application of the International Convention for the Suppression of the Financing of Terrorism and of the International Convention on the Elimination of All Forms of Racial Discrimination* (Ukraine *v.* Russian Federation), Preliminary Objections Submitted by the Russian Federation, 12 September 2018, para. 135.

如果违反《制止资恐公约》第 18 条规定的防止和制止资助恐怖主义犯罪的义务,将产生国家责任。[①]

薛捍勤法官在对判决的反对意见中指出,《制止资恐公约》主要规定的是个人刑事责任,而乌克兰提交的申请主要是针对国家通过其国家机关工作人员等可代表国家的个人实施的行为,“如果乌克兰指控的行为得到证实,根据国际法,俄罗斯应对此类行为负责”[②]。但是,《制止资恐公约》不适用于国家实施的资助恐怖主义行为,因此,《制止资恐公约》第 2 条规定的“任何人”不应包括国家机关工作人员等可代表国家的个人。[③] 彼得·通卡法官在对判决的独立意见中指出,《制止资恐公约》主要是一部规定个人刑事责任的公约,国家只为违反防止和制止资助恐怖主义犯罪的义务而承担责任,因此,乌克兰提交的有关国家作为主体资助恐怖主义的责任不适用《制止资恐公约》。[④] 帕特里克·利普顿·鲁宾逊法官在其声明中指出,国际法院在其判例中没有充分的证据表明国家资助恐怖主义行

① See *Application of the International Convention for the Suppression of the Financing of Terrorism and of the International Convention on the Elimination of All Forms of Racial Discrimination*(Ukraine *v*. Russian Federation) , Preliminary Objections, ICJ Judgment of 8 November 2019, para. 59: “The financing by a State of acts of terrorism is not addressed by the ICSFT. ”

② *Application of the International Convention for the Suppression of the Financing of Terrorism and of the International Convention on the Elimination of All Forms of Racial Discrimination* (Ukraine *v*. Russian Federation) , Preliminary Objections, Judgment of 8 November 2019, Dissenting Opinion of vice – president Xue, para. 9.

③ See *Application of the International Convention for the Suppression of the Financing of Terrorism and of the International Convention on the Elimination of All Forms of Racial Discrimination* (Ukraine *v*. Russian Federation) , Preliminary Objections, Judgment of 8 November 2019, Dissenting Opinion of vice – president Xue, paras. 6 – 9.

④ See *Application of the International Convention for the Suppression of the Financing of Terrorism and of the International Convention on the Elimination of All Forms of Racial Discrimination*(Ukraine *v*. Russian Federation) , Preliminary Objections, Judgment of 8 November 2019, Separate Opinion of Judge Tomka.

为被排除在《制止资恐公约》之外。在《制止资恐公约》的准备工作文件并未明确将国家资助恐怖主义的行为排除在外。[①] 波卡法官在其意见中指出，虽然同意法院主张《制止资恐公约》不适用于国家从事的资助恐怖主义行为，但是国家在国内法将资助恐怖主义行为定为犯罪，就已经存在一个预设前提，即国家自身不会从事这些行为。即使《制止资恐公约》不适用于国家从事的资助恐怖主义行为，但是国家资助恐怖主义的行为仍受到习惯国际法的约束，并应承担相应的国家责任。[②]

在案件的实体阶段处理的主要问题有二：首先，乌克兰诉俄罗斯违反《制止资恐公约》第 8 至 12 条规定的义务和第 18 条国家应合作以防止和制止资助恐怖主义行为的义务，需要先证明行为人的行为构成《制止资恐公约》第 2 条规定的资助恐怖主义犯罪才可以要求国家承担未履行防止义务的责任。其次，乌克兰需要证明行为人是否具备故意或明知资助恐怖主义犯罪的心理要件，也需证明行为人是否具备将资金用于实施恐怖主义行为的目的，但是要证明行为人具有资助恐怖主义犯罪的心理要件并非易事。

值得一提的是，将国家作为主体实施的资助恐怖主义行为排除在公约框架外，并不使得非法行为合法化。国家资助恐怖主义的行为实际上是最严重和最危险的资助恐怖主义的形式，国家作为主体实施的资助恐怖主义行为的不法性不言而喻，联合国安理会第 748

---

① See *Application of the International Convention for the Suppression of the Financing of Terrorism and of the International Convention on the Elimination of All Forms of Racial Discrimination* (Ukraine *v.* Russian Federation), Preliminary Objections, Judgment of 8 November 2019, Declaration of Judge Robinson.

② See *Application of the International Convention for the Suppression of the Financing of Terrorism and of the International Convention on the Elimination of All Forms of Racial Discrimination* (Ukraine *v.* Russian Federation), Preliminary Objections, Judgment of 8 November 2019, Separate Opinion of Judge *ad hoc* Pocar.

号决议指出，国家有义务不协助或参与在另一国实施的恐怖主义行为。同样，联合国安理会第1373号决议指出，任何国家都不得为任何有关恐怖主义行为的个人或实体提供任何帮助，包括资金帮助、物质帮助等。

综上所述，《制止资恐公约》并未对国家作为主体不从事公约禁止行为的义务进行规定，国家在《制止资恐公约》框架下并不因自身实施资助恐怖主义犯罪而承担责任。需要注意，国家如果违反《制止资恐公约》第18条规定的防止和制止个人或组织实施或从事的资助恐怖主义犯罪的义务，将产生国家责任。更重要的是，国家负有防止和制止个人或组织资助恐怖主义犯罪的义务的前提是：即使公约本身没有将国家规定为犯罪主体，国家本身也不应从事禁止行为。

四、制止资助恐怖主义犯罪的义务与其他国际义务的关系

毫无疑问，国家应预防和制止任何形式的恐怖主义犯罪与资助恐怖主义犯罪。但是打击资助恐怖主义犯罪需要与支持民族解放运动、开展人道活动、保障人权的相关行为进行区分，当存在价值冲突时，应如何进行区分与平衡，是下面着重讨论的问题。

（一）制止资助恐怖主义的义务与支持民族解放运动义务的关系

恐怖主义犯罪与资助恐怖主义犯罪属于严重的国际犯罪，各国应加强合作防止和制止恐怖主义犯罪与资助恐怖主义犯罪。但是，若各国不加以区分而一律禁止，那么合法民族解放运动可能被视为恐怖主义犯罪而被予以禁止。在资助恐怖主义犯罪中，由于资助行为指向恐怖主义犯罪，并且资助行为的目的是资金被用于实施恐怖主义行为，因此，区分民族解放运动与恐怖主义行为，在研究资助恐怖主义犯罪的框架下十分必要。同时，金融机构与从事金融交易的

其他行业采取的严格的反恐措施、联合国安理会实施的制裁、合同中添加反恐条款等一系列措施，可能严重阻碍合法的民族解放运动，并阻碍人民自决权的行使。[①]

民族解放运动[②]的目的是反对外国占领和外国殖民统治，争取领土完整，反抗种族压迫，并对敌对方进行打击，其目的并非在平民中散播恐惧。人民自决权[③]主要是去殖民化，人民自决权中包含民族解放运动这一形式，并且为民族解放运动中的武力使用提供了合法依据。[④] 民族解放运动和人民自决权的合法性得到联合国大会第46/51号决议的确认[⑤]，国际法院在东帝汶案指出，行使人民自决权的义务构成“对一切的义务”。[⑥] 但是，民族解放运动的目的合法，并不代表其手段一定合法，而应在武装冲突规则的范围内采取行动。因此也需要对其合法行为与非法行为进行区别，并对不法行为追究相应的责任。

---

① 参见《联合国安理会辩论期间的讲话：恐怖行动对国际和平与安全所造成的威胁：通过第1373号决议（2001年）20年后打击恐怖主义的国际合作》，载红十字国际委员会网2021年1月12日，https://www.icrc.org/zh/document/counter-terrorism-measures-must-not-restrict-impartial-humanitarian-organizations。

② “民族解放运动是指受压迫民族为了反抗殖民统治、外国占领和统治制度，争取本民族独立与解放而进行的一切有组织斗争的表现形式。其活动主要是一个民族为了从殖民国家或其他统治国家的压迫下解放出来而斗争。”参见黄瑶等：《联合国全面反恐公约研究：基于国际法的视角》，法律出版社2010年版，第63页。

③ “在非殖民化进程中形成或发展起来的人民自决概念，是指在外国奴役和殖民统治下的被压迫民族或人民自由决定自己命运，摆脱殖民统治，建立民族独立国家的权利。”参见黄瑶等：《联合国全面反恐公约研究：基于国际法的视角》，法律出版社2010年版，第64页。

④ 参见黄瑶等：《联合国全面反恐公约研究：基于国际法的视角》，法律出版社2010年版，第64页。

⑤ See Measures to Eliminate International Terrorism: Resolution/Adopted by the General Assembly, UN. General Assembly, A/RES/46/51, 1992, available at https://digitallibrary.un.org/record/135686, accessed on 1 November 2022.

⑥ *East Timor* (Portugal *v.* Australia), Judgment of 30 June 1995, para. 29.

根据行动结果,可以将民族解放运动分为两种情况:(1)《制止资恐公约》对于恐怖主义行为的规定较为严谨,并且恐怖主义行为的结果或属于19部部门性的恐怖主义公约中禁止的行为,或造成平民死亡或重伤的结果。当民族解放运动上升为武装冲突,并发生了被《制止资恐公约》附件规定为犯罪的行为,或造成平民死亡、重伤,那么则需要具体判断行为人是否具备散播恐惧和迫使政府或国际组织以特定方式行事的心理要件。如具备心理要件,那么构成恐怖主义犯罪。同时,为其提供或募集资金的个人,以及将资金用于实施恐怖活动的个人应当承担资助恐怖主义犯罪的责任。(2)当民族解放运动不属于19部部门性的恐怖主义公约中禁止的行为,并且没有造成平民死亡或重伤,那么该行为不能被视为《制止资恐公约》禁止的恐怖主义行为。但是,由于《制止资恐公约》第2条第3款规定,资金不必实际用于实施恐怖主义行为,因此,即使恐怖主义行为没有发生,仍需单独判断资助人是否具体资助恐怖主义的主观故意,以及是否具有提供或募集资金的行为,来判断是否构成《制止资恐公约》中所规定的犯罪。

民族解放运动与恐怖主义行为的区别主要有四点:第一,民族解放运动与支持民族解放运动是合法的,而恐怖主义行为与资助恐怖主义行为构成犯罪。第二,行为人的目的不同。进行民族解放运动的目的是反抗殖民统治、外国占领和统治制度,争取本民族独立与解放,而实施恐怖主义的行为人的目的是在平民中散布恐怖并迫使政府或国际组织以特定方式行事。第三,行为人的手段不同。进行民族解放运动是通过对敌对方进行打击,以达到反对外国占领、反对外国殖民统治、争取领土完整的目的。恐怖主义犯罪则是通过暴力或暴力威胁手段,恐吓平民,并对平民造成重伤、死亡或严重的心理伤害的行为。但是,民族解放运动与支持民族解放运动在国际法下是合法的,但并不是说采取的手段必然合法,即合法的目的并不能证成手段,支持民族解放运动采取的手段应限制在武装冲突规则允许的范围内。第四,行为的对象不同。民族解放运动打击的对象是敌对方,而恐怖主义犯罪针对的对象大多是平民或未直接参与敌对行动的个人。另外,在资助恐怖主义犯罪中,不论最终是否发生恐怖主义行为,无论行为属于民族解放运动或恐怖主义行为,当资助人主观上具备资助恐怖主义的故意或明知,并且具有提供或募集资金的行为,那么即构成《制止资恐公约》中所规定的犯罪。

对于民族解放运动与恐怖主义行为的争议,有两种解决方案。一种解决方案是笼统地将存在争议的行为(存在争议的行为是指部分人认为该行为是人民反对侵略和反对外国占领或殖民主义的斗争的行为,部分人认为该行为是恐怖主义行为)纳入武装冲突法[①]的管辖范畴内,而不应被视为与恐怖主义犯罪有关。[②] 另一种解决方案是各国法律可以明确规定,在民族解放运动中,如果存在造成平民死亡或重伤的行为,并且该行为目的是在平民中散播恐惧,或迫使政府或国际组织以特定方式行事,就构成恐怖主义行为。例如,新西兰颁布的《制止资助恐怖主义法》扩大了"恐怖主义"的含义,以包括在武装冲突局势中发生的,目的是恐吓平民或迫使政府采取或不采取行动的行为。新西兰颁布的《制止资助恐怖主义法》可适用于资助武装冲突局势一方的武装团体,包括资助争取民族自由的武装团体的行为。[③]

---

① 武装冲突法与国际人道主义法不同。武装冲突法是指战争法,包括国际公法和国际人道法。

② "根据 1977 年《日内瓦四公约第一附加议定书》第 1 条第 4 款的规定,各国人民在行使自决权中对殖民统治和外国占领以及对种族主义政权作战的武装冲突,视为国际武装冲突的一种情形。"参见黄瑶等:《联合国全面反恐公约研究:基于国际法的视角》,法律出版社 2010 年版,第 74 页。

③ Terrorism Suppression Act 2002, New Zealand, Acticle 5(1)(c), 4(1).

（二）制止资助恐怖主义的义务与人道主义援助义务的关系

在非国际性武装冲突中，冲突之一方可能被联合国安理会指定为实施恐怖活动的个人或恐怖活动组织，受各国严格的反恐政策、金融机构的反恐措施的影响，向冲突之一方控制领土上的平民提供医疗服务与人道服务相当困难。① 更重要的是，人道参与方也可能被以资助恐怖主义犯罪起诉。

《制止资恐公约》中并没有明确规定该公约规定的权利义务与其他公约规定的权利义务冲突时何种义务优先。但是，《制止资恐公约》第 21 条规定，在履行《制止资恐公约》规定的义务的同时，不可违背国际人道法中规定的义务。② 提供人道主义援助和经济援助受到国际人道主义的保护，并见于国际条约的规定之中，如四部日内瓦公约及其附加议定书。联合国安理会也注意到打击资助恐怖主义的措施与人道主义行动的冲突。虽然在联合国安理会第 1373 号决议中，严格规定了对资助恐怖主义犯罪的防止和打击，并没有将人道主义行为规定为打击资助恐怖主义犯罪的例外，但是，联合国安理会第 1452 号决议决定，对于第 1267 号决议和第 1390 号决议中的冻结资金的措施，不应限制基本生活的开支，也不适用于经过国家申请且经过联合国安理会 1267 委员会批准使用的特殊开支，这实

---

① “近年来，被指控为恐怖活动组织之一方控制的领土越来越大，受武装冲突或暴力行为影响的民众人数在持续增加，经红十字国际委员会统计，约 6000 万民众生活在‘非国家行为方控制地区’。”参见《联合国安理会辩论期间的讲话：恐怖行动对国际和平与安全所造成的威胁：通过第 1373 号决议（2001 年）20 年后打击恐怖主义的国际合作》，载红十字国际委员会网 2021 年 1 月 12 日，https://www.icrc.org/zh/document/counter-terrorism-measures-must-not-restrict-impartial-humanitarian-organizations。

② 《制止资恐公约》第 21 条规定：“本公约毫不影响国家和个人按国际法，特别是《联合国宪章》、国际人道主义法和其他有关公约所应享的其他权利、应尽的其他义务和应负的其他责任。”

际上是对国际人道主义法的执行。联合国安理会第2462号决议指出,打击资助恐怖主义行为应充分考虑人道参与方在符合国际人道法的情况下提供的人道援助,尤其是由公正的组织依国际法提供的医务行为不得受到影响。[①] 同样,联合国安理会第2482号决议指出:"打击恐怖主义应遵守国际人权法和国际人道法的规定。"[②]联合国大会全球反恐战略的第七次审查指出,当反恐立法和其他措施违反国际法时,寻求具体解决方案以减轻潜在的负面影响至关重要,否则可能侵犯人权、阻碍发展,以及影响开展公正的人道主义行动。[③]

人道主义参与方也可能被以帮助或资助恐怖活动组织罪起诉。例如,2010年美国联邦最高法院的人道主义法项目组织案,主要是对禁止故意向恐怖活动组织提供支持的法规的合宪性审查。此前,人道法项目组织对土耳其库尔德工人党和斯里兰卡泰米尔伊拉姆猛虎解放组织(这两个组织都被美国定义为恐怖活动组织)提供帮助以和平解决地区冲突,提供的支持形式包括:"(1)培训土耳其库尔德工人党成员使用人道主义法方式和平解决争端;(2)帮助土耳其库尔德工人党表达政治诉求;(3)教导库尔德工人党成员如何向联合国等各种机构寻求救济;(4)表达斯里兰卡的泰米尔族人的政

---

① 联合国安理会第2462号决议,S/RES/2462(2019),2019年3月28日,第24段。

② 联合国安理会第2482号决议,S/RES/2482(2019),2019年7月19日,第2页。

③ "申明必须寻求采取具体解决办法,以减轻因违反国际法适用反恐立法和其他措施而产生的潜在负面影响,因为此种做法可能损害集体反恐努力并侵害人权,包括阻碍开展工作并危及发展、建设和平和公正人道主义行动以及民间社会。"参见联合国大会第七十五届会议2021年6月30日大会决议,联合国全球反恐战略:第七次审查,A/RES/75/291,2021年7月2日,https://documents-dds-ny.un.org/doc/UNDOC/GEN/N21/175/69/PDF/N2117569.pdf?OpenElement。

治诉求。”①但是根据美国《爱国者法案》,一审法庭认为原告构成故意向恐怖活动组织提供支持罪。原告质疑该法规并指出适用于他们的法规模糊。美国联邦最高法院最终裁定《爱国者法案》的规定并不模糊,因为适用于原告时,法律条款适用于原告行为是明确的。持反对意见的法官指出判决意见错误解释了行为人“故意帮助恐怖活动组织”的心理要件。② 可见,一方面,为恐怖活动组织提供人道主义帮助的行为有可能构成犯罪,因此,帮助人是否具备犯罪的心理要件至关重要。如果帮助人或资助人的目的是帮助恐怖活动组织开展恐怖袭击以恐吓民众,那么构成帮助恐怖活动组织罪或资助恐怖活动组织罪。如果帮助人或资助人是出于人道主义援助或和平解决地区冲突的目的,那么不应构成帮助恐怖活动组织罪或资助恐怖活动组织罪。另一方面,国家打击恐怖主义的措施可能影响个人或组织开展人道主义援助。

实际上,各国打击资助恐怖主义犯罪的措施不能阻碍公正且独立的组织提供人道主义援助,这些援助应至少包括以下方面:第一,满足个人基本需求所需资金、食品、医疗援助及其他不违反联合国安理会 1267 委员会的规定的措施。当资金仅用于满足最低的生活及医疗需求时,对资金的审查程序应尽可能简化。第二,金融机构也应制定例外条款,对反恐怖主义条款的遵守不应影响对国际人道法的遵守。第三,对于受到恐怖主义犯罪影响的儿童,应尽力确保

---

① Ben Saul, Dapo Akande ed., *The Oxford Guide to International Humanitarian Law*, Oxford University Press, 2020, p. 420.

② *Holder v. Humanitarian Law Project*, No. 08 – 1498, Supreme Court of the United States, 561 U. S. 1, 2010.

其不与监护人分离,并采取最有利于儿童的一切措施。[①]

(三)制止资助恐怖主义的义务与保障人权义务的关系

打击资助恐怖主义犯罪的措施可能和保障人权相冲突。[②] 例如,国家对资助恐怖主义行为采取数字监控的措施可能没有经过司法监督,因此侵犯个人的财产权或隐私权。此外,打击资助恐怖主义犯罪的措施可能影响到善意第三人的权利,打击资助恐怖主义犯罪的同时应尊重人权。

《制止资恐公约》、联合国安理会决议、联合国大会的相关决议均指出,打击资助恐怖主义行为应以尊重人权为前提[③],应确保资助恐怖主义犯罪的犯罪嫌疑人受到公平的待遇,有被红十字国际委员会前往探视的权利,以及享有国际法、国际人权法规定的一切保障。FATF 对于反洗钱和反资助恐怖主义建议的第 6 条的解释性说明指出,在打击资助恐怖主义犯罪的同时,各国还必须尊重人权、尊重法治并保障善意第三人的权利。[④]

个人的权利分为两类:一类是《公民权利和政治权利国际公

---

① 《联合国安理会辩论期间的讲话:恐怖行动对国际和平与安全所造成的威胁:通过第 1373 号决议(2001 年)20 年后打击恐怖主义的国际合作》,载红十字国际委员会网 2021 年 1 月 12 日,https://www.icrc.org/zh/document/counter - terrorism - measures - must - not - restrict - impartial - humanitarian - organizations。

② 《制止资恐公约》第 9 条和第 17 条规定资助恐怖主义犯罪的犯罪嫌疑人应享有的权利,如受到公平的待遇,享有被红十字国际委员会前往探视的权利,或有被国籍国代表探视的权利,及享有国际法、国际人权法、与国际人道法规定的一切保障。

③ 《制止资恐公约》第 17 条。联合国安理会第 1373 号决议,2001 年 9 月 28 日安理会第 4385 次会议通过,S/RES/1373(2001),2001 年 11 月 28 日,第 3(f)段。联合国大会决议 60/288,联合国全球反恐战略,A/RES/60/288,2006 年 9 月 20 日,第 9 页。

④ *International Standards on Combating Money Laundering and the Financing of Terrorism & Proliferation*, FATF, Paris, France, 2012 - 2022, www.fatf - gafi.org/recommendations.html, interpretive note to Recommendation 5, p. 43.

约》[①]第 4 条第 2 款规定的不得克减的权利,包括“生命权、反酷刑义务、禁止奴隶制度”等八项权利。[②] 国家打击资助恐怖主义犯罪的措施不能与《公民权利和政治权利国际公约》第 4 条第 2 款规定的权利冲突,这类权利不得克减,在何种情况下均不得受到限制。另一类是《公民权利和政治权利国际公约》第 4 条第 1 款规定的情况,经过一国宣布,在社会紧急状态下,国家打击犯罪的措施可以限制某些不属于不得克减的权利,例如言论自由、结社自由、集会自由,但对此类权利和自由的限制必须符合国际法与国内法的实质性和程序性要求。实质性要求是指国家打击资助恐怖主义犯罪的措施需要有法律的明确规定,并指明允许采取限制性措施的情形及采取了限制性措施后的救济。程序性要求是指国家采取的措施应符合比例原则,即采用必要且限制最少的措施,尽可能少地限制个人权利。同时,采取的措施应该是非歧视性的,不能出于种族、民族、宗教等原因对个人权利加以限制。

有的案例反映了一国打击资助恐怖主义犯罪的措施与保障人权的平衡。例如,在美国联邦第九巡回上诉法院审理的哈拉曼伊斯兰基金会(以下简称 AHIF－俄勒冈)案中,AHIF－俄勒冈是在美国俄勒冈州注册的非营利组织,其既定目的是促进对伊斯兰教的了解。美国政府怀疑 AHIF－俄勒冈支持恐怖主义,2004 年,美国财政部下属的外国资产控制办公室冻结了 AHIF－俄勒冈的资产,并根据行政命令第 13224 号将 AHIF－俄勒冈列名为“指定的全球恐怖分子”,外国资产控制办公室还提供了 1999 年发生的两起事件的非机

① 中国签署了《公民权利和政治权利国际公约》,但尚未批准。

② 《公民权利和政治权利国际公约》第 4 条第 2 款规定的不得克减的权利包括“生命权、反酷刑义务、禁止奴隶制度、人身安全及自由、法律上的人格权、定罪量刑、良心与宗教信仰自由”。汪阳:《紧急状态下国家克减权的运行与公民权利保护》,载《法大研究生》2020 年第 2 期。

密记录，包括：AHIF－俄勒冈向 AHIF－Albania 提供直接资金支持，唆使实施了发生于科索沃的恐怖主义行为；AHIF－俄勒冈向 AHIF－Saudi Arabia 提供了大笔捐款，唆使实施了发生于车臣的恐怖主义行为。尽管 AHIF－俄勒冈声称转移资金的目的不是用来实施恐怖主义行为，但承认转移资金的基本事实。美国联邦第九巡回上诉法院指出，外国资产控制办公室未充分通知被告、未对被告提供司法救济，也未通过披露非机密信息来减少机密信息的使用，违反了美国宪法第五修正案规定的正当程序权。外国资产控制办公室在未获得搜查令的情况下冻结了 AHIF－俄勒冈的资产，违反了美国宪法第四修正案规定的免于不合理扣押的权利。据此，要求地区法院优先考虑 AHIF－俄勒冈可能获得的补救措施。①

可见，各国为打击资助恐怖主义行为进行的限制不应凌驾于其他国际义务之上。对于不属于不可克减的权利，国家可以进行一定限制，但是仍需要满足合法性、比例性和非歧视性。

第二节　国家违反制止资助恐怖主义犯罪义务的责任

一、关于国家责任

国家责任是指“一国对其国际不法行为的责任”②，国际不法行为是引起国家责任的原因。国际不法行为的构成要素包括客观要

① See *Al Haramain Islamic Foundation, Inc. v. US Department of Treasury* United States Courts of Appeals for the Ninth Circuit, No. 10－35032, 23 September 2011 available at https://cdn.ca9.uscourts.gov/datastore/opinions/2011/09/23/10－35032.pdf, accessed on 1 November 2022.

② 马呈元：《国际犯罪与责任》，中国政法大学出版社 2001 年版，第 323 页。

素与主观要素。客观要素是指国家从事的某一"行为违背了该国的国际义务"①。国际义务既可源于国际公约的规定,又可源于习惯国际法的规定。主观要素是指根据归责原则,"某一行为按照国际法的规定可以归因于该国"②。主观要素与客观要素缺一不可。

(一)客观要素

《国家对国际不法行为的责任条款草案》(以下简称《责任草案》)第12条是对一国违背国际义务的规定。③ 一国应该为自身违反国家根据国际条约和国际习惯承担的国际法义务承担责任。国际不法行为是引起国家责任的原因,其方式包括作为与不作为,包括一国的行为对其他国家或其他国家中的个人或实体造成损害,违背了其国际义务,包括纵容或怂恿个人或实体从事不法行为导致损害发生,还包括未对从事不法行为的个人或实体予以制止、惩戒或未对此采取补救措施。④

如果缔约国违反了《制止资恐公约》的强制性规定,则构成对国际法义务的违反。《制止资恐公约》规定缔约国有防止和制止个人或组织从事资助恐怖主义犯罪的义务,如果个人或组织违反了国际法规定的义务,缔约国采取纵容的态度未加以制止,或对个人或组织从事的资助恐怖主义犯罪未加以惩罚,那么缔约国应承担责任。《制止资恐公约》规定了缔约国有进行国际合作的义务,包括"或引渡或起诉",司法协助,资金的识别、侦查、冻结、扣押和没收,金融领域合作的义务,当一国未履行上述国际合作的义务,则与公约的规

① 马呈元:《国际犯罪与责任》,中国政法大学出版社2001年版,第325页。

② 马呈元:《国际犯罪与责任》,中国政法大学出版社2001年版,第325页。

③ 《责任草案》第12条规定:"一国的行为如不符合国际义务对它的要求,即为违背国际义务,而不论该义务的起源或特性为何。"

④ 参见周忠海主编:《国际法》(第2版),中国政法大学出版社2013年版,第136页。

定不符,也应承担相应的责任。

（二）主观要素

由于国家是抽象的实体,只能由代表国家职能的、经授权的、事实上代表国家的个人或实体代国家从事各类行为。国际不法行为的主观要素是指行为的可归因性,即个人或实体从事的国际不法行为按照国际公认的原则应归因于国家的,国家应承担责任。国家责任与个人应承担的责任互不影响。① 对于不能归因于国家的行为,应由组织或个人自行承担责任。

行为可归因于特定国家而构成国家行为包括以下几种情况:

一是《责任草案》第4条、第5条、第7条规定的国家机关的行为属于国家行为。《责任草案》第4条规定,国家机关的行为,包括国家元首、政府首脑、外交代表、政府官员的职务行为,国家立法、行政或司法机关行使政府权力的行为,均构成国家行为。第5条则是第4条的延伸,不属于国家机关的个人或实体实施了经一国法律授权行使政府权力要素的行为当属于国家行为。根据《责任草案》第7条规定,国家机关的行为或经法律授权行使政府权力要素的个人或实体从事的越权行为也应被视为国家行为。

二是《责任草案》第8条规定事实上按照国家的指示或在其指挥或控制下行事的个人行为属于国家行为。国家指示、指挥或控制了一人或多人,一人或多人实际上代表国家行事,因此一人或多人的行为应归因于国家。关于与国家没有正式联系的个人或团体所实施的不法行为是否能归因于国家,其关键问题在于将行为归因于国家的标准,以及国家是否在事实上控制该个人或团体。在国家和个人或团体之间没有法律关系的情况下,将行为归因于国家的标准

① 《罗马规约》第25条第4款规定:"本规约关于个人刑事责任的任何规定,不影响国家依照国际法所负的责任。"

包括有效控制标准和全面控制标准。

国际法院在1986年针对尼加拉瓜的军事与准军事活动案中指出“个人、团体或实体以完全依赖国家的方式行事,个人、团体最终只是其工具”①。国际法院在2007年波黑诉塞黑案中指出有效控制标准是《责任草案》第8条下归因的唯一依据,②法院在审理塞族军队是否受到南斯拉夫联盟共和国的指挥或控制时采用了有效控制标准。法院指出,在这种情况下,则不应仅将法律框架下的个人行为视为国家行为,而是看个人与国家的实际关系,如果个人与国家联系十分紧密,那么就不能以法律上不具有国家机关的身份而逃避国家责任。③ 有效控制标准的设立目的在于追究国家责任。

前南刑庭上诉分庭在塔迪奇案中提出了全面控制标准,用于判断参与国内冲突的武装部队是否实际上代表外国作战,即使他们不被视为外国的国家机关。④ 全面控制标准是为了追究个人责任,是用来判断武装冲突是否具有国际性质的标准。

三是《责任草案》第5条规定的实施政府权力或由国家指挥或控制的实体的行为属于国家行为。实施政府权力的实体包括两种。一种是经授权行使政府权力、不属于国家机关的实体从事的行为,这是由《责任草案》第5条规定的情况,相关实体的行为实际上履行

---

① *Military and Paramilitary Activities in and against Nicaragua*(Nicaragua *v.* United States of America),Merits,Judgment of 27 June 1986,p. 62 -63.

② See *Application of the Convention on the Prevention and Punishment of the Crime of Genocide*(Bosnia and Herzegovina *v.* Serbia and Montenegro),Judgment of 26 February 2007,p. 43,208 -209.

③ See *Application of the Convention on the Prevention and Punishment of the Crime of Genocide*(Bosnia and Herzegovina *v.* Serbia and Montenegro),Judgment of 26 February 2007,p. 205.

④ See *Prosecutor v. Dusko Tadic*,IT -94 -1 -A,Appeal Chamber Judgment of 15 July 1999,paras. 63,98.

了国家的功能，因此，其行为能够归因于国家。另一种是虽然国家没有明确的授权，但是国家指示或在其指挥或控制下的一人或一群人从事的行为也属于特定国家的行为，这被规定在《责任草案》第8条。

四是《责任草案》第9条、第10条规定的两种较为特殊的可归因于国家的行为。第9条是指在官方当局不存在或缺席的情况下，个人或一群人介入履行国家职能的情况。第10条指一国新政府的叛乱运动的行为应被视为新政府或新国家的行为的情形。

（三）国际法院乌克兰诉俄罗斯违反《制止资恐公约》和《消除种族歧视公约》案中对于可归因性的讨论

2017年，乌克兰指出俄罗斯向乌克兰东部地区的恐怖活动组织提供资助的行为和在克里米亚地区实施种族歧视的行为，违反了《制止资恐公约》和《消除种族歧视公约》，因此，在国际法院提起诉讼。乌克兰指出俄罗斯混淆了国家作为主体资助恐怖主义的责任与《制止资恐公约》第18条规定的国家防止和制止资助恐怖主义的责任。《制止资恐公约》第2条第1款规定的"任何人"应遵照文本解释，包括国家机关工作人员及无官方身份的个人，否则《制止资恐公约》的规定在逻辑上自相矛盾。如果《制止资恐公约》要求国家防止和制止资助恐怖主义的行为人，就应该禁止国家工作人员的资助行为。[①] 乌克兰还称，俄罗斯未能采取适当措施防止俄罗斯领土上的具有官方身份的个人和不具有官方身份的个人在乌克兰资助恐怖主义，并一再拒绝调查、起诉或引渡乌克兰提请俄罗斯注意的在其领土

---

① See *Application of the International Convention for the Suppression of the Financing of Terrorism and of the International Convention on the Elimination of All Forms of Racial Discrimination*(Ukraine *v*. Russian Federation), Preliminary Objections, ICJ Judgment of 8 November 2019, para. 53.

内的犯罪行为人。①

俄罗斯指出,《制止资恐公约》第 2 条第 1 款中的"任何人"应指除国家机关工作人员的个人,否则根据《责任草案》必然导致国家责任,而《制止资恐公约》并未涉及国家责任。②

2019 年,国际法院对俄罗斯提出的初步反对意见作出判决,在判决书的第 61 段,国际法院首先明确《制止资恐公约》第 2 条第 1 款中"任何人"的含义:这里的"任何人"包含所有人,既包括代表国家行事的人、国家机关工作人员,也包括不具备国家机关身份或未经授权的个人。但是由于《制止资恐公约》并没有规定国家作为主体不从事资助恐怖主义的义务,因此,"国家机关工作人员实施《制止资恐公约》第 2 条规定的犯罪本身并不引起有关国家根据《制止资恐公约》承担国家责任"③。实际上,国际法院并未将国家机关工作人员排除在《制止资恐公约》第 2 条第 1 款规定的"任何人"的范围外,而是首先确定《制止资恐公约》的"任何人",按照文义解释包含所有人。接下来,国际法院指出,由于国家资助恐怖主义的行为被

---

① See *Application of the International Convention for the Suppression of the Financing of Terrorism and of the International Convention on the Elimination of All Forms of Racial Discrimination*(Ukraine *v*. Russian Federation), Preliminary Objections, ICJ Judgment of 8 November 2019.

② See *Application of the International Convention for the Suppression of the Financing of Terrorism and of the International Convention on the Elimination of All Forms of Racial Discrimination*(Ukraine *v*. Russian Federation), Preliminary Objections, ICJ Judgment of 8 November 2019, para. 44.

③ *Application of the International Convention for the Suppression of the Financing of Terrorism and of the International Convention on the Elimination of All Forms of Racial Discrimination*(Ukraine *v*. Russian Federation), Preliminary Objections, ICJ Judgment of 8 November 2019, para. 61: "As the Court noted(see paragraph 59 above), State financing of acts of terrorism is outside the scope of the ICSFT; therefore, the commission by a State official of an offence described in Article 2 does not in itself engage the responsibility of the State concerned under the Convention."

明确排除在《制止资恐公约》范围外，因此，国家机关工作人员的资助恐怖主义行为并不直接导致国家责任的承担。同《罗马规约》第25条第4款规定相同，即对个人刑事责任的确立，不影响国家责任的承担。但是，这并不是说国家机关工作人员从事的资助恐怖主义的行为不会受到惩罚。由于《制止资恐公约》规定每一缔约国均应承担防止和制止资助恐怖主义犯罪的义务，当国家机关工作人员从事了资助恐怖主义行为，而国家并未履行防止和制止的义务，那么国家应承担《制止资恐公约》下的责任。①

法官鲁宾逊在其声明中指出，国际法院需要真正解决的问题是《制止资恐公约》第2条第1款中"任何人"的真正含义，因为对"任何人"的解释会影响对可归因于国家责任的国家机关这个一般规则的解释，而国际法院在其判决第61段给出一个值得怀疑的结论："国家机关工作人员从事的《制止资恐公约》第2条范围内的犯罪并不导致《制止资恐公约》下的国家责任的产生。"国际法院在解释时似乎本末倒置。国际法院的做法是：先得出《制止资恐公约》不适用于国家从事的资助恐怖主义行为的结论，再根据文本解释将"任何人"解释为包含所有人，包括国家机关工作人员及不代表国家机关行事的个人。②

综上所述，自然人或组织实施的可以归因于国家的资助恐怖主义犯罪，并不会直接导致国家在《制止资恐公约》下承担国家责任，

---

① See *Application of the International Convention for the Suppression of the Financing of Terrorism and of the International Convention on the Elimination of All Forms of Racial Discrimination* (Ukraine *v.* Russian Federation), Preliminary Objections, Judgment of 8 November 2019, paras. 39 – 64.

② See *Application of the International Convention for the Suppression of the Financing of Terrorism and of the International Convention on the Elimination of All Forms of Racial Discrimination* (Ukraine *v.* Russian Federation), Preliminary Objections, Judgment of 8 November 2019, Declaration of Judge Robinson.

国家责任与个人责任的承担互不影响。《制止资恐公约》的缔约国有防止和制止个人或组织实施或参与资助恐怖主义犯罪的义务,对于该义务的违反应承担国家责任。

二、国家违反制止资助恐怖主义犯罪义务的法律后果

国家违反国际义务的责任并不是国内法所指的刑事责任,国家违反国际义务的法律后果是责任国需对其造成的物质损害或精神损害进行赔偿(reparation)。赔偿可以任何方式进行,例如,“恢复原状、赔款、道歉、保证履约等”①,赔款(compensation)是狭义的赔偿,指使用“支付货币的方式提供赔偿”②。国家违反制止资助恐怖主义犯罪的义务的法律后果是切实履行公约义务、不重复不法行为(non - repetition),并对造成的损害进行赔款。

(一)切实履行防止和制止义务

根据《维也纳条约法公约》第26条规定的条约必须遵守原则,如果一国实施了违反公约义务的行为,或以不作为的方式违反了公约规定的义务,那么则是对条约必须遵守原则的违反。违反条约规定的义务并不会直接导致条约对责任国无效,国家应善意履行条约义务。

《制止资恐公约》规定缔约国有防止和制止个人或组织实施或协助实施资助恐怖主义犯罪的义务,一国未履行上述义务,则应承担相应的国家责任。为有效打击资助恐怖主义犯罪,“消除其不法行为造成的损害后果”,责任国应积极地采取措施以切实履行条约

---

① 周忠海主编:《国际法》(第2版),中国政法大学出版社2013年版,第142页。

② 马呈元:《国际犯罪与责任》,中国政法大学出版社2001年版,第332页。

义务。[①] 当国家违反预防和制止资助恐怖主义犯罪的义务，国家可以通过将资助恐怖主义犯罪规定为国内法中的犯罪、制止个人或组织实施与从事资助恐怖主义犯罪、对实施与从事资助恐怖主义犯罪的个人或组织加以惩罚等方式履行公约义务。通过履行公约义务，可以降低或消除国家从事国际不法行为所造成的影响。

（二）不重复不法行为

《责任草案》第30条第2款规定如果情况需要，国家有义务提供不重复不法行为的适当保证。受害国出于集体利益考虑，可以要求责任国保证不重复不法行为，是否需要保证不再重复则取决于实际情况。例如，在国际法院的2001年的拉格朗案中，美国承认未将应享有的权利通知两名被捕的德国国民，但美国指出，法院无权下令要求美国保证不重复不法行为。国际法院反对并指出："德国所称违反公约的适当救济的争端是因公约解释或适用而产生的争端，属于法院管辖范围。"[②]关于德国要求美国保证不重复不法行为，法院表示：虽然美国已就此违规行为向德国道歉，但"在本案中仅道歉是不够的，因为在其他情况下"，如被捕的外国国民没有被告知享有的权利，该国民可能"会被长期拘留或被处以严厉的刑罚"。最后法院指出："美国承诺确保履行第36条第1款b项下的义务且采取具体措施，被视为满足了德国关于保证不重复不法行为的要求。"[③]在资助恐怖主义犯罪中，在某一缔约国境内实施的资助恐怖主义犯罪，可能实际导致在另一缔约国发生恐怖主义袭击的犯罪结果，因

① 马呈元：《国际犯罪与责任》，中国政法大学出版社2001年版，第335－336页。

② *LaGrand Case*（Germany *v.* United States of America），Judgment of 27 June 2001，p. 485.

③ *LaGrand Case*（Germany *v.* United States of America），Judgment of 27 June 2001，p. 512－514.

此,在必要情况下,受害国也可以要求责任国保证不重复不法行为,以防止个人或组织实施或协助实施资助恐怖主义犯罪。

(三)对造成的损害进行赔款

国家应对自身违反国际义务的行为进行赔款。按照《制止资恐公约》的规定,国家对未履行预防和制止个人或组织实施资助恐怖主义犯罪的义务承担责任,而公约没有规定国家作为主体实施资助恐怖主义行为的责任,因此,本部分论述的赔款是针对国家未履行预防和制止个人或组织实施资助恐怖主义犯罪的义务而承担的赔款责任。

赔款是指使用"支付货币的方式提供赔偿"。[①] 对于赔款的限度并无统一标准,赔款可以是补充性的,即赔款以受到的实际损害为限,在此限度内对受害国予以补偿。赔款也可是惩罚性的,即赔款不仅包括所有实际损害,还包括惩罚性赔款。实施不法行为的国家不得以任何理由对不法行为拒绝赔偿,包括依国内法的规定或国内程序法困难等。当然,赔款只是针对受害国的,对于受害国以外的国家提起的诉讼,受害国以外的国家只能要求实施不法行为的国家对受害国提供赔款。实践中,在洛克比空难案中,美国泛美航空公司第 103 航班的一架客机在苏格兰的洛克比上空坠毁,经调查发现系两名利比亚国民导致客机爆炸并坠毁。由于利比亚拒绝移交两名犯罪嫌疑人,因此,联合国安理会通过三项决议,要求利比亚交出犯罪嫌疑人,否则将面临一系列制裁措施。最终,利比亚同意将犯罪嫌疑人移交至荷兰海牙,依照苏格兰法律对犯罪嫌疑人进行审判,同时,利比亚同意对空难遇害人的家属赔偿 27 亿美元。[②] 当然,

① 马呈元:《国际犯罪与责任》,中国政法大学出版社 2001 年版,第 332 页。

② 参见马呈元、张力编著:《国际法案例研习》,中国政法大学出版社 2014 年版,第 118 - 119 页。

本部分所指赔款仅包括国家违反条约义务而进行的赔款，而不包括国家因违反习惯国际法规定的义务而进行的赔款。

另外，赔款不应以对在另一国境内的该国财产执行强制措施的方式进行。2022 年 11 月 30 日，欧盟委员会主席冯德莱恩发表声明指出，俄罗斯应为其对乌克兰采取的国际不法行为承担责任，并提出俄罗斯应为其实施的犯罪行为造成的损害进行赔偿，俄罗斯共需支付乌克兰约 6000 亿欧元。因此，欧盟冻结了俄罗斯中央银行储备金 3000 亿欧元，冻结了俄罗斯寡头 190 亿欧元资金，并用此资金及其投资获利来对乌克兰进行赔偿。[①] 在外国领土上对一国财产采取强制措施的情形并不少见。在国家的管辖豁免案中，国际法院回答了对于德国武装部队和其他机关的行为，意大利法院是否有义务给予德国豁免，以及对意大利领土上的德国财产维戈尼别墅的法定土地负担的契据采取限制措施是否违反德国的管辖豁免的问题。国际法院指出，即使法院地国已作出另一国不享有管辖豁免的判决，法院地国也不能对法院地国内的另一国财产执行强制措施，[②]甚至于当另一国放弃在法院地国的豁免，也不直接构成另一国对其财产放弃了执行豁免。[③] 也就是说，不论一国是否在另一国享有管辖豁免，也不应对位于外国领土的其他国家的财产采取强制执行措施。国际法院指出，对外国财产执行限制性措施应至少满足："（1）一国明确同意对其采取限制措施；（2）一国已将该财产用于满足诉讼请

① See Statement by President Von Der Leyen on Russian Accountability and the Use of Russian Frozen Assets, European Commission, Brussels, 30 November 2022.

② See *Jurisdictional Immunities of the State*, Germany *v.* Italy: Greece Intervening, Judgment of 3 February 2012, para. 113.

③ See *Jurisdictional Immunities of the State*, Germany *v.* Italy: Greece Intervening, Judgment of 3 February 2012, para. 113.

求；(3)执行的财产所涉活动不得是为了非商业性质的政府目的。”[①] 结合欧盟对俄罗斯采取的措施，由于俄罗斯并未明示同意采取上述措施，也并未指明将财产用于偿还因国际犯罪而造成的损害，并且该资金是非商业性质的政府资金，因此，上述三个条件都未满足，可以说，对外国领土上的俄罗斯财产采取强制措施违背了对俄罗斯的豁免义务。

---

① *Jurisdictional Immunities of the State*, Germany *v.* Italy: Greece Intervening, Judgment of 3 February 2012, para. 116.

第五章　中国与制止资助恐怖主义犯罪

恐怖主义威胁全球的和平与安全，同样危害中国的利益。资助恐怖主义是恐怖主义生存、发展、壮大的来源与根基，因此，断其资金来源是打击恐怖主义犯罪的最有力方式之一。我国于 2006 年 2 月 28 日批准《制止资恐公约》，批准公约符合我国与国际社会共同打击恐怖主义的目标要求，而批准《制止资恐公约》也意味着我国需要履行公约规定的义务，本章将分析我国打击资助恐怖主义犯罪所采取的立法、执法、司法、金融监管和国际合作措施，并试图提出一些完善意见。

第一节　中国制止资助恐怖主义犯罪的制度体系

一、中国参加的制止资助恐怖主义犯罪的国际条约

（一）《制止资恐公约》

我国于 2006 年 2 月 28 日批准了《制止资恐公

约》,批准公约反映出我国坚决打击资助恐怖主义犯罪的决心。制止对恐怖主义提供资助作为打击恐怖主义犯罪的一个重要组成部分,旨在切断从事恐怖主义行为的资金来源,从根本上制止恐怖主义犯罪。我国已经构建了较为完善的制止资助恐怖主义犯罪的法律制度、组织机构、国际合作的战略框架,我国打击一切形式的恐怖主义与资助恐怖主义犯罪的立场是明确且坚定的。我国批准《制止资恐公约》时进行了保留,保留内容包括 3 项:(1)对《制止资恐公约》第 24 条第 1 款的争端解决条款进行了保留;(2)《制止资恐公约》第 7 条第 2 款的规定不对我国香港特别行政区适用;(3)3 项条约不对我国澳门特别行政区适用。①

(二)《联合国反腐败公约》

2006 年 1 月 13 日,我国正式成为《联合国反腐败公约》的缔约国。当腐败所得资金用于实施或协助实施资助恐怖主义犯罪时,《联合国反腐败公约》对于预防与打击资助恐怖主义犯罪也有积极意义。《联合国反腐败公约》规定了一系列措施打击腐败,例如:加强对敏感交易信息进行筛查;督促国家机关之间以及国家机关与私营部门间的合作;加强对金融机构的管理与监督以预防转移犯罪资产;通过资料收集与共享、增强技术援助、追缴或没收非法资产来加强国际合作。上述打击腐败的措施,均有助于预防、识别和打击资助恐怖主义行为,因此,批准《联合国反腐败公约》对于我国打击腐败与资助恐怖主义犯罪均具有重要意义。

(三)《联合国打击跨国有组织犯罪公约》

2003 年 8 月 27 日,我国批准了《联合国打击跨国有组织犯罪公

---

① 这 3 项条约包括 1980 年 3 月 3 日在维也纳通过的《核材料实物保护公约》、1988 年 3 月 10 日在罗马签署的《制止危害航海安全的非法行为公约》、1988 年 3 月 10 日在罗马签署的《制止危及大陆架固定平台安全非法行为议定书》。

约》。前文已述,一方面,资助恐怖主义犯罪可能是有组织进行的,可能会被认为构成有组织犯罪;另一方面,有组织犯罪集团可能故意为恐怖主义直接或间接地提供或募集经济或物质利益,有组织犯罪集团的资助行为可能构成资助恐怖主义犯罪。建立对金融机构的监管制度、建立金融情报机构的信息收集与传播体系、执行扣押和没收犯罪所得财产和工具等预防与打击跨国有组织犯罪的措施,有助于加强对资助恐怖主义犯罪的预防与打击。

(四)《打击恐怖主义、分裂主义和极端主义上海公约》

1996年,为加强区域合作,中国、俄罗斯等五国元首在上海会晤,又被称为"上海五国"[①]的首次会晤;1998年,"上海五国"首脑的第三次会晤明确了共同打击国际恐怖主义的决心;2000年,"上海五国"首脑在杜尚别会晤后发布了联合公报。上述会晤与公报均为在上海签订《打击恐怖主义、分裂主义和极端主义上海公约》奠定了基础。[②]

2001年上海合作组织(the Shanghai Cooperation Organization, SCO)成员国元首签订了《打击恐怖主义、分裂主义和极端主义上海公约》。该公约第1条指出附件中被定义为犯罪的行为是该公约规定的恐怖主义犯罪行为,该公约的附件十为《制止资恐公约》,因此将《制止资恐公约》规定的行为纳入了《打击恐怖主义、分裂主义和极端主义上海公约》的管辖范围。《打击恐怖主义、分裂主义和极端主义上海公约》要求各成员国在预防、查明、惩治资助恐怖主义犯罪,交换与资助恐怖主义犯罪相关情报等方面进行国际合作。该公约是上海合作组织的成员国打击恐怖主义和资助恐怖主义犯罪重

① "上海五国"包括中国、俄罗斯、哈萨克斯坦、吉尔吉斯斯坦、塔吉克斯坦。

② 参见周天舸:《上海合作组织地区反恐合作机制运行研究》,上海社会科学院2020年硕士学位论文,第8-16页。

要的法律依据之一。

我国在《打击恐怖主义、分裂主义和极端主义上海公约》的制定和执行中发挥重要作用，在建立上海合作组织时我国提倡的"上海精神"也成为该公约的思想指引。"上海精神"是促进地区和国际和平与稳定的精神，也是谋求共同合作和发展的精神，"上海精神"不仅汇总了上海合作组织成员国之间合作共赢的成功经验，还确立了上海合作组织发展的核心思想，①为打击恐怖主义与资助恐怖主义犯罪提供坚实的合作基础。

二、中国制止资助恐怖主义犯罪的国内法体系

在打击资助恐怖主义犯罪的立法方面，我国国内的法律依据是：《刑法》第120条之一对帮助恐怖活动罪的规定；《刑法修正案（三）》《刑法修正案（六）》《刑法修正案（九）》对洗钱罪，掩饰隐瞒犯罪所得、犯罪所得收益罪，帮助恐怖活动罪的规定；2015年颁布、2018年修正的《反恐怖主义法》；最高人民法院发布的司法解释；中国人民银行和其他金融监管机构制定的管理办法；等等。

（一）《刑法》和刑法修正案的规定

《刑法》第二编第二章"危害公共安全罪"中，第120条之一规定了资助恐怖活动组织、实施恐怖活动的个人或恐怖活动培训的行为构成犯罪。② 按照传统共犯理论，帮助的行为构成从犯，但是由于我

---

① 参见钱彤、金学耕、陆斌：《上海合作组织元首会议在沪举行》，载《人民日报》2001年6月16日，第1版。

② 《刑法》第120条之一规定："资助恐怖活动组织、实施恐怖活动的个人的，或者资助恐怖活动培训的，处五年以下有期徒刑、拘役、管制或者剥夺政治权利，并处罚金；情节严重的，处五年以上有期徒刑，并处罚金或者没收财产。为恐怖活动组织、实施恐怖活动或者恐怖活动培训招募、运送人员的，依照前款的规定处罚。单位犯前两款罪的，对单位判处罚金，并对其直接负责的主管人员和其他直接责任人员，依照第一款的规定处罚。"

国对于帮助恐怖活动罪予以单独规定,使得帮助行为正犯化,帮助恐怖活动罪单独成罪。[①]

2009年,最高人民法院《关于审理洗钱等刑事案件具体应用法律若干问题的解释》指出,资助恐怖活动罪不以恐怖主义犯罪结果的发生为定罪前提,并且资助的方式不以募集或提供资金为限,提供物资、武器、场所等均包含在资助的范围内。[②]

为执行联合国安理会第1373号决议和1999年《制止资恐公约》,2001年12月29日第九届全国人大常委会第二十五次会议通过的《刑法修正案(三)》[③]和2015年8月29日第十二届全国人大常委会第十六次会议通过的《刑法修正案(九)》[④]分别对刑法第120条之一的帮助恐怖活动罪进行了规定。《刑法修正案(六)》修改了《刑法》第191条第1款关于洗钱罪的相关规定,其中也有涉及资助

① 参见阮传胜:《恐怖主义犯罪研究》,北京大学出版社2007年版,第87页。

② 资助包括筹集资金和提供资金两种具体行为,单纯的筹集资金行为,同样应以资助恐怖活动罪定罪处罚;资助的方式不以金钱为限,为恐怖活动组织或者实施恐怖活动的个人筹集、提供经费、物资或者提供场所以及其他物质便利的行为,均属于资助行为;资助恐怖活动罪的成立不以被资助的人具体实施恐怖活动为条件,预谋实施、准备实施和实际实施恐怖活动的个人,均属于《刑法》第120条之一规定的"实施恐怖活动的个人"。

③ 《刑法修正案(三)》规定:"刑法第一百二十条后增加一条,作为第一百二十条之一:'资助恐怖活动组织或者实施恐怖活动的个人的,处五年以下有期徒刑、拘役、管制或者剥夺政治权利,并处罚金;情节严重的,处五年以上有期徒刑,并处罚金或者没收财产。单位犯前款罪的,对单位判处罚金,并对其直接负责的主管人员和其他直接责任人员,依照前款的规定处罚。'"

④ 《刑法修正案(九)》规定:"将刑法第一百二十条之一修改为:'资助恐怖活动组织、实施恐怖活动的个人的,或者资助恐怖活动培训的,处五年以下有期徒刑、拘役、管制或者剥夺政治权利,并处罚金;情节严重的,处五年以上有期徒刑,并处罚金或者没收财产。为恐怖活动组织、实施恐怖活动或者恐怖活动培训招募、运送人员的,依照前款的规定处罚。单位犯前两款罪的,对单位判处罚金,并对其直接负责的主管人员和其他直接责任人员,依照第一款的规定处罚。'"

恐怖主义犯罪的相关问题。[①]

(二)《反恐怖主义法》

2015年通过、2018年修正的《反恐怖主义法》对资助恐怖活动的监管、调查、相关资金冻结和国际合作进行了规定。该法第24条规定,国务院反洗钱行政主管部门可以对资助恐怖主义行为进行监管、调查并冻结资产,国务院其他有关部门和机构可以对金融或非金融机构履行制止资助恐怖主义的措施进行监管。[②] 我国的国务院反洗钱行政主管部门是中国人民银行。[③] 金融机构和特定非金融机构还需履行对我国相关机构公布的名单上的个人或组织的资产进行冻结并按照规定进行报告的义务,如未履行上述义务,可能对金融机构和特定非金融机构进行罚款,并对相关负责人进行罚款,情

---

① 《刑法修正案(六)》规定:"将刑法第一百九十一条第一款修改为:'明知是毒品犯罪、黑社会性质的组织犯罪、恐怖活动犯罪、走私犯罪、贪污贿赂犯罪、破坏金融管理秩序犯罪、金融诈骗犯罪的所得及其产生的收益,为掩饰、隐瞒其来源和性质,有下列行为之一的,没收实施以上犯罪的所得及其产生的收益,处五年以下有期徒刑或者拘役,并处或者单处洗钱数额百分之五以上百分之二十以下罚金;情节严重的,处五年以上十年以下有期徒刑,并处洗钱数额百分之五以上百分之二十以下罚金:(一)提供资金账户的;(二)协助将财产转换为现金、金融票据、有价证券的;(三)通过转帐或者其他结算方式协助资金转移的;(四)协助将资金汇往境外的;(五)以其他方法掩饰、隐瞒犯罪所得及其收益的来源和性质的。'"

② 《反恐怖主义法》第24条规定:"国务院反洗钱行政主管部门、国务院有关部门、机构依法对金融机构和特定非金融机构履行反恐怖主义融资义务的情况进行监督管理。国务院反洗钱行政主管部门发现涉嫌恐怖主义融资的,可以依法进行调查,采取临时冻结措施。"

③ 《中国人民银行是国务院反洗钱行政主管部门》,载中央人民政府网2007年7月26日,http://www.gov.cn/zxft/ft39/content_697682.htm。

节严重时还可能对相关负责人处以 5 日以上至 15 日以下的拘留。[①]

（三）国务院、最高人民检察院、最高人民法院和公安部发布的文件

国务院办公厅于 2017 年发布《关于完善反洗钱、反恐怖融资、反逃税监管体制机制的意见》规定，通过在国内建立反洗钱和反恐怖融资主义方面的风险评估体系，健全数据信息共享机制，加强各部门的合作和对资助恐怖主义犯罪的监管。该意见第三部分第 10 点规定应完善相关立法，并按照国际公约的要求，将资助恐怖主义犯罪纳入洗钱罪的上游犯罪。第 11 点要求国内各部门执行联合国安理会关于打击资助恐怖主义的决议，应冻结联合国安理会第 1267 号决议公布的制裁综合清单中列明的实施恐怖活动的个人或恐怖活动组织的资产，并对冻结的程序、范围等予以规定。[②]

2014 年，由最高人民法院等发布的《关于办理暴力恐怖和宗教极端刑事案件适用法律若干问题的意见》（已失效）指出，为实施恐怖活动的个人或组织提供经费、交通工具、武器、场地等，构成资助

---

① 《反恐怖主义法》第 14 条规定："金融机构和特定非金融机构对国家反恐怖主义工作领导机构的办事机构公告的恐怖活动组织和人员的资金或者其他资产，应当立即予以冻结，并按照规定及时向国务院公安部门、国家安全部门和反洗钱行政主管部门报告。"《反恐怖主义法》第 83 条规定："金融机构和特定非金融机构对国家反恐怖主义工作领导机构的办事机构公告的恐怖活动组织及恐怖活动人员的资金或者其他资产，未立即予以冻结的，由公安机关处二十万元以上五十万元以下罚款，并对直接负责的董事、高级管理人员和其他直接责任人员处十万元以下罚款；情节严重的，处五十万元以上罚款，并对直接负责的董事、高级管理人员和其他直接责任人员，处十万元以上五十万元以下罚款，可以并处五日以上十五日以下拘留。"

② 国务院办公厅《关于完善反洗钱、反恐怖融资、反逃税监管体制机制的意见》第三部分第 11 点规定："明确执行联合国安理会反恐怖融资相关决议的程序……完善和细化各行政主管部门、金融监管部门和反洗钱义务机构执行联合国安理会反恐怖融资决议要求的程序规定和监管措施，进一步明确资产冻结时效、范围、程序、善意第三人保护及相关法律责任，保证联合国安理会相关决议执行时效。"

恐怖活动罪。[①] 该意见还规定了一种情况，即通过收取宗教的课税或募捐为恐怖活动提供资金的，以相应犯罪的共同犯罪定罪。

2018 年 3 月 16 日最高人民法院等联合发布《关于办理恐怖活动和极端主义犯罪案件适用法律若干问题的意见》中规定了帮助恐怖活动罪。[②] 2022 年，最高人民检察院、公安部《关于公安机关管辖的刑事案件立案追诉标准的规定（二）》第 1 条是对帮助恐怖活动案的立案追诉作出的规定，包括资助恐怖活动组织、实施恐怖活动的个人或资助恐怖活动培训。[③]

（四）中国人民银行及其他金融监管部门的规定

由中国人民银行制定、2007 年 6 月 11 日施行的《金融机构报告涉嫌恐怖融资的可疑交易管理办法》（已失效）规定，金融机构有报告可疑交易的义务，无论所涉金额或财产的大小，金融机构均需报告。

---

① 《关于办理暴力恐怖和宗教极端刑事案件适用法律若干问题的意见》第二部分第 4 点规定："明知是恐怖活动组织或者实施恐怖活动人员而为其提供经费，或者提供器材、设备、交通工具、武器装备等物质条件，或者提供场所以及其他物质便利的，以资助恐怖活动罪定罪处罚。通过收取宗教课税募捐，为暴力恐怖、宗教极端犯罪活动筹集经费的，以相应犯罪的共同犯罪定罪处罚；构成资助恐怖活动罪的，以资助恐怖活动罪定罪处罚。"

② 《关于办理恐怖活动和极端主义犯罪案件适用法律若干问题的意见》第一部分第 2 点规定："具有下列情形之一的，依照刑法第一百二十条之一的规定，以帮助恐怖活动罪定罪处罚：1. 以募捐、变卖房产、转移资金等方式为恐怖活动组织、实施恐怖活动的个人、恐怖活动培训筹集、提供经费，或者提供器材、设备、交通工具、武器装备等物资，或者提供其他物质便利的；2. 以宣传、招收、介绍、输送等方式为恐怖活动组织、实施恐怖活动、恐怖活动培训招募人员的；3. 以帮助非法出入境，或者为非法出入境提供中介服务、中转运送、停留住宿、伪造身份证明材料等便利，或者充当向导、帮助探查偷越国（边）境路线等方式，为恐怖活动组织、实施恐怖活动、恐怖活动培训运送人员的；4. 其他资助恐怖活动组织、实施恐怖活动的个人、恐怖活动培训，或者为恐怖活动组织、实施恐怖活动、恐怖活动培训招募、运送人员的情形。"

③ 《关于公安机关管辖的刑事案件立案追诉标准的规定（二）》第 1 条规定："〔帮助恐怖活动案（刑法第一百二十条之一第一款）〕资助恐怖活动组织、实施恐怖活动的个人的，或者资助恐怖活动培训的，应予立案追诉。"

金融机构有义务关注清单中的恐怖活动组织和实施恐怖活动的个人，与其相关的交易都需要报告。清单不仅包括我国各部门要求关注的恐怖活动组织和实施恐怖活动的个人或组织名单，还包含联合国安理会决议中所列的个人或组织。① 该办法随后被2016年《金融机构大额交易和可疑交易报告管理办法》废止，②2018年7月26日，中国人民银行对2016年《金融机构大额交易和可疑交易报告管理办法》进行了修订，将金融机构报告可疑交易的方式更改为电子方式。③

2007年，中国人民银行等制定了《金融机构客户身份识别和客户身份资料及交易记录保存管理办法》。该办法以预防资助恐怖主义行为为目的，不仅对客户身份识别作以规定，还规定了客户资料和交易记录保存管理办法，例如，当客户身份与相关机构列明的实施恐怖活动的个人名单中的个人身份相同，金融机构应采取查明身份、回访客户、向公安部门核实等措施。对客户身份和交易记录至少保留5年。④ 2022年中国人民银行等制定的《金融机构客户尽职调查和客户身份资料及交易记录保存管理办法》因技术原因暂缓施行，因此目前相关业务仍遵照2007年管理办法办理。⑤

中国人民银行制定了《支付机构反洗钱和反恐怖融资管理办法》，于2012年起生效，该办法只适用资助恐怖主义行为，并不适用于其他恐怖主义行为，具体内容包括：支付机构总部应当依法建立

---

① 《金融机构报告涉嫌恐怖融资的可疑交易管理办法》，2007年6月11日起施行。

② 《金融机构大额交易和可疑交易报告管理办法》，2017年7月1日起生效。

③ 中国人民银行《关于修改〈金融机构大额交易和可疑交易报告管理办法〉的决定》，2018年7月26日起生效。

④ 《金融机构客户身份识别和客户身份资料及交易记录保存管理办法》，2007年8月1日起施行。

⑤ 《金融机构客户尽职调查和客户身份资料及交易记录保存管理办法》，已暂缓生效。

健全统一的反洗钱和反恐怖融资内部控制制度,并对内部控制制度包含的内容进行规定;支付机构与境外机构建立代理业务关系时,需要以书面协议的方式确立双方机构在反洗钱和反恐怖融资方面的职责;支付机构应适时调整客户的风险等级;支付机构还需要保存客户资料和交易记录,一般情况下以5年为限;中国人民银行及其分支机构可以对支付机构中的可疑交易进行调查核实。①

2014年1月10日,中国人民银行等制定的《涉及恐怖活动资产冻结管理办法》,旨在通过冻结实施恐怖活动的个人的资产,预防并打击恐怖主义。金融机构和特定非金融机构应根据公安部门提供的名单,冻结名单中个人或组织的资产,不得擅自撤销冻结措施。②

中国人民银行和民政部2017年制定的《社会组织反洗钱和反恐怖融资管理办法》,主要是预防和惩治社会组织洗钱和恐怖融资行为。具体要求包括:社会组织应设立防止洗钱和恐怖融资的专门岗位,并保存所有业务活动相关交易报告。在社会组织与境外开展合作交易时,也应评估境外组织的洗钱和恐怖融资的风险。中国人民银行和民政部依法取得的社会组织的信息,可以用来开展反洗钱和反恐怖融资的国际合作。③

2018年7月26日中国人民银行办公厅发布《关于进一步加强反洗钱和反恐怖融资工作的通知》,重点内容包括:需加强对高风险领域的客户身份识别和交易监测;对高风险国家或地区进行管控;对于涉嫌进行洗钱和恐怖融资的客户,不论所涉资金多少,均不得简化程序。该通知再次强调对交易记录进行保存,并应及时向中国

---

① 《支付机构反洗钱和反恐怖融资管理办法》,2012年3月5日起施行。
② 《涉及恐怖活动资产冻结管理办法》,2014年1月10日起施行。
③ 《社会组织反洗钱和反恐怖融资管理办法》,2017年11月17日起施行。

反洗钱监测分析中心和中国人民银行报告可疑交易。①

2019 年施行的《互联网金融从业机构反洗钱和反恐怖融资管理办法(试行)》,以规范互联网金融行业反洗钱和反恐怖融资行为。该办法规定了互联网金融反洗钱和反恐怖融资的范围;规定从业机构及其员工需要对客户身份资料、交易信息及工作信息予以保密;从业机构进行监测的实施恐怖活动的个人或组织的名单有三类,包括我国政府发布或承认的名单、联合国安理会第 1267 号决议公布的综合清单、中国人民银行和国务院有关机构所列名单。②

中国人民银行反洗钱局 2021 年 1 月 15 日印发《法人金融机构洗钱和恐怖融资风险自评估指引》,该指引主要要求法人金融机构制定或更新风险自评制度。为此,中国人民银行反洗钱局对自评时应遵循的原则、内容、方法等进行了详细的规定,如果法人金融机构认为该指引不适用的,应向中国人民银行总行或分支机构报告。③

中国人民银行等印发的《银行跨境业务反洗钱和反恐怖融资工作指引(试行)》于 2021 年 2 月 18 日起生效。该指引主要对银行涉及跨境业务时应采取的相关措施进行规定,以更有效地识别与监测恐怖融资犯罪。④

中国人民银行通过的《金融机构反洗钱和反恐怖融资监督管理办法》于 2021 年 8 月 1 日起施行,要求我国境内依法设立的所有金融机构健全打击资助恐怖主义行为的制度,建立风险管理制度,加

---

① 中国人民银行办公厅《关于进一步加强反洗钱和反恐怖融资工作的通知》(银办发〔2018〕130 号),2018 年 7 月 26 日起施行。

② 《互联网金融从业机构反洗钱和反恐怖融资管理办法(试行)》,2019 年 1 月 1 日起施行。

③ 《法人金融机构洗钱和恐怖融资风险自评估指引》,2021 年 1 月 15 日起生效。

④ 《银行跨境业务反洗钱和反恐怖融资工作指引(试行)》,2021 年 2 月 18 日起生效。

强对资助恐怖主义行为的监督管理。该办法同时明确规定银行从业人员违反制止洗钱和资助恐怖主义行为义务的责任。①

此外,2019 年 3 月,我国发布《〈新疆的反恐、去极端化斗争与人权保障〉白皮书》,这表明了我国打击一切形式的恐怖主义的原则立场,对于我国打击恐怖主义和打击资助恐怖主义犯罪均有非常重要的意义。②

三、中国制止资助恐怖主义犯罪的组织机构

在我国,司法机关担负调查、起诉、审判资助恐怖主义犯罪的首要责任;国家反恐怖工作领导小组负责统筹、协调我国的反恐怖主义工作;中国人民银行,作为我国国务院反洗钱行政主管部门,负责全面监督和管理全国的反洗钱和反资助恐怖活动;中国人民银行反洗钱局作为中国人民银行的直属机构,主要负责汇总可疑交易报告并协助司法部门进行案件调查;中国反洗钱监测分析中心是我国的金融情报机构。以上机构在我国打击洗钱与资助恐怖主义犯罪方面均发挥了重要作用。

(一)司法机关

我国的司法机关承担打击资助恐怖主义犯罪的首要责任,司法机关对个人实施的严重的犯罪行为进行起诉和审判,依法追究个人实施或协助实施的资助恐怖主义犯罪的责任。

实践中,我国的司法机关根据《刑法》《刑事诉讼法》审理了多起资助恐怖主义犯罪的案件。在 2017 年云南省红河哈尼族彝族自治州中级人民法院审理的阿某资助恐怖活动案中,阿某提供设备与多

---

① 《金融机构反洗钱和反恐怖融资监督管理办法》,2021 年 8 月 1 日起生效。

② 《〈新疆的反恐、去极端化斗争与人权保障〉白皮书(全文)》,中华人民共和国国务院新闻办公室,2019 年 3 月。

人一起观看恐怖主义爆炸的视频;两次出资协助艾某制造爆炸物;出借3万元人民币以资助努某和艾某二人出境参加“东伊运”恐怖活动组织,并使用三轮车帮助二人偷渡出境,途中被民警抓获。虽然恐怖主义爆炸行为并未发生,但因阿某故意提供资金以实施恐怖活动,因此构成帮助恐怖活动罪。①

在2017年云南省大理白族自治州中级人民法院审理的马某帮助恐怖活动案中,马某与吐某(被新疆阿瓦提县公安局列为境外涉恐人员)于2016年7月26日通过微信加为好友,确认身份后,吐某提出需要3000元,马某同意手机银行转账1000元,并接收了吐某银行卡信息。2016年7月,马某使用手机银行向吐某的银行卡转账14次,每次1000元,但因名字与账户不符导致转账均未成功。2016年8月1日,马某通过微信给吐某转账1000元,后吐某用此资金给乌某、托某两名涉恐人员分别缴纳100元手机话费。被告马某辩称转账1000元是还借款,其并不知道吐某与恐怖主义有关联,自身并不具备主观故意。法院认为,由于无其他证据相互印证,马某的借款理由不能成立,并且马某与吐某自2010年起认识,曾因帮助吐某偷越国边境获刑,释放后又帮助吐某等租房。另外,经过对马某手机数据分析发现,46条短信息中,马某故意将银行发来的6条关于向吐某转账的信息删除,其手机上网历史记录有11次关于恐怖活动组织的搜索记录。因此,依据《刑法》第120条之一,马某的行为构成帮助恐怖活动罪。②

在2018年黑龙江省七台河市茄子河区人民法院审理的鲍某、吴某帮助恐怖活动案中,鲍某以营利为目的,在俄罗斯某国际市场从

---

① 阿某非法制造、买卖、运输、邮寄、储存枪支、弹药、爆炸物罪案,云南省红河哈尼族彝族自治州中级人民法院(2017)云25刑更855号刑事裁定书。

② 马某帮助恐怖活动罪案,云南省大理白族自治州中级人民法院(2017)云29刑初58号刑事判决书。

张某等人处购买外汇，通过吴某等人兑换成人民币后，由李某等人将人民币汇至张某等人的指定账户。新疆公安机关向七台河市公安局发出的管辖请求和黑龙江省公安厅经济犯罪侦查总队发出的《关于移交9·8涉恐融资专案线索的函（补卷2P5－6）》均指明鲍某、吴某等6个地下钱庄为恐怖活动组织提供资金周转的事实，涉及实施恐怖活动的个人共80人，与恐怖主义相关的资金达2050余万元人民币。因此，鲍某、吴某因涉嫌帮助恐怖活动被移交至新疆维吾尔自治区公安厅。①

另外两起案件的被告都被以帮助恐怖活动罪提起诉讼，但最终没有以该罪名定罪。在2019年新疆维吾尔自治区阿图什市人民法院审理的姜某受贿案中，被告姜某涉嫌帮助恐怖活动罪被监视居住，后姜某因受贿罪被逮捕并受到审判。② 2020年广州市白云区人民法院审理的周某非法经营案中，周某在未经有关机关批准的情况下，帮客户把美元卖给代收美元的人，再将人民币汇入客户的账户，公安机关以涉嫌帮助恐怖活动罪传唤周某，最终法院判定周某构成非法经营罪。③

从上述判决也可以看出，为恐怖活动组织募集、提供、转移资金的行为或构成帮助恐怖活动罪。同时，我国将资助恐怖主义行为规

---

① 鲍某、李某、张某等非法经营罪案，黑龙江省七台河市茄子河区人民法院（2018）黑0904刑初63号刑事判决书。

② 姜某受贿罪案，新疆维吾尔自治区阿图什市人民法院（2018）新3001刑初506号刑事判决书。

③ 周某非法经营案，广东省广州市白云区人民法院（2020）粤0111刑初202号刑事判决书。

定为行为犯①,例如,为实施恐怖活动的个人提供资金或提供租房,即使恐怖主义结果并未发生,但如已实施资助恐怖主义的行为,并且主观上有资助恐怖主义的故意,即构成帮助恐怖活动罪。

(二)国家反恐怖工作领导小组

国家反恐怖工作领导小组原为国家反恐怖工作协调小组,主要负责统筹、协调、指导我国的反恐怖主义工作。国家反恐怖工作领导小组在维护我国稳定的社会环境,保障"一带一路"共建国家的安全与稳定保驾护航的同时,对我国防范和打击恐怖主义、打击资助恐怖主义、处理与恐怖主义相关的突发事件等起到十分重要的作用。

(三)中国人民银行

中国人民银行和其他金融监管机构制定一系列管理办法,打击洗钱和制止资助恐怖主义行为,包括加大客户身份识别力度、加强高风险领域管理、督促金融机构及时报告可疑交易、对可疑交易进行监测等。

中国人民银行的职能具体体现在:监督管理金融机构的反洗钱工作,建立监管框架;建立全国统一的反洗钱监管框架和制定反洗钱行政处罚标准;建立反洗钱跨境监管合作机制,并按照 2012 年

---

① "行为犯是指以实施一定的犯罪行为为其犯罪构成的充足要件。在这种情况下,犯罪行为是否完成就成为认定犯罪是否得逞的标准。"参见陈兴良:《共同犯罪论》(第 3 版),中国人民大学出版社 2017 年版,第 477 页。"结果犯是指以发生一定的犯罪结果为其必要构成要件的犯罪,在这种情况下,犯罪结果发生与否成为认定犯罪是否得逞的标准。"参见陈兴良:《共同犯罪论》(第 3 版),中国人民大学出版社 2017 年版,第 477 页。危险犯指对侵犯客体产生损害危险即告成立的犯罪,其又可分为具体危险犯和抽象危险犯。前者以侵害行为已有现实的危险发生为成立要件;后者以实施犯罪行为为成立要件。实害犯指以对法益的实际侵害作为处罚根据的犯罪。总之,根据上述对行为犯与结果犯、危险犯与实害犯的比较,从犯罪结果的角度来看,危险犯并未造成实际的损害结果,而行为犯是无论损害结果是否发生,只要实施了特定行为即构成犯罪。

FATF 国际标准建议,加大反洗钱领域和制止资助恐怖主义领域的监管工作力度。中国人民银行还对国内的反洗钱义务机构建立了分类评级制度,定期对风险进行评估。2021 年,中国人民银行及其分行对全国 638 家机构进行了反洗钱检查,监管走访 6679 次,对机构的罚金约为 3.21 亿元,对个人的罚金约为 1936 万元。① 2017 年,中国人民银行向反恐部门移交上百起涉恐案件的线索,便于开展调查与起诉工作。②

(四)中国人民银行反洗钱局

中国人民银行下设中国人民银行反洗钱局,主要职能在于:制定打击洗钱与资助恐怖主义犯罪的政策法规;对全国的银行业、证券业等打击资助恐怖主义工作进行监督与处罚;协助反洗钱和打击资助恐怖主义案件的调查;加强国际合作。中国人民银行反洗钱局牵头制定了《反洗钱工作部际联席会议制度》,建立了多层次的评估体系,并定期组织召开工作会议。中国人民银行反洗钱局定期更新与发布 FATF 的关于高风险和应加强监控的国家和地区的名单、联合国安理会第 1267 号决议公布的制裁综合清单、FATF 的研究报告及我国的年度反洗钱报告,督促金融机构及其他相关行业密切关注上述名单及报告以防范风险。

(五)中国反洗钱监测分析中心

中国反洗钱监测分析中心是根据 2012 年 FATF 国际标准建议、联合国有关公约的原则、中国国情设立的我国的金融情报机构,于 2004 年经中共中央编制委员会批准成立,是隶属于中国人民银行的

---

① 中国人民银行编:《中国反洗钱报告:2021》,中国金融出版社 2022 年版,第 3 页。

② 《〈国务院办公厅关于完善反洗钱、反恐怖融资、反逃税监管体制机制的意见〉答记者问》,载中国人民银行网,https://www.gov.cn/zhengce/zhengceku/2017-09/13/content_5224805.htm。

事业法人单位，其职责主要包括：制定中国银行业和保险业的监管规则；收集、分析、监测与移送大额和可疑交易；对反洗钱和资助恐怖主义信息进行分析和监测；定期上报分析结果，并通过接收和移送金融情报加强国际合作。[①] 中国反洗钱监测分析中心接收单位和个人对洗钱行为与资助恐怖主义行为的举报。截至 2017 年 9 月 29 日，全国 2800 余家反洗钱义务机构将电子化数据汇总至中国反洗钱监测分析中心。[②]

综上所述，我国《刑法》的规定和最高人民法院的司法解释均证明我国充分履行了《制止资恐公约》的立法义务。我国规定为恐怖主义募集资金和提供资金的行为均构成犯罪，"资助"的方式不以金钱为限，提供经费、物资、武器、场所等都可以包含在资助范围内，并且我国规定资助恐怖活动犯罪的成立不需要以恐怖活动的实施为前提条件。我国对于金融机构的客户识别、反洗钱义务、恐怖主义资产冻结、社会组织反洗钱和反资助恐怖主义方面的规定较为完善，金融机构履行义务情况较好，因此，我国国内立法符合《制止资恐公约》的要求。我国制止资助恐怖主义犯罪的组织机构体系完整，分工明确，我国司法机关对资助恐怖主义犯罪进行了调查、起诉，并对资助恐怖主义犯罪予以惩治。国家反恐怖工作领导小组、中国人民银行、中国人民银行反洗钱局、中国反洗钱监测分析中心协调采取措施打击资助恐怖主义犯罪，较好地发挥了监管作用。反洗钱工作部际联席会议建立起我国多层次的风险评估体系，反映了

---

① 我国《反洗钱法》第 10 条规定了中国反洗钱监测分析中心的主要职责："负责大额交易和可疑交易报告的接收、分析，并按照规定向国务院反洗钱行政主管部门报告分析结果，履行国务院反洗钱行政主管部门规定的其他职责。"

② 《〈国务院办公厅关于完善反洗钱、反恐怖融资、反逃税监管体制机制的意见〉答记者问》，载中国人民银行网，https://www.gov.cn/zhengce/zhengceku/2017-09/13/content_5224805.htm。

我国打击资助恐怖主义犯罪的积极进展。但是,我国制止资助恐怖主义犯罪的组织机构在实践层面也存在一定不足,主要体现在:第一,在可疑交易报告方面存在不足,原因是监管主要由金融机构进行,而金融机构和从事金融交易的其他机构对风险认识不足;第二,对一些高风险活动采取的措施不足,难以全面遏制实施恐怖活动的个人或组织通过非营利组织募集、提供资金的行为,也未采取严格措施制止涉及大规模杀伤性武器扩散的个人和组织提供、募集资金的行为。

基于此,我国金融机构需要完善风险管控措施,完善与可疑交易报告和客户尽职调查等相关的一系列措施。具体来说,一方面,我国应加强对金融机构和非金融行业的其他机构的监督,关注特定非金融行业的大额、不寻常、无明显合法目的的交易,关注账户中资金的异常变动,关注汇款人和收款人账户信息不明确的交易,对非营利组织进行的风险评估设置一定的客观标准;另一方面,增强特定非金融行业对洗钱和资助恐怖主义行为风险的认识,督促特定非金融行业履行客户尽职调查的义务,提升可疑交易报告的数量。我国也应加强对大规模杀伤性武器扩散融资领域的研究,明确相关的主体和范围。

第二节　中国制止资助恐怖主义犯罪的国际合作

一、中国加入的制止资助恐怖主义犯罪的国际组织

我国为加强打击资助恐怖主义犯罪方面的信息交流和国际合作,加入了国际货币基金组织、FATF、上海合作组织、国际刑事警察

组织等国际组织。

(一)国际货币基金组织

国际货币基金组织是成立于1945年的国际组织,从44个创始成员国发展为190个成员国,通过对成员国经济政策的监测,向成员国提供经济援助、提供培训和技术援助,促进货币合作、金融市场稳定与可持续发展。[①] 自2001年美国的“9·11”恐怖袭击事件后,各国日益关注资助恐怖活动组织与资助实施恐怖活动的个人的情况,国际货币基金组织也将处理资助恐怖主义的问题纳入其工作范围内,并在法律部门内成立了金融诚信小组(Financial Integrity Group),由30名专业人员为各国提供反洗钱与反资助恐怖主义的政策建议。国际货币基金组织指出,资助恐怖主义行为是指“鼓动、募集或提供资金,故意将资金用于支持恐怖主义行为或组织”[②]的行为,并指出,更为准确的定义载于《制止资恐公约》中。2004年,国际货币基金组织执董会同意将对反洗钱与反资助恐怖主义的评估和技术援助作为工作的常规部分。国际货币基金组织主导并与世界银行和联合国毒品和犯罪问题办公室共同建立了反恐执行工作组,以更好地打击资助恐怖主义,反恐执行工作组于2009年10月发布了一份题为《打击资助恐怖主义行为》的报告,旨在帮助联合国会员国提高打击资助恐怖主义行为的有效性。

我国是国际货币基金组织的创始国之一。国际货币基金组织指出,我国已经能够识别洗钱行为和资助恐怖主义行为的风险,已经建立了调查和起诉资助恐怖主义犯罪的法律框架,对实施资助恐

---

① About the IMF, International Monetary Fund, available at https://www imf. org/en/About, accessed on 10 February 2023.

② Anti - Money Laundering and Combating the Financing of Terrorism (AML/CFT), IMF, available at https://www. imf. org/external/np/leg/amlcft/eng/aml1. htm, accessed on 10 February 2023.

怖活动的个人的起诉和定罪数量有所增加，并且加强了打击资助恐怖主义犯罪方面的国际合作。但是，我国打击洗钱和打击资助恐怖主义犯罪的措施有待完善：(1)虽然我国的金融情报机构分布较广[①]，但是收集的信息较为分散，分析和传播能力不足。(2)金融情报机构不主导对洗钱行为和资助恐怖主义行为的调查工作。(3)金融机构对风险的了解不够深入，所以并不能采取相称的措施。(4)资助恐怖主义行为主要由金融机构负责监管，非金融机构的监管不足。(5)中国人民银行进行的风险评估主要是基于金融机构的评估结果，而非国家的评估结果。(6)资助恐怖主义行为、扩散融资与定向金融制裁方面尚未涵盖所有的个人和法律实体，可冻结的资金种类较少，并且对于非国内指定的个人和恐怖活动组织不能立即采取相关措施。[②]

(二)FATF

FATF 定期开展评估，指出各国或地区反洗钱或反资助恐怖主义的缺陷。2006 年，FATF 放弃了原来的评价标准。从 2014 年起，FATF 依据 2012 年 FATF 国际标准建议开展互评，FATF 国际标准建议于 2023 年 11 月再次修正。[③] 依据 FATF 于 2024 年 6 月公布的结果，朝鲜、伊朗和缅甸被列入黑名单。[④] FATF 呼吁其成员和其他司

---

① 中国反洗钱监测分析中心、中国人民银行反洗钱局和 36 家中国人民银行省级分支机构共同构成了中国的金融情报机构。

② *Detailed Assessment Report on Anti – Money Laundering and Combating the Financing of Terrorism, the People's Republic of China*, International Monetary Fund, 2019, p. 9 – 17.

③ FATF Recommendations 2012, available at https://www.fatf – gafi.org/en/publications/Fatfrecommendations/Fatf – recommendations.html, accessed on 15 August 2024.

④ High – Risk Jurisdictions subject to a Call for Action, June 2024, available at https://www.fatf – gafi.org/en/publications/High – risk – and – other – monitored – jurisdictions/Call – for – action – june – 2024.html, accessed on on 15 August 2024.

法管辖区对朝鲜和伊朗采取反措施，呼吁对缅甸采取与该国产生的风险相称的尽职调查措施，以保护国际金融体系的稳定性。① 灰名单中的国家或地区有21个，牙买加和土耳其则被移出灰名单。② 灰名单中的国家或地区由于存在可识别的战略性缺陷而被加强监控。

2007年6月28日，我国被正式接受为FATF的成员，FATF即将对我国开展第五轮反洗钱和反资助恐怖主义的相互评估。相互评估主要从有效性评估和技术合规性评估两方面进行。有效性评估主要反映出被评估国家的相关措施的有效性等级，等级分为高水平、较高水平、中等水平和低水平；技术合规性评估主要是对各国打击洗钱与打击资助恐怖主义行为的法律是否满足2012年FATF国际标准建议的要求进行评估，评估等级分为合规、基本合规、部分合格和不合规。根据FATF于2019年公布的《中国反洗钱和反恐怖融资互评估报告》，我国有6项技术合规性评估结果为不合规。③ 我国于2020年及2021年相继提交了两份整改报告，因此，FATF修改了

---

① High – Risk Jurisdictions subject to a Call for Action, June 2024, available at https://www.fatf – gafi.org/en/publications/High – risk – and – other – monitored – jurisdictions/Call – for – action – june – 2024.html, accessed on 15 August 2024.

② 灰名单包括保加利亚、布基纳法索、喀麦隆、克罗地亚、刚果民主共和国、海地、肯尼亚、马里、摩纳哥、莫桑比克、纳米比亚、尼日利亚、菲律宾、塞内加尔、南非、南苏丹、叙利亚、坦桑尼亚、委内瑞拉、越南、也门。Jurisdictions under Increased Monitoring – June 2024, available at https://www.fatf – gafi.org/en/publications/High – risk – and – other – monitored – jurisdictions/increased – monitoring – june – 2024.html, accessed on 15 August 2024.

③ 包括建议七与扩散融资相关的定向金融制裁、建议二十二特定非金融行业中客户尽职调查、建议二十三特定非金融行业中的其他措施、建议二十四透明度和法人的受益所有权、建议二十五透明度和法律安排的受益所有权、建议二十八对特定非金融行业的监管不合规。

2019 年我国互评报告中的 9 项技术合规性评估结果。① 总的来说，FATF 对我国打击洗钱和打击资助恐怖主义领域进行了较为详细和中肯的评价，评估指出我国对洗钱和资助恐怖主义的风险有充分的认识，但工作尚有不足，主要包括六方面：(1)对犯罪所得的洗钱行为关注不足。(2)金融机构和非金融机构对风险认识不足。(3)法律实体的透明度不足，影响打击腐败的成效。(4)对金融情报机构的运作、使用有待加强，对金融情报机构的独立性有待提高。(5)承担可疑交易报告义务主体的范围不包括指定的非金融企业和网络借贷机构。(6)对资助恐怖主义和扩散融资相关的金融制裁的执行不力。②

此外，我国加入的欧亚反洗钱和反恐怖融资组织与亚太反洗钱组织均是 FATF 的联系成员，欧亚反洗钱和反恐怖融资组织和亚太反洗钱组织的成员需要执行 FATF 关于反洗钱、反资助恐怖主义国际标准建议，并评估其成员是否遵守国际反洗钱或反资助恐怖主义行为的标准。

(三)上海合作组织

为了维护区域的和平与稳定，上海合作组织于 2001 年在上海成立，我国是上海合作组织的创始成员国之一。上海合作组织的成员

---

① 2020 年 10 月，FATF 将建议十五、建议二十六、建议三十四的技术合规性评级由“部分合规”修改为“基本合规”。2021 年，FATF 将建议三、建议八、建议十六、建议二十九的技术合规性评级由“部分合规”修改为“基本合规”，将建议十八、建议三十八的技术合规性评级由“部分合规”修改为“完全合规”。2021 年 10 月，FATF 将建议十八、建议三十八的技术合规性评级提升为“合规”，将建议三、建议八、建议十六、建议二十九的技术合规性评级提升为“基本合规”，我国在 FATF 的合规性指标由 25 项提升至 31 项。

② China’s Measures to Combat Money Laundering and Terrorist Financing，FATF，2019，available at https://www.fatf-gafi.org/en/publications/Mutualevaluations/Mer-china-2019.html，accessed on 20 February 2023.

国在各领域加强合作,包括保障国际能源安全、维护国际粮食安全、应对气候变化、加强科技创新、打击恐怖主义等方面,打击恐怖主义犯罪是上海合作组织的重要职能之一。

截至 2023 年 1 月,上海合作组织通过了 10 项法律文件以打击恐怖主义与资助恐怖主义行为。[①] 例如,2009 年,上海合作组织签署《上海合作组织反恐怖主义公约》,该公约规定了"恐怖主义"[②]和"恐怖主义行为"[③]的定义,并规定资助恐怖主义行为构成刑事犯罪,为缔约国收集与分享资助恐怖主义犯罪的信息、提供司法协助等提供了法律依据。2014 年,我国国家主席习近平在上海合作组织成员国元首理事会的会议上提议商签反极端主义公约。2017 年《反极端主义公约》顺利签订,这不仅是打击极端主义的制度体系中的重要文件,也是维护地区与世界和平与稳定的重要举措。

上海合作组织不仅加强了区域间的友好合作,也为打击资助恐怖主义犯罪提供了合作的平台。上海合作组织地区反恐怖机构执

---

① 10 项法律文件包括 2001 年 6 月 15 日《打击恐怖主义、分裂主义和极端主义上海公约》、2002 年 6 月 7 日《上海合作组织成员国关于地区反恐怖机构的协定》、2004 年 6 月 17 日《上海合作组织地区反恐怖机构资料库协定》、2005 年 7 月 5 日签署《上海合作组织成员国合作打击恐怖主义、分裂主义和极端主义构想》、2006 年 6 月 15 日《上海合作组织成员国打击恐怖主义、分裂主义和极端主义 2007 年至 2009 年合作纲要》、2009 年 3 月 27 日《上海合作组织成员国和阿富汗伊斯兰共和国打击恐怖主义、毒品走私和有组织犯罪行动计划》、2009 年 6 月 16 日《上海合作组织成员国反恐专业人员培训协定》、2009 年 6 月 16 日《上海合作组织成员国打击恐怖主义、分裂主义和极端主义 2010 年至 2012 年合作纲要》、2009 年 6 月 16 日《上海合作组织反恐怖主义公约》、2017 年 6 月 9 日《反极端主义公约》。

② 《上海合作组织反恐怖主义公约》第 2 条将"恐怖主义"定义为,"通过实施或威胁实施暴力和(或)其他犯罪活动,危害国家、社会与个人利益,影响政权机关或国际组织决策,使人们产生恐惧的暴力意识形态和实践"。

③ 《上海合作组织反恐怖主义公约》第 2 条将"恐怖主义行为"界定为,"影响政权机关或国际组织决策,实现政治、宗教、意识形态及其他目的而实施的恐吓居民、危害人员生命和健康,造成巨大财产损失或生态灾难及其他严重后果等行为,以及为上述目的而威胁实施上述活动的行为"。

行委员会的主要职能是同成员国之间就恐怖主义问题、极端分裂主义问题保持联系。上海合作组织的成员国或观察员国中，我国同俄罗斯、哈萨克斯坦、乌兹别克斯坦等签订了金融情报信息交流合作备忘录①，为成员国打击资助恐怖主义犯罪和金融情报共享提供了多种渠道。

（四）国际刑事警察组织

国际刑事警察组织主要是为预防和惩治跨国的刑事犯罪而成立的国际组织。国际刑事警察组织最早由 1914 年摩纳哥国王普林茨·阿尔贝特倡议建立，并在摩纳哥举办了第一届会议。国际刑事警察组织的组织文件《国际刑事警察组织宪章》于 1956 年通过，其中规定只有主权国家能加入该组织并成为其成员。我国于 1984 年加入了国际刑事警察组织。

各缔约国可以通过国际刑事警察组织缉捕嫌犯、交换情报、协助引渡、协助调查等。在缉捕嫌犯方面，国际刑事警察组织在 1960 年建立了国际通缉制度，该制度中通缉令的格式以及通缉令的传递方式是统一的。在交换情报方面，国际刑事警察组织通报的相关内容包括：犯罪信息、防范犯罪、重要收藏品失窃、成员国境内出现无名尸体、特殊案情等。就协助引渡而言，国际刑事警察组织发出的

① 例如，中国人民银行和俄罗斯中央银行、金融监控局签署了一系列双边协议，包括《关于反洗钱信息交流与人员培训协议》、《关于反洗钱和反资助恐怖主义合作及信息交流协议》、《反洗钱谅解备忘录》、中国人民银行和俄罗斯央行（俄罗斯银行）《关于预防洗钱和恐怖融资谅解备忘录》；2013 年，中国人民银行反洗钱监测中心和哈萨克斯坦财政部金融监控委员会签署了《关于反洗钱和反资助恐怖主义金融情报交流合作谅解备忘录》；2016 年，中国人民银行反洗钱监测分析中心和乌兹别克斯坦总检察院反纳税和外汇犯罪、反犯罪收入合法化斗争司签署了《关于反洗钱和反资助恐怖主义信息交流合作谅解备忘录》；2017 年，中国人民银行反洗钱监测分析中心和阿富汗金融交易报告分析中心签订了《关于反洗钱和反资助恐怖主义金融情报交流合作谅解备忘录》。

红色通缉令（red notice）可以作为依据协助引渡被告，对被告和警察入境、出境、安全保障方面都有一定的帮助。[①] 就协助调查方面，国际刑事警察组织有一套特别的程序，主要是由请求国先以书面的形式将请求材料递交该国的国家中心局，在该国国家中心局审查并认为需要国际刑事警察组织其他成员国协助时才由国家中心局准备请求协助侦查的书面材料，并递交国际刑事警察组织秘书处，再由国际刑事警察组织秘书处根据实际情况转交相关的成员国请求协助调查。国际刑事警察组织使成员国之间的打击资助恐怖主义犯罪的情报交流、缉捕嫌犯更加有效。

二、中国制止资助恐怖主义犯罪中的反洗钱国际合作

前文已述，洗钱罪与资助恐怖主义犯罪虽有不同，但二者联系紧密。一方面，资助恐怖主义犯罪可能构成洗钱罪的上游犯罪，而且可以通过筛选洗钱罪识别资助恐怖主义犯罪。另一方面，金融机构打击洗钱罪与打击资助恐怖主义犯罪的措施大致相同，可以通过筛查洗钱罪识别资助恐怖主义犯罪。

十三届全国人大会第四次会议关于最高人民检察院工作报告的决议提出了洗钱罪及其上游犯罪的定义[②]。我国境内须履行反洗

---

① 为了便于理解，国内将“red notice”翻译为通缉令，但实际上“red notice”只是一种通知性质的文件，并不像国内法意义上的通缉令那样具有强制性。

② 洗钱罪是指为掩饰、隐瞒上游犯罪所得及其产生的收益的来源和性质，实施提供资金账户，将财产转移为现金、金融票据、有价证券、通过转账或其他结算方式协助资金转移、跨境转移资产等行为。洗钱罪的上游犯罪包括毒品犯罪、黑社会性质组织犯罪、恐怖活动犯罪、金融诈骗罪等。

钱义务的金融机构包括银行、证券公司、保险公司等。[①] 2018年后,《互联网金融从业机构反洗钱和反恐怖融资管理办法(试行)》将经过法定程序设立与经营的互联网金融从业机构也纳入须履行反洗钱和制止资助恐怖主义犯罪义务的金融机构范围内。[②] 2007年施行的《反洗钱法》是我国打击洗钱的基本法之一[③],规定国务院反洗钱行政管理部门设立我国反洗钱信息中心,负责管理国家反洗钱信息数据库,[④]并开展反洗钱的国际合作。我国为打击洗钱罪而进行的国际合作较为广泛,我国已签署与打击洗钱罪与资助恐怖主义犯罪相关的国际公约,是FATF的成员方,并且截至2023年7月,FATF

---

① 中国金融机构包括:政策性银行、商业银行、农村合作银行、农村信用社、村镇银行;证券公司、期货公司、基金管理公司;保险公司、保险资产管理公司、保险专业代理公司、保险经纪公司;信托公司、金融资产管理公司、企业集团财务公司、金融租赁公司、汽车金融公司、消费金融公司、货币经纪公司、贷款公司。

② 上述互联网金融机构包括从事网络支付、网络借贷、网络借贷信息中介、股权众筹融资、互联网基金销售、互联网保险、互联网信托和互联网消费金融等业务的机构。

③ 中国反洗钱方面的法律规定还包括:2006年《金融机构反洗钱规定》,2007年《金融机构客户身份识别和客户身份资料及交易记录保存管理办法》,2012年《支付机构反洗钱和反恐怖融资管理办法》,2013年《金融机构洗钱和恐怖融资风险评估及客户分类管理指引》,2016年《金融机构大额交易和可疑交易报告管理办法》(2018年已修改),2017年中国人民银行《关于〈金融机构大额交易和可疑交易报告管理办法〉有关执行要求的通知》、《义务机构反洗钱交易监测标准建设工作指引》、中国人民银行《关于加强开户管理及可疑交易报告后续控制措施的通知》、中国人民银行《关于加强反洗钱客户身份识别有关工作的通知》、中国人民银行《关于加强贵金属交易场所反洗钱和反恐怖融资工作的通知》、《非银行支付机构反洗钱现场检查数据接口规范(试行)》,2018年中国人民银行《关于进一步做好受益所有人身份识别工作有关问题的通知》、中国人民银行《关于非银行支付机构开展大额交易报告工作有关要求的通知》、《法人金融机构洗钱和恐怖融资风险管理指引(试行)》、《互联网金融从业机构反洗钱和反恐怖融资管理办法(试行)》、中国人民银行办公厅《关于进一步加强反洗钱和反恐怖融资工作的通知》、《关于进一步明确大额交易和可疑交易报告数据报送要求的通知》,2019年《银行业金融机构反洗钱和反恐怖融资管理办法》。

④ 《反洗钱法》第10条。

已对我国开展了四轮互评。① 2021 年,中国人民银行及其分行对全国 638 家机构进行了反洗钱检查,监管走访 6679 次,对机构的罚金约为 3.21 亿元,对个人的罚金约为 1936 万元。② 可以说,我国采取的上述打击洗钱罪的措施对于防范和打击资助恐怖主义犯罪有积极影响。

三、中国制止资助恐怖主义犯罪中的引渡合作

2000 年《引渡法》是我国和外国的引渡根据。虽然《引渡法》第 8 条规定,对政治犯不予以引渡,③但我国法律规定恐怖主义犯罪不得被视为政治犯罪。④ 《引渡法》第 8 条规定了本国国民不引渡和对因种族、宗教等可能受到不公正待遇的行为人不予引渡。我国是《制止资恐公约》的缔约国,我国与其他《制止资恐公约》的缔约国不仅可以根据签订的引渡条约开展引渡,还可以将《制止资恐公约》作为引渡的依据。《制止资恐公约》规定,在被请求国的国内法明确要求订立条约为引渡的前提的情况下,当满足被请求国的国内法的规

---

① 2020 年 10 月,FATF 将建议十五、建议二十六、建议三十四的技术合规性评级由“部分合规”修改为“基本合规”。2021 年,FATF 将建议三、建议八、建议十六、建议二十九的技术合规性评级由“部分合规”修改为“基本合规”,将建议十八、建议三十八的技术合规性评级由“部分合规”修改为“完全合规”。

② 中国人民银行编:《中国反洗钱报告:2021》,中国金融出版社 2022 年版,第 3 页。

③ 《引渡法》第 8 条规定:“外国向中华人民共和国提出的引渡请求,有下列情形之一的,应当拒绝引渡:……(三)因政治犯罪而请求引渡的,或者中华人民共和国已经给予被请求引渡人受庇护权利的。”

④ 如 2006 年中华人民共和国和土库曼斯坦《关于打击恐怖主义、分裂主义和极端主义的合作协定》第 7 条的规定:“为引渡和司法协助的目的,本协定第一条第一款所指行为,不应被视为政治犯罪。不应以政治犯罪为由拒绝引渡被指控犯有本协定第一条第一款所指行为的人员,也不应以政治犯罪为由拒绝对涉及本协定第一条第一款所指行为的案件提供司法协助。”该协定第 1 条第 1 款则是对恐怖主义、分裂主义和极端主义的定义。

定,被请求引渡的国家可以自行决定是否将《制止资恐公约》视为进行引渡的法律依据;被请求国的国内法并未要求订立条约为进行引渡的前提的,被请求国应该将资助恐怖主义行为定为国内的可予引渡的犯罪;当缔约国的引渡条约与《制止资恐公约》的规定冲突,应视为缔约国之间已参照公约作了修改。根据我国外交部条约数据库的记录,截至 2023 年 2 月,我国已与意大利、法国、西班牙、越南、智利等 47 个国家签署了引渡条约,其中 44 项引渡条约已生效。①

我国积极与其他国家开展对于恐怖主义犯罪和资助恐怖主义犯罪被告的引渡合作。例如:在玉某组织、领导、参加恐怖活动组织案中,玉某于 1997 年资助阿某 2 共 8 万元用以开展恐怖活动,资金被用于购买实施恐怖活动的工具。同年玉某加入“东突厥斯坦解放组织”并为组织募集资金,因此构成组织、领导、参加恐怖活动罪,被新疆警方逮捕后玉某入狱。随后,玉某越狱,并逃至哈萨克斯坦、乌兹别克斯坦等地,由于玉某在吉尔吉斯斯坦实施了暗杀行为,玉某被吉尔吉斯斯坦警方通缉,国际刑事警察组织 2000 年发出国际逮捕令。虽然 2005 年玉某获得加拿大的公民身份,但是 2006 年玉某被乌兹别克斯坦逮捕后,根据我国与乌兹别克斯坦的引渡条约,我国成功引渡玉某,随后玉某被乌鲁木齐中级人民法院判处无期徒刑。在引渡过程中,玉某一经乌兹别克斯坦逮捕,乌兹别克斯坦立即根据《打击恐怖主义、分裂主义和极端主义上海公约》通知了我国,我国警方随即向乌兹别克斯坦司法部和总检察院递交了引渡书,乌兹别克斯坦司法部立刻将标明引渡日期、地点的引渡通过书送达我国。双方达成统一意见后,于 2006 年顺利完成对

---

① 中华人民共和国 - 条约数据库网,http://treaty. mfa. gov. cn/web/list. jsp?nPageIndex_ = 5&keywords = 引渡 &chnltype_c = all,2023 年 2 月 28 日访问。

玉某的引渡。①

四、中国制止资助恐怖主义犯罪中的司法协助

司法协助是指为便于开展调查与起诉，国家间在调取证据、文书送达、提供资料、检查物件和场地、搜查等方面进行的合作。我国是《制止资恐公约》的缔约国，《制止资恐公约》规定缔约国应对资助恐怖主义犯罪的刑事调查、起诉方面提供最大程度的司法互助，因此，我国与其他缔约国均应按照国际公约的规定履行司法协助的义务。根据我国外交部条约数据库的记录，截至2023年2月28日，我国已与日本、意大利、西班牙、比利时、伊朗等国签订了78项司法协助条约，其中已生效的司法协助条约77项。② 截至2021年9月，中国人民银行反洗钱监测分析中心已经与美国、澳大利亚、意大利等58个国家的金融情报机构签订了《关于反洗钱和反恐怖融资金融情报交流合作谅解备忘录》。③ 截至2021年12月，我国从境外接收了425份金融情报，我国向境外金融情报机构发出70份国际调查。④我国可提供的司法协助的措施包括：提供文件、资产追回等。表1显示了外国通过我国外交部要求我国采取的司法协助的类型，其中19

① 参见王全：《犯罪嫌疑人"双重国籍"问题的应对与处理》，载《中国刑警学院学报》2017年第1期。

② 中华人民共和国－条约数据库网，http://treaty.mfa.gov.cn/web/list.jsp?nPageIndex_=5&keywords=引渡&chnltype_c=all，2023年2月28日访问。

③ 参见李国辉：《中国反洗钱监测分析中心与阿联酋金融情报中心签署谅解备忘录》，载百家号"金融界"2021年9月3日，https://baijiahao.baidu.com/s?id=1709843756237212338&wfr=spider&for=pc。

④ 中国人民银行编：《中国反洗钱报告：2021》，中国金融出版社2022年版，第12页。

项协助措施(约5%)涉及洗钱,仅1项涉及资助恐怖主义犯罪。[①]可见,在上述公约、双边条约的基础上,我国在打击洗钱罪和资助恐怖主义犯罪的司法协助方面已作出积极的努力。

表1 外国通过中国外交部要求中国采取的司法协助的类型

单位:件

时间	调查取证	文书送达	同意并执行外国法院判决	没收、扣押、冻结	其他情况	共计
2012—2016年	306	39	1	44	2	392

五、中国制止资助恐怖主义犯罪中的收益处理

《制止资恐公约》规定,不仅应对为恐怖主义募集或提供给恐怖主义的资金采取识别、侦查、冻结、扣押、没收措施,对犯罪所得的收益也应一并采取上述措施。在我国,四类犯罪所得收益在整体犯罪所得收益中占比最大,包括非法集资、腐败、电信网络诈骗和贩毒。[②] 资助恐怖主义犯罪收益的比例虽然整体占比不大,但是资助恐怖主义犯罪的收益处理问题同等重要。我国《刑法》第64条规定了对犯罪收益的追缴[③],根据我国法律规定,只要达到刑事定罪标准,就可对

① The People's Republic of China: Detailed Assessment Report on Anti - Money Laundering and Combating the Financing of Terrorism, International Monetary Fund, 21 June 2019, p. 134.

② Anti - Money Laundering and Counter - Terrorist Financing Measures, People's Republic of China, Mutual Evaluation Report, 2009, para. 48.

③ "犯罪分子违法所得的一切财物,应当予以追缴或者责令退赔;对被害人的合法财产,应当及时返还;违禁品和供犯罪所用的本人财物,应当予以没收。"其中,"违法所得的一切财物"指犯罪所得的赃款、赃物和非法收益。"追缴""责令退赔"的对象是违法所得的一切财物,"没收"的对象是违禁品和供犯罪所用的本人财物。

违法所得财物进行追缴，对违禁品进行没收，并归还被害人的合法财物。但是，我国法律并没有规定等价没收，也没有对没收规定一定的限度，这是需进一步完善之处。① 在执法方面，我国规定可以采取多种方式处理收益，包括但不限于对收益的扣押、冻结、没收。当犯罪所得及收益被没收后，根据刑事司法协助的条约，国家可与协助侦查与起诉的国家分享犯罪收益。我国 2018 年通过了《国际刑事司法协助法》，其中规定了刑事合作中的资产分享。一般情况下，分享犯罪所得收益应基于与其他国家缔结的条约或协定，依据公平分配与保护善意第三人的原则，逐案分享资金和收益。在处理犯罪收益时，应尊重财产所有人及其他相关当事人包括财产权在内的合法权益，并且在分享资金与收益前赔偿被害人及家属。

综上，我国加入了上海合作组织、国际货币基金组织、FATF 为我国合作打击资助恐怖主义犯罪提供了良好的基础与平台。我国在引渡、司法协助、追缴涉案资产、交换金融情报的制度体系完整，各部门联动协作，分工明确，责任到位。实际上，我国已建立相当完备的体系以合作打击资助恐怖主义犯罪，只是在犯罪所得的没收和信息共享方面还有一定的提升空间。我国法律规定对于犯罪所得应进行追缴，但是我国法律未规定等价没收，也未规定没收的限度。我国的反洗钱监测分析中心还没有成为埃格蒙特集团的一员，需要建立与外国情报共享的长效机制，通过加强信息共享方面的合作，更有效地识别与打击资助恐怖主义行为。

---

① 参见何萍、周卫平：《以 FATF 标准看我国反洗钱、反恐融资措施》，上海市社会科学界第五届学术年会 2007 年年会论文，第 380 页。

结 论

“面对恐怖主义，各国命运与共”①。打击恐怖主义和打击资助恐怖主义不仅有利于推进构建安全共同体、构建可持续发展的共同体，也符合构建更加紧密的人类命运共同体的需要。制止对恐怖主义提供资助作为打击恐怖主义犯罪的一个重要组成部分，旨在切断从事恐怖主义行为的资金来源，从根本上制止恐怖主义犯罪。对资助恐怖主义犯罪的国际法问题的研究不仅有助于分析资助恐怖主义犯罪的性质和特征，剖析《制止资恐公约》解释和适用中的逻辑，而且有利于个人、法律实体、金融机构、国家更好地防范风险。本书按照《制止资恐公约》的规定，基于《制止资恐公约》、公约的准备工作文件、安理会决议、其他法律文件、国际刑事法庭与各国典型案例，分析资助恐怖主义犯罪的概

① 王毅：《面对恐怖主义，各国命运与共，团结合作是唯一通途》，载中国青年网 2021 年 10 月 8 日，https://baijiahao.baidu.com/s?id=1713028219982178624&wfr=spider&for=pc。

念、法律性质、个人刑事责任、国家的义务与责任等问题，以期从国际法的角度对资助恐怖主义犯罪进行系统深入的研究。

阐释资助恐怖主义犯罪概念的前提是厘清恐怖主义犯罪的概念。恐怖主义和恐怖主义犯罪不同，恐怖主义是指使用暴力或威胁手段，制造恐慌或迫使政府或国际组织以特定方式行事的主张或行为。恐怖主义行为是指使用暴力或威胁手段，在公众中散播恐惧的行为。恐怖主义行为的范围较广，因此，并不是所有的恐怖主义行为都构成恐怖主义犯罪。对于恐怖主义犯罪的定义一直是一个有争议的问题，恐怖主义犯罪是恐怖主义行为中违反国际公约和各国刑法的行为。实践中，国际社会对恐怖主义犯罪的定义方式分为两类：第一类通过列举的方式，将联合国和国际原子能机构主导制定的 19 部打击恐怖主义行为的公约禁止的行为规定为恐怖主义犯罪。第二类采用归纳的方式，直接适用《制止资恐公约》第 2 条第 1 款 b 项的规定。

《制止资恐公约》第 2 条明确规定了资助恐怖主义犯罪的定义。资助恐怖主义犯罪的行为要件是行为人存在提供或募集资金的行为；资助恐怖主义犯罪的心理要件是行为人明知资金用于或将用于实施恐怖主义行为，却故意提供或募集资金，但资助人无须知道具体或特定的恐怖主义行为。《制止资恐公约》中对资助恐怖主义犯罪的心理要件的规定只包括故意或明知，而不包括轻率、过失等心理要件。资助恐怖主义犯罪定义的难点在于"资金"的含义、《制止资恐公约》是否包含武装冲突下的资助行为等。本书认为，《制止资恐公约》规定的"资金"的范围应包含金钱、物品、武器、服务等，《制止资恐公约》不仅适用于和平时期实施公约第 2 条第 1 款 a 项或 b 项的行为，还适用于武装冲突期间实施的上述行为。

就资助恐怖主义犯罪的性质而言，本书认为资助恐怖主义犯罪是正在形成的一项习惯国际法中的犯罪。一方面，通过分析 12 个国家打击资助恐怖主义犯罪的法律制度发现，英国在《制止资恐公约》生效前就已将为恐怖主义募集资金的行为规定为犯罪，其他国家均在《制止资恐公约》生效后将为恐怖主义提供或募集资金的行为规定为犯罪。国家在《制止资恐公约》通过之前就将资助恐怖主义犯罪规定为国内法中的犯罪，说明国家知道防止和制止资助恐怖主义犯罪并不仅是履行公约规定的义务，国家知道自身行为还受到习惯国际法的约束，这是证明资助恐怖主义犯罪构成习惯国际法的有力证据。另一方面，各国均积极采取措施防止和制止个人与组织实施的违反《制止资恐公约》规定的行为，大多数国家履行了冻结和没收实施恐怖活动的个人或恐怖活动组织资产、建立金融情报机构的义务，并积极开展打击资助恐怖主义犯罪方面的国际合作。截至 2024 年 8 月，并未发现任何国家反对资助恐怖主义犯罪构成一项犯罪，也未发现国家反对在国际法或国内法层面预防或制止资助恐怖主义犯罪。更重要的是，已有 190 个国家成为《制止资恐公约》的缔约国，绝大多数联合国会员国已将资助恐怖主义犯罪规定为国内法中的犯罪。绝大多数国家的实践是一致的，均认识到制止资助恐怖主义犯罪是制止恐怖主义犯罪最有力的方式之一，且存在广泛、有代表性和一致性的防止和制止资助恐怖主义犯罪的国家实践，因此，资助恐怖主义犯罪是正在形成的一项习惯国际法中的犯罪。

资助恐怖主义犯罪构成国际刑法中的未完成的犯罪。在《制止资恐公约》生效之前，资助恐怖主义行为大多作为以帮助或协助的方式参与恐怖主义犯罪的形式，因此，在恐怖主义行为没有实际发生时，不能对资助恐怖主义行为定罪。《制止资恐公约》生效之后，资助恐怖主义行为被明确规定为一项国际犯罪，因为资助恐怖主义犯罪的目标犯罪是恐怖主义犯罪，并且《制止资恐公约》第 2 条第 3 款明确规定有关资金不必实际用于实施公约第 2 条第 1 款 a 项和 b 项的犯罪，资助人无须知道具体恐怖主义行为细节，更无须证明恐怖主义结果，所以资助恐怖主义犯罪构成国际刑法中的未完成的犯罪。当然，将资助恐怖主义犯罪视为国际刑法中的未完成的犯罪，那么组织恐怖活动、向恐怖活动组织提供咨询、为恐怖活动组织洗钱等行为也可能被视为未完成的犯罪，前提是通过国际公约的明确规定，例如《制止资恐公约》第 2 条第 3 款的规定。

个人刑事责任又称为责任形式，是指犯罪嫌疑人实施与参与犯罪的方式。国际刑法中的责任形式的法律渊源是普通法系国家的理论与实践。对于资助恐怖主义犯罪的责任形式而言，《制止资恐公约》第 2 条规定的责任形式包括实施犯罪、以共犯身份参加犯罪、组织或指使他人实施犯罪、协助以共同目的行事的团伙实施犯罪，对于上述责任形式的解释应依据国际刑事法庭对于相关责任形式的一般性的规定。但是需要注意，资助恐怖主义犯罪的责任形式中恐怖主义犯罪无须实际发生，但必须证明资助恐怖主义犯罪既遂或资助恐怖主义犯罪未遂，否则不满足资助恐怖主义犯罪责任形式的要求。同时，国际刑事法庭在认定个人是否构成资助恐怖主义犯罪的责任形式时，应保障资助恐怖主义犯罪嫌疑人的权利，法庭认定构成实施或协助实施资助恐怖主义犯罪的证明标准为排除合理怀疑，法庭适用法律有疑问时应做有利于被告的解释。

个人因实施国际犯罪而被追究个人责任与国家违反国际法义务而承担国家责任是不同的。就国家防止和制止资助恐怖主义犯罪的义务与责任而言，在《制止资恐公约》下，国家有防止和制止在其境内的个人或组织实施或协助实施资助恐怖主义犯罪的义务和开展国际合作制止资助恐怖主义犯罪的义务。为防止和制止个人或组织实施或协助实施资助恐怖主义行为，国家应履行立法义务、起诉与惩罚义务、初步调查义务、规范金融机构和从事金融交易的其他行业行为的义务。在国家履行制止资助恐怖主义犯罪的国际合作的义务时，国家需履行“或引渡或起诉”，司法协助，对资产识别、侦查、冻结、扣押和没收、金融领域的合作的义务。"或引渡或起诉"是惩罚犯罪最有效的措施之一,《制止资恐公约》对在席的普遍管辖权和"或引渡或起诉"条款进行规定,当犯罪嫌疑人出现在某一不具有管辖权的缔约国境内,如果该国不将此人引渡,应立即交由行为人所在地国主管当局以便起诉。制止资助恐怖主义犯罪的其他国际合作的措施,包括司法协助、金融领域的合作等,与"或引渡或起诉"原则相互补充,使制止资助恐怖主义犯罪更为有效。

国家在履行制止资助恐怖主义犯罪的义务时可能会影响国家履行支持民族解放运动、提供人道主义援助、保障人权的义务。第一,民族解放运动与恐怖主义行为的最大区别在于行为人的目的、行为人采取的手段和行为的对象不同。进行民族解放运动的目的是反抗殖民统治、外国占领和统治制度,争取本民族独立与解放。而恐怖主义的目的是在平民中散播恐惧并迫使政府或国际组织以特定方式行事。第二,各国打击资助恐怖主义犯罪的措施不能阻碍公正且独立的组织提供人道主义援助。同样,各国为打击资助恐怖主义行为的措施不应凌驾于保障人权的国际义务之上。

国家要为自身违反国际法义务的行为承担国家责任。《制止资恐公约》并未明确规定国家作为主体资助恐怖主义的责任。在公约的起草过程中,将国家资助恐怖主义的行为加入公约管辖范围的提议均没有被采纳。在《制止资恐公约》框架下,不论个人或组织从事的行为是否可以归因于国家,均不可依据公约追究国家作为主体实施资助恐怖主义行为的责任,国家应承担未能防止和制止个人或组织实施资助恐怖主义犯罪的责任。国家因违反公约的义务而承担的责任不具有刑事性质,但国家应承担赔偿责任。国家承担的赔偿责任应在符合国际法的前提下执行,而不应直接通过对在另一国境内的财产执行强制措施的方式进行。另外需要注意的是,国家资助恐怖主义的行为实际上是最严重和最危险的资助恐怖主义的形式。

虽然《制止资恐公约》不适用于国家作为主体实施的资助恐怖主义行为，但是国家负有防止和制止个人或组织资助恐怖主义犯罪的义务，且履行上述义务的前提是即使公约本身没有将国家规定为犯罪主体，国家本身也不应从事禁止行为。

另外，《制止资恐公约》规定金融机构等应至少实施以下措施以防止和制止资助恐怖主义行为：在建立客户账户时应仔细核实身份，并专门对法律实体的法人资格和结构进行审查；怀疑交易源自犯罪活动应立即报告；保存记录，保存的年限为5年。除记录保存义务外，其他两项是公约的强制性要求。

我国坚决打击一切形式的恐怖主义犯罪与资助恐怖主义犯罪。我国对联合国安理会第1373号决议投下赞成票，我国全国人民代表大会常务委员会于2006年2月28日批准《制止资恐公约》。一方面，我国批准《制止资恐公约》使得全球合作打击资助恐怖主义行为更加有效；另一方面，批准《制止资恐公约》意味着我国需要履行公约规定的义务。我国已构建了打击资助恐怖主义犯罪的较为完善的立法、执法、司法、金融监管的长效机制。我国《刑法》、最高人民法院的司法解释等均证明我国充分履行了《制止资恐公约》的立法义务；我国打击资助恐怖主义犯罪的机构设置较为完善，机构内部分工明确；我国司法机关对洗钱罪和恐怖活动罪进行了调查、起诉并采取了制裁措施。但是，我国打击资助恐怖主义犯罪的措施仍存在一些不足，为此，我国可以采取以下完善措施：第一，我国金融机构应完善风险控制措施，并完善与可疑交易报告和客户尽职调查等方面相关的一系列措施。第二，应加强对非金融行业的其他机构的监督，关注特定非金融行业的大额的、不寻常的、无明显合法目的的交易，关注账户资金的异常变动，关注汇款人和收款人账户信息不明确的交易，并对非金融行业的其他机构的风险评估设置一定的客观标准。第三，对于联合国安理会制裁名单中的个人或组织，应在符合国内法程序的基础上，立即对其采取资产禁令、旅游限制等措施。

我国缔结了一系列国际公约，加入了众多与打击资助恐怖主义犯罪相关的国际组织，促进了打击资助恐怖主义国际合作，为我国打击资助恐怖主义犯罪提供了良好的基础与平台。我国在引渡、司法协助、金融情报交换方面都取得了一定成效，可以说，我国在打击资助恐怖主义犯罪方面已取得一定成效，为推动人类命运共同体的构建彰显了中国的力量。需要注意的是，我国也应加大推动信息共享方面的合作，以更有效地识别与打击资助恐怖主义犯罪。

参考文献

一、著作类

(一)中文著作

1. 李世光、刘大群、凌岩主编:《国际刑事法院罗马规约评释》,北京大学出版社2006年版。
2. 马呈元:《国际刑法论》(增订版),中国政法大学出版社2013年版。
3. 马呈元:《国际犯罪与责任》,中国政法大学出版社2001年版。
4. 黄瑶等:《联合国全面反恐公约研究:基于国际法的视角》,法律出版社2010年版。
5. 王铁崖主编:《国际法》,法律出版社1995年版。
6. 朱利江:《对国内战争罪的普遍管辖与国际法》,法律出版社2007年版。
7. 郑斌:《国际法院与法庭适用的一般法律原则》,韩秀丽、蔡从燕译,法律出版社2012年版。
8. 童文俊:《恐怖融资与反恐怖融资研究》,复旦大学出版社2012年版。

9. 刘磊、谢玉科:《反恐怖融资战略体系研究》,时事出版社 2022 年版。
10. 陈兴良主编:《案例刑法研究:总论》,中国人民大学出版社 2020 年版。
11. 王宝运:《反洗钱和反恐怖融资理论与实践》,中国商业出版社 2020 年版。
12. 王沙骋主编:《世界金融反恐研究》,中国人民公安大学出版社 2019 年版。
13. 马呈元主编:《国际法》(第 5 版),中国人民大学出版社 2019 年版。
14. 王永宝编著:《反洗钱与反恐怖主义融资教程》,中国政法大学出版社 2019 年版。
15. 陈兴良:《共同犯罪论》(第 3 版),中国人民大学出版社 2017 年版。
16. 费袁伍、苑士威编著:《〈关于完善反洗钱、反恐怖融资、反逃税监管体制机制的意见〉及政策解读》,中国商业出版社 2017 年版。
17. 阎学通、何颖:《国际关系分析》(第 3 版),北京大学出版社 2017 年版。
18. 梁淑英主编:《国际法》(第 2 版),中国政法大学出版社 2016 年版。
19. 张成虎:《反洗钱与反恐融资》,中国金融出版社 2016 年版。
20. 王宝运:《反洗钱、反恐融资政策与实践》,中国金融出版社 2015 年版。
21. 李小华:《金融外交与国家安全:构建新时期的中国金融外交战略》,北京大学出版社 2015 年版。
22. 马呈元、张力编著:《国际法案例研习》,中国政法大学出版社 2014 年版。
23. 黄风:《金融制裁法律制度研究》,中国法制出版社 2014 年版。
24. 周忠海主编:《国际法》(第 2 版),中国政法大学出版社 2013 年版。
25. 陈伟强:《共同犯罪刑事责任研究》,清华大学出版社 2013 年版。
26. 李东荣主编:《FATF 建议反洗钱/反恐怖融资合规性及有效性评估方法》,中国金融出版社 2013 年版。
27. 孙明先:《中外刑法比较专论》,法律出版社 2011 年版。
28. 胡联合:《全球反恐论:恐怖主义何以发生与应对》,中国大百科全书出版社 2011 年版。
29. 雷家骕主编:《国家经济安全:理论与分析方法》,清华大学出版社 2011

年版。
30. 唐旭、刘争鸣编译:《金融行动特别工作组反洗钱/反恐怖融资指引与最佳实践》,中国金融出版社 2010 年版。
31. 姜威主编:《反洗钱国际经验与借鉴》,中国金融出版社 2010 年版。
32. 阮传胜:《恐怖主义犯罪研究》,北京大学出版社 2007 年版。
33. 俞光远主编:《反洗钱的理论与实践》,中国金融出版社 2006 年版。

(二)中文译著

1. [荷]格劳秀斯:《捕获法》,[美]格拉蒂丝·L. 威廉姆斯英译,马呈元译,中国政法大学出版社 2020 年版。
2. [荷]格劳秀斯:《战争与和平法》(第 1 卷),[美]弗朗西斯·W. 凯尔西等英译,马呈元译,中国政法大学出版社 2018 版。
3. [意]切萨雷·贝卡里亚:《论犯罪与刑罚》,黄风译,商务印书馆 2018 年版。
4. [荷]格劳秀斯:《战争与和平法》(第 3 卷),[美]弗朗西斯·W. 凯尔西等英译,马呈元、谭睿译,中国政法大学出版社 2017 年版。
5. [荷]格劳秀斯:《战争与和平法》(第 2 卷),[美]弗朗西斯·W. 凯尔西等英译,马呈元、谭睿译,中国政法大学出版社 2016 年版。
6. [新加坡]维克托·V. 拉姆拉伊、迈克尔·荷尔、肯特·罗奇、乔治·威廉姆斯主编:《全球反恐立法和政策》,杜邈等译,中国政法大学出版社 2016 年版。
7.《马克思恩格斯全集》(第 26 卷第 3 册),中共中央马克思恩格斯列宁斯大林著作编译局译,人民出版社 1974 年版。
8. [英]蒂姆·帕克曼:《精通反洗钱和反恐融资:合规性实践指南》,蔡真译,人民邮电出版社 2014 年版。
9. [德]格哈德·韦勒:《国际刑法学原理》,王世洲译,商务印书馆 2009 年版。
10. [德]黑格尔:《法哲学原理》,范扬、张企泰译,商务印书馆 2009 年版。
11. [美]理查德·普拉特编:《反洗钱和反恐融资指南》,王燕之审校,中国金融出版社 2008 年版。

12. [美]E. 博登海默:《法理学:法律哲学与法律方法》,邓正来译,中国政法大学出版社 2004 年版。

13. [美]哈里·亨德森:《全球恐怖主义:完全参考指南》,贾伟等译,中国社会科学出版社 2003 年版。

14. [德]罗伯特·阿列克西:《法律论证理论——作为法律证立理论的理性论辩理 论》,舒国滢译,中国法制出版社 2002 年版。

15. [英]R. 詹宁斯、A. 瓦茨修订:《奥本海国际法》(第 1 卷第 2 分册),王铁崖、李适时、汤宗舜、周仁译,中国大百科全书出版社 1998 年版。

(三)外文著作

1. Nina HB Jorgensen eds. , *International Criminal Responsibility of War's Funders and Profiteers*, Cambridge University Press, 2020.

2. Carsten Stahn, *A Critical Introduction to International Criminal Law*, Cambridge University Press, 2019.

3. Laura Ausserladscheider Jonas, *Individual Criminal Responsibility for the Financing of Entities Involved in Core Crimes*, Brill Nijhoff, 2021.

4. Michael R. Ronczkowski, *Terrorism and Organized Hate Crime: Intelligence Gathering, Analysis, and Investigations*, CRC Press, 2021.

5. Ben Saul, *Research Handbook on International Law and Terrorism*, Edward Elgar Publishing, 2020.

6. Ben Saul & Dapo Akande eds. , *The Oxford Guide to International Humanitarian Law*, Oxford University Press, 2020.

7. Doron Goldbarsht, *Global Counter - Terrorist Financing and Soft Law*, Edward Elgar, 2020.

8. Gerhard Werle & Florian Jeßberger, *Principles of International Criminal Law*, 4th edition, Oxford Public International Law, 2020.

9. Nathalie Rébé, *Counter - Terrorism Financing: International Best Practices and the Law*, Brill, 2020.

10. M. Cupido & R. Roth, *Modes of Liability in International Criminal Law*, Cambridge University Press, 2019.

11. A. I. Harvey, *Anti – Money Laundering and Counter – Terrorism Financing Law and Policy*, Brill, Nijhoff, 2019.

12. Colin King, Clive Walker & Jimmy Gurule eds., *The Palgrave Handbook of Criminal and Terrorism Financing Law*, Palgrave Macmillan, 2018.

13. Fabian M. Teichmann & Bruno S. Sergi, *Compliance in Multinational Corporations: Business Risks in Bribery, Money Laundering, Terrorism Financing and Sanctions*, Emerald Publishing Limited, 2018.

14. Kriangsak Kittichaisaree, *The Obligation to Extradite or Prosecute, Customary International Law Analysis*, Oxford Scholarly Authorities on International Law, 2018.

15. Kimberley L. Thachuk & Rollie Lal eds., *Terrorist Criminal Enterprises: Financing Terrorism through Organized Crime*, Praeger Security International, 2018.

16. Colin Clarke, *The Financing of Terrorism, Insurgency, and Irregular Warfare*, Praeger Security International, 2015.

17. Vivek Chadha, *Lifeblood of Terrorism: Countering Terrorism Finance*, Bloomsbury, 2015.

18. Jonathan Law ed., *Oxford Dictionary of Law*, 8th edition, Oxford University Press, 2015.

19. Miles Jackson, *Complicity in International Law*, Oxford University Press, 2015,

20. Juliet R. Okoth, *The Crime of Conspiracy in International Criminal Law*, Asser Press, 2014.

21. James Fitzjames Stephen, *A History of the Criminal Law of England*, Cambridge University Press, 2014.

22. L. Paoli, *The Oxford Handbook of Organized Crime*, Oxford University

Press,2014.

23. M. C. Bassiouni, *Introduction to International Criminal Law*, Martinus Nijhoff Publishers,2014.

24. Antonio Cassese, Paola Gaeta, *Cassese's International Criminal Law*, 3rd edition, Oxford University Press,2013.

25. Andrew Ashworth & Jeremy Horder, *Principles of Criminal Law*, Oxford University Press,2013.

26. Roberto Durrieu, *Rethinking Money Laundering & Financing of Terrorism in International Law*, Martinus Nijhoff,2013.

27. Jayesh D. Souza, *Terrorist Financing, Money Laundering, and Tax Evasion: Examining the Performance of Financial Intelligence Units*, CRC Press, 2012.

28. Tim Parkman, *Mastering Anti – Money Laundering and Counter – Terrorist Financing*, Pearson,2012.

29. Victor V. Ramraj, *Global Anti – terrorism Law and Policy*, Cambridge University Press,2012.

30. Timothy Wittig, *Understanding Terrorist Finance*, Palgrave,2011.

31. Jodi Vittori, *Terrorist Financing and Resourcing*, Palgrave,2011.

32. Rachel Ehrenfeld, *Funding Evil: How Terrorism Is Financed – and How to Stop It*, Multi Educator,2011.

33. William C. Gilmore, *Dirty Money: The Evolution of International Measures to Counter Money Laundering and the Financing of Terrorism*, Council of Europe,2011.

34. Emile van der, Does de Willebois, *Nonprofit Organizations and the Combatting of Terrorism Financing a Proportionate Response*, The World Bank, 2010.

35. Avi Jorisch, *Tainted Money: Are We Losing the War on Money Laundering and Terrorism Financing?*, Red Cell Publishing,2009.

36. A. Sambei, A. D. Plessis & M. Polaine, *Counter – Terrorism Law and Practice*, Oxford University Press, 2009.

37. Antonio Cassese ed. , *The Oxford Companion to International Criminal Justice*, Oxford University Press, 2009.

38. Bryan A. Garner ed. , *Black's Law Dictionary*, 9th edition, West Press, 2009.

39. *Combating Money Laundering and the Financing of Terrorism – A Comprehensive Training Guide*, The World Bank, 2009.

40. J. Craig Barker & John P. Grant, *Encyclopaedic Dictionary of International Law*, Oxford University Press, 2009.

41. William Schabas, *Genocide in International Law*, Cambridge University Press, 2009.

42. Douglas Husak, *Overcriminalization: The Limits of the Criminal Law*, Oxford University Press, 2008.

43. N. Abrams, *Anti – Terrorism and Criminal Enforcement*, Thomson West, 2008.

44. Thomas J. Biersteker & Sue E. Eckert, *Countering the Financing of Terrorism*, Routledge, 2008.

45. G. Boas, J. Bischoff & N. Reid, *Forms of Responsibility in International Criminal Law*, Cambridge University Press, 2007.

46. Robert Cryer, Hakan Friman, Darryl Robinson & Elizabeth Wilmshurst, *An Introductuion to International Criminal Law and Procedure*, Cambridge University Press, 2007.

47. Jae – myong koh, *Suppersssing Terrorist Financing and Money Laundering*, Springer, 2006.

48. Nicola Padfield, *Criminal Law*, Oxford University Press, 2006.

49. Paul Allan Schott, *Reference Guide to Anti – Money Laundering and Combating the Financing of Terrorism*, The World Bank, 2006.

50. Gregory E. Maggs, *Terrorism and the Law Cases and Materials*, West, 2005.

51. Antonio Cassese, *International Criminal Law*, Oxford University Press, 2003.

52. M. Pieth, *Financing Terrorism*, Kluwer Academic Publishers, 2002.

53. A. Eser, *The Rome Statute of the International Criminal Court: A Commentary*, Oxford University Press, 2002.

54. Jean de Hemptinne, Rudolf Roth & Elies van Sliedregt, *Moses of Liability in International Criminal Law*, Cambridge University Press, 2019.

二、论文类

(一)中文期刊论文

1. 刘大群:《论引渡的主体》,载《法学研究》1990 年第 1 期。

2. 陈娇、赵长明:《"人类命运共同体"倡议背景下恐怖主义融资犯罪的运行特征、治理困境及中国方案》,载《北京警察学院学报》2021 年第 6 期。

3. 张乃根:《试析国际法院的管辖权先决程序规则》,载《国际法学刊》2021 年第 2 期。

4. 朱利江:《国际法院判例中的争端之界定——从"马绍尔群岛案"谈起》,载《法商研究》2017 年第 5 期。

5. 付姝菊:《法定数字货币视域下反恐怖融资监管路径》,载《怀化学院学报》2022 年第 2 期。

6. 李嘉怡:《"对缔约国整体的义务"概念在国际法院的适用》,载《中国海洋大学学报(社会科学版)》2022 年第 5 期。

7. 宋伟锋:《"一带一路"视域下涉恐融资的法律监管研究——以利用金融科技跨境支付为例》,载《国际法学刊》2020 年第 4 期。

8. 汪阳:《紧急状态下国家克减权的运行与公民权利保护》,载李曙光主编:《法大研究生》总第 13 辑,中国政法大学出版社 2021 年版。

9. 王剑波:《金融反恐的概念和基本措施分析》,载《刑法论丛》第 61 卷,法律出版社 2020 年版。

10. 兰立宏、庄海燕:《论虚拟货币反洗钱和反恐怖融资监管的策略》,载《南方金融》2019 年第 7 期。

11. 舒铭:《非营利组织恐怖融资犯罪预防问题研究》,载《江西警察学院学报》2019 年第 2 期。

12. 黄晓亮、张清芳:《海峡两岸惩治资助恐怖主义活动犯罪比较》,载《海峡法学》2018 年第 3 期。

13. 贾宇、李恒:《资助恐怖活动犯罪行为与对策考察——比较视野下的刑事立法展开》,载《刑法论丛》第 54 卷,法律出版社 2019 年版。

14. 兰立宏:《国内外反恐怖融资研究现状、原因及对策分析》,载《刑法论丛》第 54 卷,法律出版社 2019 年版。

15. 兰立宏:《论恐怖主义招募融资犯罪的防控策略》,载《山东警察学院学报》2018 年第 2 期。

16. 梁立峥、李志鹏:《反恐融资法治实践的国际经验与启示》,载《江南社会学院学报》2018 年第 1 期。

17. 闫海、韩旭:《反恐怖融资法制发展:立法框架、情报体制与重点领域》,载《政法学刊》2018 年第 4 期。

18. 陈振云:《论制止恐怖主义融资的法律制度》,载《社会科学家》2017 年第 7 期。

19. 黎宜春:《"一带一路"反恐司法合作:中国与东盟国家反恐立法比较》,载《学术论坛》2017 年第 3 期。

20. 黎宜春:《中国与东盟国家反恐怖主义融资刑事立法之比较——基于〈制止向恐怖主义提供资助的国际公约〉的分析》,载《社会科学家》2017 年第 3 期。

21. 刘磊:《恐怖融资与反恐怖融资研究综述》,载《国际研究参考》2017 年第 10 期。

22. 孙陵霞、张成虎:《NCCTs 黑名单制度:产生、变迁及启示》,载《经济体制改革》2017 年第 2 期。

23. 吴光升:《论恐怖融资行为的刑法规制》,载《法治研究》2017 年第 5 期。
24. 赵繁:《反恐怖主义融资战略初探》,载“犯罪学论坛”第四届上海犯罪学论坛暨国际犯罪学学会成立 80 周年纪念及研讨活动论文,2017 年 5 月于上海。
25. 范玉民:《对我国反恐融资工作的思考》,载《金融与经济》2016 年第 7 期。
26. 王剑波等:《金融反恐国际合作法律规范及其执行情况之考察》,载《刑法论丛》第 48 卷,法律出版社 2017 年版。
27. 朱作鑫:《恐怖主义融资新趋势及我国应对策略》,载《中国发展观察》2016 年第 17 期。
28. 李春:《恐怖融资犯罪防控路径研究(上)——以刑法 120 条和 191 条为视角》,载《犯罪研究》2015 年第 5 期。
29. 皮勇、杨淼鑫:《论煽动恐怖活动的犯罪化——兼评〈刑法修正案(九)(草案)〉相关条款》,载《法律科学(西北政法大学学报)》2015 年第 3 期。
30. 范万栋:《试论当前恐怖融资运作方式与反恐怖融资对策》,载《中国刑警学院学报》2014 年第 4 期。
31. 刘凡:《反恐融资国际法律规范发展及我国的立法完善》,载《武汉大学学报(哲学社会科学版)》2013 年第 1 期。
32. 郝琦:《浅论恐怖主义融资》,载《东方企业文化》2013 年第 13 期。
33. 侯合心:《〈全球洗钱及恐怖融资威胁评估体系〉解析与借鉴》,载《云南财经大学学报》2012 年第 6 期。
34. 刘慧明:《关联与阻断:恐怖融资中洗钱犯罪之防控》,载《兰州交通大学学报》2012 年第 2 期。
35. 童文俊:《论恐怖融资与洗钱、反恐怖融资与反洗钱的主要区别与政策建议》,载《上海保险》2012 年第 4 期。
36. 童文俊:《反洗钱与反恐融资违规制裁制度的国际经验与启示》,载《金融教学与研究》2012 年第 2 期。
37. 王新:《零适用的审判现状:审视资助恐怖活动罪的适用》,载《政治与法律》2012 年第 7 期。
38. 杨柳:《论灭绝种族罪的背景要件》,载易平主编:《北大国际法与比较法评论》,北京大学出版社 2012 年版。
39. 张伶、张洋:《俄罗斯反洗钱与恐怖融资战略及启示》,载《中国刑警学院学报》2012 年第 2 期。
40. 程昉:《美国刑事打击恐怖主义融资之经验及启示》,载《福建警察学院学报》2011 年第 3 期。
41. 冯怡:《特定非金融行业反洗钱和反恐融资:国际规则与我国的实践》,载《财会学习》2011 年第 8 期。
42. 靳锐:《FATF 恐怖融资类型研究及对我国反恐融资工作的建议》,载《金融发展评论》2011 年第 5 期。
43. 何萍、周卫平:《以 FATF 标准看我国反洗钱、反恐融资措施》,上海市社会科学界第五届学术年会 2007 年年会论文。
44. 袁达松:《打击洗钱和资助恐怖主义的措施》,载史际春、袁达松主编:《经济法学评论》第 7 卷,中国法制出版社 2007 年版。
45. 李若谷:《建立完善反洗钱协调合作机制　严厉打击一切形式的洗钱和恐怖融资活动》,载《中国金融》2004 年第 18 期。
46. 史振郭、江钦辉:《资助恐怖活动罪的法源与特征分析》,载《中国刑事法杂志》2004 年第 1 期。
47. 方金英:《拉丹恐怖资金网内幕和世界金融反恐情况》,载《国际资料信息》2002 年第 2 期。
48. 姜琪:《简论国际法上的管辖权制度》,载《当代法学》2001 年第 5 期。
(二)学位论文
1. 刘磊:《经济全球化背景下的恐怖融资与反恐怖融资研究》,中共中央党校(国家行政学院)2019 年博士学位论文。
2. 于飞:《反大规模毁灭性武器扩散融资研究》,复旦大学 2014 年博士学位论文。
3. 涂晨:《防治恐怖主义的国际合作机制研究》,复旦大学 2014 年博士学位论文。
4. 康蕊:《恐怖主义融资行为刑法规制研究》,甘肃政法大学 2022 年硕士学位论文。
5. 谢兴林:《互联网金融背景下恐怖融资犯罪治理对策研究》,西南政法大学 2020 年硕士学位论文。
6. 肖欢:《恐怖主义融资犯罪打击对策研究》,甘肃政法大学 2019 年硕士学位论文。
7. 张博隆:《国际社会反恐怖融资问题研究及其对我国反恐工作的启示》,中国人民公安大学 2019 年硕士学位论文。
8. 万欣欣:《我国反恐怖融资法律问题研究》,大连海事大学 2018 年硕士学位论文。
9. 史改莹:《〈刑法修正案(九)〉中恐怖活动犯罪立法评析》,甘肃政法学院 2018 年硕士学位论文。
10. 付祎:《我国反恐怖主义融资刑事立法研究》,吉林大学 2018 年硕士学位论文。
11. 唐娜:《刑事诉讼法规制恐怖活动犯罪之完善研究》,江西财经大学 2015 年硕士学位论文。
12. 胡小平:《恐怖融资犯罪问题研究》,广西师范大学 2014 年硕士学位论文。
13. 李颖骅:《反恐怖主义融资刑事政策研究》,复旦大学 2013 年硕士学位论文。
14. 贺煌:《反恐怖融资战略初探》,复旦大学 2012 年硕士学位论文。
15. 王俊:《国际金融反恐法律制度研究》,西南政法大学 2009 年硕士学位论文。
16. 徐方:《恐怖组织网络化趋势下恐怖融资研究》,复旦大学 2009 年硕士学位论文。
17. 黄卓昊:《恐怖主义融资犯罪和金融反恐立法研究》,华东政法大学 2008 年硕士学位论文。

18. 薛亮:《金融反恐法律制度研究》,西南政法大学 2006 年硕士学位论文。

(三)外文期刊论文

1. Liu Daqun, *On Criminal Responsibility for Terrorist Financing an Analysis of the International Convention for the Suppression of the Financing of Terrorism*, International Criminal Responsibility of War's Funders and Profiteers, Cambridge University Press, 2020.

2. Hamed Tofangsaz, *Criminalization of Terrorist Financing: From Theory to Practice*, New Criminal Review, 2018.

3. Anwar Tasniem, *Guilty Knowledge: A Postcolonial Inquiry into Knowledge, Suspicion, and Responsibility in the Fight Against Terrorism Financing*, Review of International Studies, 2023.

4. Alatorre Nancy Gabriela, *Terrorism Financing through Cryptocurrency*, ProQuest Dissertations Publishing, 2022.

5. Akram Tooba, *Prevalence of Money Laundering and Terrorism Financing through Stock Market: A Comprehensive Conceptual Review Paper*, Journal of Money Laundering Control, 2022.

6. Davis Jessica, *Understanding the Effects and Impacts of Counter – Terrorist Financing Policy and Practice*, Terrorism and Political Violence, 2022

7. Limodio Nicola, *Terrorism Financing, Recruitment, and Attacks*, Econometrica, 2022.

8. Rocha Inmaculada Marrero, *From Financing Needs to Criminal Terrorism: The Role of Terrorist Financing in Crime – terror Relations*, Oñati Socio – legal Series, 2022.

9. Sylvia Laksmi, *Terrorism Financing in Southeast Asia: Transformations, Continuities and Challenges*, Counter Terrorist Trends and Analyses, 2022.

10. Teichmann, Fabian Maximilian, *Current Trends in Terrorist Financing*, Journal of Financial Regulation and Compliance, 2022.

11. Vivek Thangam, *Illicit Money: Financings Terrorism in the 21st Century*,

Air & Space Operations Review, 2022.

12. Farmaki Roumpini, *The Exploitation of Natural Resources in the Financing of Terrorism: The Case of ISIS in Syria and Iraq*, ProQuest Dissertations Publishing, 2021.

13. Mallada Fernández Covadonga, *Study on the Processing and Transfer of Financial Messaging Data between the European Union and the United States for the Purposes of the Fight Against the Financing of Terrorism*, Ferecho Y política, 2021.

14. Nduka, Buno (Okenyebuno) Emmanuel, Sechap Giwa, *Refocusing Designated Non – Financial Businesses and Professions on the Path of Anti – Money Laundering and Combating the Financing of Terrorism Compliance*, Journal of Money Laundering Control, 2021.

15. Pavlidis, Georgios, *Financial Action Task Force and the Fight Against Money Laundering and the Financing of Terrorism: Quo Vadimus?*, Journal of Financial Crime, 2021.

16. Rocha – Salazar, José – de – Jesús, Segovia – Vargas & María – Jesús, *Money Laundering and Terrorism Financing Detection Using Neural Networks and an Abnormality Indicator*, Expert Systems with Applications, 2021.

17. Unal Seyfettin, Altun Mehmet, *The Role of Financial Intelligence in Combating the Financing of Terrorism*, Journal of Money Laundering Control, 2021.

18. Van Broekhoven Lia & Goswami Sangeeta, *Can Stakeholder Dialogues Help Solve Financial Access Restrictions Faced by Non – Profit Organizations that Stem from Countering Terrorism Financing Standards and International Sanctions?*, International Review of the Red Cross, 2021.

19. Glotov, V. I., *Measures Identified in the Legal Acts of the European Union and Member States of the European Union for Decreasing the Risks of Money Laundering and Terrorism Financing Through Operations with Vir-*

tual Currencies, Vestnik of the Plekhanov Russian University of Economics, 2020.

20. Kerimov, Atik, *The Methods of Managing for Risk of Combating Money Laundering (Legalization) of Proceeds from Crime and the Financing of Terrorism*, Economic and Social Development: Book of Proceedings, 2020.
21. Koster Harold, *Towards Better Implementation of the European Union's Anti – Money Laundering and Countering the Financing of Terrorism Frame Work*, Journal of Money Laundering Control, 2020.
22. Naheem, Mohammed Ahmad, *Presenting a Legal and Regulatory Analysis of the United Arab Emirates' Past, Present and Future Legislation on Combating Money Laundering (ML) and Terrorist Financing (TF)*, Journal of Money Laundering Control, 2020.
23. Plaksiy Kirill V., *Investigation of Information Security Issues for Graph Databases Suitable for Big Data Processing While Detecting Money Laundering and Terrorism Financing Cases*, Bezopasnost' Informatsionnykh Tekhnologiĭ, 2020.
24. Teichmann & Fabian Maximilian Johannes, *Money Laundering and Terrorism Financing Compliance Unsolved Issues*, Journal of Money Laundering Control, 2020.
25. Tkach Mykola, *Struggle Against Financing Terrorism in the World and Ukraine by the way of Strengthening the State Financial Control and Audit system*, Vuzf Review, 2020.
26. Andrianova Anastasia, *Countering the Financing of Terrorism in the Conditions of Digital Economy*, Springer International Publishing, 2019
27. Al Qudah Anas, Bani – Mustaf Yamen & Ahmed, *The Mechanism of Control of Corruption and the Rule of Law: Mediating the Effect of Culture on Terrorism Financing*, Journal of Money Laundering Control, 2019.
28. Morse, Julia C., *Blacklists, Market Enforcement, and the Global Regime to*

Combat Terrorist Financing, International Organization, 2019.

29. Jayasekara Sisira Dharmasri, *Challenges of Implementing an Effective Risk-based Supervision on Anti – Money Laundering and Countering the Financing of Terrorism under the 2013 FATF Methodology*, Journal of Money Laundering Control, 2018.

30. Plaksiy, Kirill, *Applying Big Data Technologies to Detect Cases of Money Laundering and Counter Financing of Terrorism*, 6th International Conference on Future Internet of Things and Cloud Workshops (FiCloudW), 2018.

31. Staji c Ljubomir, *Possibilities for Misuses of Virtual Currencies in Money Laundering Process and Financing Terrorism*, Zbornik radova, 2018.

32. Teichmann & Fabian Maximilian Johannes, *Financing Terrorism through Cryptocurrencies – A Danger for Europe?*, Journal of Money Laundering Control, 2018.

33. Irina Shterjeva Shapchevski, *Combating Terrorism and Terrorist Financing in the Peak of Refugee Migration and the and the Human Rights Issue*, Dialogues Security, 2017.

34. N. Bolleyer & A. Gauja, *Combating Terrorism by Constraining Charities? Charity and Counter – Terrorism Legislation before and after* 9/11, Public Administration, 2017.

35. A. V. M. Leong, *The Disruption of International Organised Crime: an Analysis of Legal and Non – Legal Strategies*, Routledge, 2016.

36. A. W Harzing, S. Alakangas, *Google Scholar, Scopus and the Web of Science: A Longitudinal and Cross – Disciplinary Comparison*, Scientometrics, 2016.

37. Baisagatova Diana Bekbolatovna, *International Standards in the Area of Combating the Financing of Terrorism and Extremism*, Journal of Advanced Research in Law and Economics, 2016.

38. Cooper Karen & Walker Clive, *Security From Terrorism Financing: Models of Delivery Applelied to Informal Value Transfer System*, British Journal of Criminology, Oxford University Press, 2016.

39. Dersolegn Yeneabat Mekonen, *The Principle of Proportionality of Punishment in Criminal Law: An Appraisal of the Ethiopian Anti – Terrorism Law*, Journal of Law, Policy and Globalization, 2016,

40. Filipkowski & Wojciech, *Institutional Framework for Combating the Financing of Terrorism at a National and International Level*, Internal Security, 2016.

41. Kenneth Murray, *In the Shadow of the Dark Twin – Proving Criminality in Money Laundering Cases*, Journal of Money Laundering Control, 2016.

42. K. S. Helgesson & U. Mörth, *Involuntary Public Policy Making by for Profit Professionals: European Lawyers on Anti – Money Laundering and Terrorism Financing*, Journal of Common Market Studies, 2016.

43. S. Keesoony, *International Anti – Money Laundering Laws: The Problems with Enforcement*, Journal of Money Laundering Control, 2016.

44. A. A. Zubair, U. A. Oseni & N. M. Yasin, *Anti – Terrorism Financing Laws in Malaysia: Current Trends and Developments*, IIUM Law Journal, 2015.

45. Kingah Stephen, *Regulating Money Laundering for Terrorism Financing: EU – US Transnational Policy Networks and the Financial Action Task Force*, Contemporary Politics, 2015.

46. A. Rose, M. Avetisyan & S. Chatterjee, *A Framework for Analyzing the Economic Tradeoffs between Urban Commerce and Security Against Terrorism*, Risk Analysis, 2014.

47. Michael T. Cahill, *Inchoate Crimes*, The Oxford Handbook of Criminal Law, 2014.

48. Othman Radiah, *Institutionalization of Risk Management Framework in Islamic NGOs for Suppressing Terrorism Financing: Exploratory Research*,

Journal of Money Laundering Control, 2014.

49. W. Vlcek, *Securitizing Money to Counter Terrorist Finance: Some Unintended Consequences for Developing Economies*, International Studies Perspectives, 2015.

50. S. M. Irwin Angela, Slay Jill, Raymond Choo Kim – Kwang, Lui Lin, *Money Laundering and Terrorism Financing in Virtual Environments: A Feasibility Study*, Journal of Money Laundering Control, 2014.

51. Aimen Dean, *Draining the Ocean to Catch One Type of Fish: Evaluating the Effectiveness of the Global Counter – Terrorism Financing Regime*, Perspectives on Terrorism (Lowell), 2013.

52. Mojca M. Plesnicar, *The Individualization of Punishment: Sentencing in Slovenia*, European Journal of Criminology, 2013,

53. Rymond Guess, *Beccaria on Crimes and Punishments and Other Writings*, Cambridge Texts in the History of Political Thought, 2013,

54. Gabriel Hallevy, *Incapacitating Terrorism through Legal Fight – the Need to Redefine Inchoate Offences under the Liberal Concept of Criminal Law*, Alabama Criminal Law Review, 2012.

55. H. Tofangsaz, *A New Approach to the Criminalization of Terrorist Financing and its Compatibility with Sharia Law*, Journal of Money Laundering Control, 2012.

56. N. Boister, *An Introduction to Transnational Criminal Law*, Oxford University Press, 2012.

57. Shehu, Abdullahi Y., *Promoting Financial Inclusion for Effective Anti – Money Laundering and Counter Financing of Terrorism (AML/CFT)*, Crime, Law, and Social Change, 2012.

58. Brzoska, Michael, *The Role of Effectiveness and Efficiency in the European Union's Counterterrorism Policy: The Case of Terrorist Financing*, Economics of Security Working Paper, 2011.

59. Beekarry Navin, *The International Anti – Money Laundering and Combating the Financing of Terrorism Regulatory Strategy: A Critical Analysis of Compliance Determinants in International Law*, Northwestern Journal of International Law & Business, 2011.

60. Dharitri Dwivedy, *Regulating Non – Profit Organizations (NPOs) to Counter Financing of Terrorism: A Double – Edged Sword?*, Counter Terrorist Trends and Analyses, 2011.

61. Michael Freeman, *The Sources of Terrorist Financing: Theory and Typology*, Routledge, 2011.

62. Simser Jeffrey, *Terrorism Financing and the Threat to Financial Institutions*, Journal of Money Laundering Control, 2011.

63. T. Weigend, *Perpetration through an Organization: The Unexpected Career of a German Legal Concept*, Journal of International Criminal Justice, 2011.

64. F. Åström, *The Visibility of Information Science and Library Science Research in Bibliometric Mapping of the LIS Field*, The Library Quarterly, 2010.

65. K. Drakos, *Terrorism Activity, Investor Sentiment, and Stock Returns*, Review of Financial Economics, 2010.

66. Levi, Michael, *Combating the Financing of Terrorism: A History and Assessment of the Control of "Threat Finance"*, British Journal of Criminology, 2010.

67. Levi Michael, *Preceeds of Crime: Fighting the Financing of Terrorism*, Criminal Justice Matters, 2010.

68. M. D. Intriligator, *The Economics of Terrorism*, Economic Inquiry, 2010.

69. P. He, *A Typological Study on Money Laundering*, Journal of Money Laundering Control, 2010.

70. S. Sloan, *Different Disciplinary Perspectives on Understanding and Countering Crucial Aspects of Terrorism: The Quest for an Integrated Approach*

Remains an Ideal, International Studies Review, 2010.

71. A. W. Kruglanski & S. Fishman, *Psychological Factors in Terrorism and Counterterrorism: Individual, Group, and Organizational Levels of Analysis*, Social Issues and Policy Review, 2009.

72. Andrew Zerzan, *New Technologies, New Risks, Innovation and Countering the Financing of Terrorism*, The World Bank, 2009.

73. Barrett Richard, *Time to Reexamine Regulation Designed to Counter the Financing of Terrorism Case*, Western Reserve Uournal of International Law, 2009.

74. Elies Van Sliedregt, *A Contemporary Reflection on the Presumption of Innocence*, Revue Internationale de Droit Penal, 2009.

75. Hardouin Patrick, *Banks Governance and Public – Private Partnership in Preventing and Confronting Organized Crime, Corruption and Terrorism Financing*, Journal of Financial Crime, 2009.

76. Michael T. Cahill, *Grading Arson*, Criminal Law and Philosophy, 2009.

77. Matteo Vaccani, *Alternative Remittance Systems and Terrorism Financing Issues in Risk Management*, The World Bank, 2009.

78. Yara Esquivel Soto, *An Autonomous Offence for the Financing of Terrorism: Notes from an Ibero – American Perspective*, Countering Terrorist Financing: The Practitioner's Point of View, 2009.

79. Caroline M. Pelser, *Preparation to Commit a Crime: The Dutch Approach to Inchoate Offences*, Utrecht University Press, 2008.

80. Morris J. Fish, *An Eye for an Eye: Proportionality as a Moral Principle of Punishment*, Oxford Journal of Legal Studies, 2008.

81. Ping H. E., *The Measures on Combating Money Laundering and Terrorism Financing in the PRC: From the Perspective of Financial Action Task Force*, Journal of Money Laundering Control, 2008.

82. Thomas A. Balmer, *Some Thoughts on Proportionality*, Oregon Law Re-

view,2008.

83. M. Milanović,*An Odd Couple:Domestic Crimes and International Responsibility in the Special Tribunal for Lebanon*,Journal of International Criminal Justice,2007.

84. Tom Stenson,*Inchoate Crimes and Criminal Responsibility under International Law*,Journal of International Law and Policy,2007.

85. Thony Jean – François & Png Cheong – Ann,*FATF Special Recommendations and UN Resolutions on the Financing of Terrorism:A Review of the Status of Implementation and Legal Challenges Faced by Countries*,Emerald Group Publishing Limited,2007.

86. V. Mitsilegas,B. Gilmore,*The EU Legislative Framework Against Money Laundering and Terrorist Finance:A Critical Analysis in the Light of Evolving Global Standards*,Cambridge University Press,2007.

87. A. L. Clunan,*The Fight Against Terrorist Financing*,Political Science Quarterly,2006.

88. Antonio Cassese,*The Multifaceted Criminal Notion of Terrorism in International Law*,Journal of International Criminal Justice,2006.

89. Chukwuemerie Andrew I. ,*International Legal War on the Financing of Terrorism*,Journal of Money Laundering Control,2006.

90. L. De Koker,*Money Laundering Control and Suppression of Financing of Terrorism:Some Thoughts on the Impact of Customer Due Diligence Measures on Financial Exclusion*,Journal of Financial Crime,2006.

91. McCulloch Jude,*Preempting Justice:Suppression of Financing of Terrorism and the "War on Terror"*,Current Issues in Criminal Justice,2006.

92. M. M. Forman,*Combating Terrorist Financing and other Financial Crimes through Private Sector Partnerships*,Journal of Money Laundering Control,2006.

93. Vlcek William,*Acts to Combat the Financing of Terrorism:Common For-*

eign and Security Policy at the European Court of Justice, European Foreign Affairs Review, 2006.

94. McCulloch Jude & Pickering Sharon, *Suppression The Financing of Terrorism: Proliferating State Crime, Eroding Censure and Extending Neo – colonialism*, British Journal of Criminology, 2005.

95. Phil Williams, *Warning Indicators, Terrorist Finances, and Terrorist Adaptation*, Strategic Insights, 2005.

96. S. D. Kiser, *Financing Terror: An Analysis and Simulation for Affecting Al Qaeda's Financial Infrastructure*, Rand, 2005.

97. J. S. Zdanowicz, *Detecting Money Laundering and Terrorist Financing Via Data Mining*, Communications of the ACM, 2004.

98. D. Tranfield, D. Denyer & P. Smart, *Towards a Methodology for Developing Evidence – Informed Management Knowledge by Means of Systematic Review*, British Journal of Management, 2003.

99. Holder, William, *The International Monetary Fund's Involvement in Combating Money Laundering and the Financing of Terrorism*, Journal of Money Laundering Control, 2003.

100. I. Bantekas, *The International Law of Terrorist Financing*, American Journal of International Law, 2003.

101. Internatianl Moneyary Fund, *Suppressing the Financing of Terrorism: A Handbook for Legislative Drafting*, 2003.

102. Jean – Marc Sorel, *Some Questions about the Definition of Terrorism and the Fight Against Its Financing*, EJIL, 2003.

103. M. F. Cuéllar, *The Tenuous Relationship between the Fight against Money Laundering and the Disruption of Criminal Finance*, Journal of Criminal Law and Criminology, 2003.

104. Albin Eser, *Individual Criminal Responsibility*, The Rome Statute of the International Criminal Court: A Commentary, Oxford University Press, 2002.

105. Louis Forget, *Combating the Financing of Terrorism*, *Seminar on Current Developments in Monetary and Financial Law*, Money Laundering and Terrorism Financing, 2002.

106. M. Levi, W. Gilmore, *Terrorist Finance, Money Laundering and the Rise and Rise of Mutual Evaluation: A New Paradigm for Crime Control?*, Financing Terrorism, 2002.

107. Anthony Aust, *Counter – Terrorism—A New Approach: The International Convention for the Suppression of the Financing of Terrorism*, Max Plank Yearbook of United Nations Law, 2001.

108. J. McDowell & G. Novis, *The Consequences of Money Laundering and Financial Crime*, Economic Perspectives, 2001.

109. Roberto Lavalle, *The International Convention for the Suppression of the Financing of Terrorism*, Max Planck Institute, 2000.

110. William Schabas, *International Conference: Hate Speech in Rwanda: The Road to Genocide*, McGill Law Journal, 2000.

111. Ben Saul, *International Convention Against the Taking of Hostages*, United Nations Audiovisual Library of International Law, 1979.

112. Wang Chung – Hui, *Individualization of Punishment*, Chinese Social and Political Science Review, 1919.

三、资料类/案例

(一)国际条约和法律文件(中文)

1. 最高人民检察院、公安部《关于公安机关管辖的刑事案件立案追诉标准的规定(二)》,2022 年。

2. 《反恐怖主义法》,2016 年。

3. 最高人民法院、最高人民检察院、公安部《关于办理暴力恐怖和宗教极端刑事案件适用法律若干问题的意见》(已失效),2014 年。

4. 《上海合作组织反恐怖主义公约》,2009 年。

5.《东盟打击恐怖主义公约》,2007 年。
6.《反洗钱法》,2006 年。
7.《制止危及海上航行安全非法行为公约议定书》,2005 年。
8.《制止核恐怖主义行为国际公约》,2005 年。
9.《塞拉利昂问题特别法庭规约》,2002 年。
10. 上海合作组织成员国《关于地区反恐怖机构的协定》,2002 年。
11.《联合国打击跨国有组织犯罪公约》,2000 年。
12.《引渡法》,2000 年。
13.《制止向恐怖主义提供资助的国际公约》,1999 年。
14.《国际刑事法院罗马规约》,1998 年签订。
15.《刑法》,1997 年。
16.《制止恐怖主义爆炸事件的国际公约》,1997 年。
17.《卢旺达问题国际刑事法庭规约》,1994 年。
18.《前南斯拉夫问题国际刑事法庭规约》,1993 年。
19.《儿童权利公约》,1989 年通过。
20.《补充关于制止危害民用航空安全的非法行为的公约的制止在为国际民用航空服务的机场上的非法暴力行为的议定书》,1988 年。
21.《制止危及大陆架固定平台安全非法行为议定书》,1988 年。
22.《禁止酷刑和其他残忍、不人道或有辱人格的待遇或处罚公约》,1984 年。
23.《核材料实物保护公约》,1980 年。
24.《反对劫持人质国际公约》,1979 年。
25.《关于防止和惩处侵害应受国际保护人员包括外交代表的罪行的公约》,1973 年。
26.《关于制止危害民用航空安全的非法行为的公约》,1971 年。
27.《关于制止非法劫持航空器的公约》,1970 年。
28.《公民权利和政治权利国际公约》,1966 年。
29.《关于战俘待遇之日内瓦公约》,1950 年。
30.《防止及惩治灭绝种族罪公约》,1948 年。

31.《欧洲国际军事法庭宪章》,1945 年。

32.《国际法院规约》,1945 年。

33.《互联网金融从业机构反洗钱和反恐怖融资管理办法(试行)》,2019 年。

(二)国际条约和法律文件(外文)

1. Directive 2017/541 of the European Parliament and of the Council of 15 March 2017 on Combating Terrorism and Replacing Council Framework Decision 2002/475/JHA and Amending Council Decision 2005/671/JHA, 31 March 2017.

2. Enforcement Decree of the Foreign OREIGN Exchange Transactions Act, 18 July 2017.

3. Law No. 6415 on the Prevention of the Financing of Terrorism, 7 February 2013.

4. Republic Act No. 10168, Republic of the Philippines, 2012.

5. Asean Convention on Counter Terrorism, 2011.

6. Federal Law No. 197 – FZ of July 27, 2010 on Amending Certain Legislative Acts of the Russian Federation in the Sphere of Countering the Legalisation (Laundering) of Criminal Obtained Incomes and the Financing of Terrorism, Approved by the Federation Council on July 14, 2010.

7. Act on Prohibition against the Financing of Terrorism and Proliferation of Weapons of Mass Destruction, KoFIU, 2008.

8. UK Terrorism Act, 2006.

9. Regulation of the Central Bank of Russia No. 262 – P of August 19, 2004 on the Identification by Credit Institutions of Clients and Benefucuarues for the Purposes of Counteraction to the Legalization (Laundering) of Incomes Derived Illegally and to Financing Terrorism, with the Amendments and Additions of September 14, 2006.

10. UN Draft Comprehensive Convention against International Terrorism, 2005.

11. Directive 2005/60/EC of the European Parliament and of the Council of 26

October 2005 on the Prevention of the Use of the Financial System for the Purpose of Money Laundering and Terrorist Financing,2005.

12. French Penal code(English), Inserted by Act No. 2001 - 1062 of 15 November 2001 Article 33 Official Journal 16 November 2001,2005.
13. Council of Europe Convention on Laundering, Search, Seizure and Confiscation of the Proceeds from Crime and on the Financing of Terrorism, Warsaw, Council of Europe,2005.
14. Intelligence Reform and Terrorism Prevention Act,2004.
15. Protocol Amending the European Convention on the Suppression of Terrorism, Council of Europe,2003.
16. The United Kingdom Extradition Act,2003.
17. Inter - American Onvention against Terrorism,2003.
18. OAU Convention on the Prevention and Combating of Terrorism,2002.
19. Terrorism Suppression Act, New Zealand,2002.
20. The Statutes of the Republic of Singapore Terrorism(Suppression of Financing) Act,2002.
21. Federal Law No. 115 - FZ of August,2001 on Countering the Legalization of Illegal Earning (Money Laundering) and the Financing of Terrorism, 2001.
22. FATF Special Recommendations on Terrorist Financing, FATF IX Special Recommendations, October 2001.
23. Draft Articles on Responsibility of States for Internationally Wrongful Acts, with Commentaries,2001.
24. European Union Council Recommendation of 9 December 1999 on Cooperation in Combating the Financing of Terrorist Groups,1999C 373/01,1999.
25. German Criminal Code(Strafgesetzbuch),1998.
26. Draft Code of Crimes against the Peace and Security of Mankind, International Law Commission,1996.

27. Australian Criminal Code Act,1995.

28. Convention on Laundering,Search,Seizure and Confiscation of the Proceeds from Crime(ETS No. 141),Chart of Signatures and Ratifications of Treaty, 1993.

29. Convention on Laundering,Search,Seizure and Confiscation of the Proceeds from Crime,Strasbourg,Council of Europe,1990.

30. Model Treaty on Extradition,1990.

31. Control Council Law No. 10 Punishment of Persons Guilty of War Crimes, Crimes against Peace and against Humanity,1945.

32. Canadian Criminal Code,1985.

(三)报告资料(中文)

1. 段洁龙主编:《国际反恐法律文件汇编》,海洋出版社 2009 年版。

2. 中国人民银行反洗钱局编译:《金融行动特别工作组年度报告及最新标准指引(2019—2020)》,中国金融出版社 2021 年版。

3. 中国人民银行反洗钱局编译:《金融行动特别工作组年度报告及最新标准指引(2018—2019)》,中国金融出版社 2020 年版。

4. 唐彬彬主编:《反洗钱和反恐怖融资法律制度实用手册(2020)》,中国商业出版社 2020 年版。

5. 中国人民银行反洗钱局编译:《金融行动特别工作组年度报告及最新标准指引(2016—2017)》,中国金融出版社 2019 年版。

6. 刘向民、郝敬华编译:《金融行动特别工作组年度报告及洗钱/恐怖融资类型研究报告(2015—2016)》,中国金融出版社 2019 年版。

7. 杜金富主编:《部分国家(地区)反洗钱/反恐融资规定选编》,中国金融出版社 2013 年版。

8. 冯菊平、刘争鸣编译:《金融行动特别工作组年度报告及洗钱/恐怖融资类型研究报告(2009—2010)》,中国金融出版社 2012 年版。

9. 杜金富主编:《银行业反洗钱与反恐怖融资培训手册》,中国金融出版社 2011 年版。

10. 刘争鸣等编译:《金融行动特别工作组年度报告及洗钱/恐怖融资类型研究报告(2008—2009)》,中国金融出版社 2011 年版。
11. 联合国安理会关于预防和制止资助恐怖主义的决议,S/2019/268,2019 年。
12. 联合国大会 1996 年 12 月 17 日第 51/210 号决议所设特别委员会第十六届会议,A/AC. 252/2013/L. 1,2013 年。
13. 联合国毒品和犯罪问题办公室,《刑事事项上的国际合作:打击恐怖主义》,2012 年。
14.《支付机构反洗钱和反恐怖融资管理办法》,2012 年。
15. 联合国毒品和犯罪问题办公室,《恐怖主义案例摘要》,2010 年。
16.《制止向恐怖主义提供资助立法指南》,国际货币基金组织法律部,2003 年。
17. 联合国大会第五十六届会议补编第 37 号大会 1996 年 12 月 17 日第 51/210 号决议所设的特别委员会的报告,A/56/37,2001 年。
18. 联合国大会第五十四届会议第 35 次会议简要记录,A/C. 6/54/SR. 35,2000 年。
19. 联合国大会 1996 年 12 月 17 日第 51/210 号决议设立的特别委员会第三届会议,A/AC. 252/L. 7,1999 年。
20. 联合国大会 1996 年 12 月 17 日第 51/210 号决议所设的特别委员会的报告,A/54/37,1999 年。
21. 联合国大会第五十四届会议消除国际恐怖主义的措施,A/C. 6/54/L. 2,1999 年。
22. 联合国大会第五十四届会议第七十六次全体会议,A/54/PV. 76,1999 年。
23. 联合国大会 1996 年 12 月 17 日第 51/210 号决议所设特别委员会,A/AC. 252/1999/WP. 36,1993 年。

(四)报告资料(外文)

1. The Human Rights and Rule of Law Implications of Countering the Financing of Terrorism Measures, United Nations Human Rights Special Procedures,

Special Rapporteurs, Independent Experts & Working Groups, June 2022.

2. International Standards on Combating Money Laundering and the Financing of Terrorism & Proliferation, FATF, Paris, France, 2012 – 2022.

3. Draft Conclusions on Identification of Customary International Law, with Commentaries, A/73/10, Report of the International Law Commission, Seventy – third Session, 2018.

4. Second Report on Crimes against Humanity, Sean D. Murphy, Special Rapporteur, A/CN. 4/690, International Law Commission Sixty 8th session, 21 January 2016.

5. FATF, Mutual Evaluation of the Netherlands 2nd Follow – up Report, 14 February 2014.

6. International Standards on Combating Money Laundering and the Financing of Terrorism & Proliferation, FATF, Paris, France, 2012.

7. Agreement on the Eurasian Group on Combating Money Laundering and Financing of Terrorism, 2011.

8. FATF, Mutual Evaluation Report: Anti – Money Laundering and Combating of the Financing of Terrorism: the Netherlands, 25 February 2011.

9. FATF, Third Mutual Evaluation Report on Anti – Money Laundering and Combating the Financing of Terrorism: Spain, 23 June 2006.

10. FATF, Third Mutual Evaluation on Anti – Money Laundering and Combating the Financing of Terrorism: Kingdom of Denmark, 22 June 2006.

11. FATF, Third Mutual Evaluation Report: Anti – Money Laundering and Combating the Financing of Terrorism: Portugal, 13 October 2006.

12. Martin Scheinin, Report of the Special Rapporteur on the Promotion and Protection of Human Rights and Fundamental Freedoms While Countering Terrorism; Promotion and Protection of Human Rights, E/CN. 4/2006/98, 28 December 2005.

13. General Comment No. 31, The Nature of the General Legal Obligation Im-

posed on States Parties to the Covenant, CCPR/C/21/Rev. 1/Add. 13, 26 May 2004.

14. Legislative Guide to the Universal Anti – Terrorism Conventions and Protocols, United Nations Office on Drugs and Crime, V. 03 – 85663 (E), 2003.

15. Guidelines of the Committee for the Conduct of Its Work, 7 November 2002.

16. FATF Secretariat, Guidance Notes for the Special Recommendations on Terrorist Financing and the Self – Assessment Questionnaire, 27 March 2002.

17. Draft Articles on Responsibility of States for Internationally Wrongful Acts, Commentary to Article 21, para. 4, in Report of the International Law Commission on the Work of Its Fifty – third Session, A/56/10, UN GAOR, 56th Sess., Supp. No. 10, 2001.

18. Egmont Group, Principles for Information Exchange between Financial Intelligence Units for Money Laundering Cases, The Hague, 13 June 2001.

19. Report of the Ad Hoc Committee Established by General Assembly Resolution 51/210 of 17 December 1996, A/54/37, Annex Ⅳ, 1999.

20. Measures to Eliminate International Terrorism, 54th Sesssion, A/C. 6/54/L. 2, Informal summary of the discussions in the Working Group, 26 October 1999.

21. Proposal on the Definition of Offences/Submitted by Austria, A/AC. 252/1999/WP. 11, 16 March 1999.

22. Draft Convention on the Suppression of Acts of Nuclear Terrorism, A/C. 6/54/WG. 1/CRP. 35/Rev. 1, 7 Octomber 1999.

23. Permanent Rep. of France to the UN, Letter Dated November 3, 1998 from the Permanent Rep. of France to the United Nations Addressed to the Secretary – General, A/C. 6/53/9, 4 November 1998.

24. Report of the Committee against Torture, Fifty – Third session, Supplement No. 44, Annex Ⅸ, para. 8, 1998.

25. UN General Assembly, Measures to Eliminate International Terrorism, A/Res/51/210, 17 December 1996.

26. Communication No. 692/1996, Report of the Human Rights Committee, Official Records of the General Assembly, Fifty 2nd Session, 1996.

27. The Secretary – General, Report of the Secretary – General Pursuant to Paragraph 2 of Security Council Resolution, S/25704, 3 May 1993.

28. Measures to Prevent International Terrorism Which Endangers or Takes Innocent Human Lives or Jeopardizes Fundamental Freedoms, and Study of the Underlying Causes of Those Forms of Terrorism and Acts of Violence Which Lie in Misery, Frustration, Grievance and Despair and which Cause Some People to Sacrifice Human Lives, including Their Own, in An Attempt to Effect Radical Changes, A/RES/3034 (XXVII), 18 December 1972.

(五)案例(中文)

1. 周某非法经营案,广东省广州市白云区人民法院(2020)粤 0111 刑初 202 号刑事判决书。

2. 姜某受贿罪案,新疆维吾尔自治区阿图什市人民法院(2018)新 3001 刑初 506 号刑事判决书。

3. 鲍某云、李某艳、张某霞等非法经营罪案,黑龙江省七台河市茄子河区人民法院(2018)黑 0904 刑初 63 号刑事判决书。

4. 阿某非法制造、买卖、运输、邮寄、储存枪支、弹药、爆炸物罪案,云南省红河哈尼族彝族自治州中级人民法院(2017)云 25 刑更 855 号刑事裁定书。

5. 马某帮助恐怖活动罪案,云南省大理白族自治州中级人民法院(2017)云 29 刑初 58 号刑事判决书。

(六)案例(外文)

1. Judgment of the Court (Second Chamber) of 22 April 2021, Council of the European Union *v.* Kurdistan Workers' Party (PKK), 22 April 2021.

2. *El – Qaddafi v. Council of the European Union*, T – 322/19, 21 April 2021.

3. *Application of the International Convention for the Suppression of the Finan-*

cing of Terrorism and of the International Convention on the Elimination of All Forms of Racial Discrimination (Ukraine *v.* Russian Federation), Preliminary Objections, ICJ Judgment of 8 November 2019.

4. *The Prosecutor v. Jean – Pierre Bemba Gombo, Aimé Kilolo Musamba, Jean – Jacques Mangenda Kabongo, Fidèle Babala Wandu and Narcisse Arido*, ICC – 01/05 – 01/13 – 2275 – Red, Appeals Chamber Judgment of 8 March 2018.
5. *The Prosecutor v. Vojislav Šešelj*, IT – 03 – 67 – R77. 2 – A, Appeal Chamber Judgment of 11 April 2018.
6. *Application of the International Convention for the Suppression of the Financing of Terrorism and of the International Convention on the Elimination of All Forms of Racial Discrimination* (Ukraine *v.* Russian Federation), Request for the Indication of Provisional Measures, 19 April 2017.
7. *The Prosecutor v. Jean – Pierre Bemba Gombo, Aimé Kilolo Musamba, Jean – Jacques Mangenda Kabongo, Fidèle Babala Wandu and Narcisse Arido*, ICC – 01/05 – 01/13, Trial Chamber Judgment of 19 Octomber 2016.
8. *The Prosecutor v. Dominic Ongwen*, ICC – 02/04 – 01/15 – 422 – Red, Decision on the Confirmation of Charges against Dominic Ongwen, Pre – Trial Chamber Ⅱ, 23 March 2016.
9. *The Prosecutor v. Karadžić*, IT – 95 – 5/18, Trial Chamber Judgment of 24 March 2016.
10. *The Prosecutor v. Tolimir*, IT – 05 – 88/2 – A, Judgment of 8 April 2015.
11. *The Prosecutor v. Thomas Lubanga Dyilo*, ICC – 01/04 – 01/06 – 3121 – Red, Appeal Chamber Judgment of 1 December 2014.
12. *The Prosecutor v. Germain Katanga*, ICC – 01/04 – 01/07, Trial Chamber Judgment of 7 March 2014.
13. *The Prosecutor v. Ntaganda*, ICC – 01/04 – 02/06 – 309, Pre – Trial Chamber Ⅱ Judgment of 14 June 2014.
14. *The Prosecutor v. Charles Ghankay Taylor*, SCSL – 03 – 01 – A, Appeal

Chamber Judgment of 26 September 2013.

15. *The Prosecutor v. Thomas Lubanga Dyilo*, ICC – 01/04 – 01/06 – 2842, Trial Chamber Judgment of 5 April 2012.

16. *Questions Relating to the Obligation to Prosecute or Extradite*(Belgium *v.* Senegal) ,Judgment of 20 July 2012.

17. *Jurisdictional Immunities of the State*, Germany *v.* Italy: Greece Intervening,Judgment of 3 February 2012.

18. *The Prosecutor v. Callixte Mbarushimana*, ICC – 01/04 – 01/10 – 465 – Red,Decision on the Confirmation of Charges,16 December 2011.

19. *Interlocutory Decision on the Applicable Law: Terrorism, Conspiracy, Homicide, Perpetration, Cumulative Charging*, STL – 11 – 01/I/AC/R176bis, 16 February 2011.

20. *Case Concerning Application of the International Convention on the Elimination of All Forms of Racial Discrimination*(Georgia *v.* Russian Federation) ,Preliminary Objections,Judgment of 1 April 2011.

21. *The Prosecutor v. Jean – Baptiste Gatete*, ICTR – 00 – 61 – A, Appeal Chamber Judgment of 9 October 2011.

22. *Decision on the "Prosecutor's Application Pursuant to Article* 58 *as to Muammar Mohammed Abu Minyar Gaddafi, Saif Al – Islam Gaddafi and Abdullah Al – Senussi"* ,ICC – 01/11 – 01/11 – 1 ,27 June 2011.

23. *Al Haramain Islamic Foundation, Inc. v. US Department of Treasury*, United States Courts of Appeals for the Ninth Circuit, No. 10 – 35032, 23 September 2011.

24. *The Prosecutor v. Callixte Mbarushimana*, ICC – 01/04 – 01/10 – 465 – Red, Pre – Trial Chamber Ⅰ, Decision on the Confirmation of Charges, 16 December 2011.

25. *The Prosecutor v. Popović et al.* ,IT – 05 – 88 – T, Trial Chamber Judgment of 10 June 2010.

26. *The Prosecutor v. Siméon Nchamihigo*, ICTR – 2001 – 63 – A, Trial Chamber Judgment of 18 March 2010.

27. *The Prosecutor v. Dragomir Milosevici*, IT – 98 – 29/1 – A, Appeals Judgment of 12 November 2009.

28. *The Prosecutor v. Al Bashir*, ICC – 02/05 – 01/09 – 3, Decision on the Prosecution's Application for a Warrant of Arrest against Omar Hassan Ahmad Al Bashir, 4 March 2009.

29. *Decision Pursuant to Article* 61(7)(*a*) *and*(*b*) *of the Rome Statute on the Charges of the Prosecutor Against Jean – Pierre Bemba Gombo*, ICC – 01/05 – 01/08 – 424, 15 June 2009.

30. *The Prosecutor v. Mrkšić and Šljivananin*, IT – 95 – 13/1, Appeal Chamber Judgment of 1 May 2009.

31. *The Prosecutor v. Milutinović et al.*, IT – 05 – 87 – T, Trial Chamber Judgment of 26 February 2009.

32. *The Prosecutor v. Germain Katanga and Mathieu Ngudjolo Chu*, ICC – 01/04 – 01/07 – 716 – Conf, Decision on the Confirmation of Charges, 26 September 2008.

33. *Yassin Abdullah Kadi and Al Barakaat International Foundation v. Council of the European Union and others*(Joined Cases Nos. C – 402/05 P & C – 415/05 P), Document 62005CJ0402, Judgment of the Court(Grand Chamber) of 3 September 2008.

34. *Saadi v. Italy*, Application No. 37201/06, Judgment of 28 February 2008.

35. *The Prosecutor v. Germain Katanga and Mathieu Ngudjolo Chu*, Decision on the Confirmation of Charges, ICC – 01/04 – 01/07 – 716 – Conf, 26 September 2008.

36. *The Prosecutor v. Nahimana et al.*, ICTR – 99 – 52 – A, Judgment of 28 November 2007.

37. *The Prosecutor v. Šešelj*, IT – 03 – 67, Third Amended Indictment of 7 De-

cember 2007.

38. *Application of the Convention on the Prevention and Punishment of the Crime of Genocide*. Bosnia and Herzegovina *v.* Serbia and Montenegro, Judgment of 26 February 2007.

39. *The Prosecutor v. Thomas Lubanga Dyilo*, ICC - 01/04 - 01/06, Pre - Trial Chamber: Decision on the Confirmation of Charges of 29 January 2007.

40. *The Prosecutor v. Naser Oric*, IT - 03 - 68 - T, Trial Chamber Judgment of 30 June 2006.

41. *The Prosecutor v. Tharcisse Muvunyi*, ICTR - 2000 - 55A - T, Trial Chamber Judgment of 12 September 2006.

42. *The Prosecutor v. Blagojevic and Jokic*, IT - 02 - 60 - T, Trial Chamber Judgment of 17 January 2005.

43. *The Prosecutor v. Laurent Semanza*, ICTR - 97 - 20 - T, Appeal Chamber Judgment of 20 May 2005.

44. *The Prosecutor v. Pavle Strugar*, Trial Chamber Judgment of 31 January 2005.

45. *The Prosecutor v. Fatmir Limaj*, IT - 03 - 66 - T, Trial Chamber Judgment of 30 November 2005.

46. *The Prosecutor v. Emmanuel Ndindabahizi*, ICTR - 01 - 71, Trial Chamber Judgment of 15 July 2004.

47. *The Prosecutor v. Dario Kordic, Mario Cerkez*, IT - 95 - 14/2 - A, Appeal Chamber Judgment of 17 December 2004.

48. *The Prosecutor v. Radoslav Brdjanin*, IT - 99 - 36 - T, Trial Chamber Judgment of 1 September 2004.

49. *The Prosecutor v. Tihomir Blaskic*, IT - 95 - 14 - A, Appeal Chamber Judgment of 29 July 2004.

50. *The Prosecutor v. Vasiljević*, IT - 98 - 32, Appeal Chamber Judgment of 25 February 2004.

51. *The Prosecutor v. Radislav Krstic*, IT – 98 – 33 – A, Appeal Chamber Judgment of 19 April 2004.

52. *Bati and Others v. Turkey*, Applications Nos. 33097/96 and 57834/00, Judgment of 3 June 2004.

53. *The Prosecutor v. Mrđa*, IT – 02 – 59 – S, Sentencing Judgment of 31 March 2004.

54. *The Prosecutor v. Kajelijeli*, ICTR – 98 – 44A – T, Judgment and Sentence, 1 December 2003.

55. *The Prosecutor v. Dr. Milomir Stakić*, IT – 97 – 24 – T, Trial Chamber Judgment of 31 July 2003.

56. *The Prosecutor v. Stanislav Galic*, IT – 98 – 29 – T, Trial Judgment of 5 December 2003.

57. *The Prosecutor v. Vasiljević*, IT – 98 – 32 – T, Trial Chamber Judgment of 29 November 2002.

58. *Arrest Warrant of* 11 *April* 2000 (Democratic Republic of the Congo *v.* Belgium), Judgment of 14 February 2002.

59. *The Prosecutor v. Akayesu Case*, ICTR – 96 – 4 – A, Trial Chamber Judgment of 1 June 2001.

60. *The Prosecutor v. Kordic and Cerkez*, IT – 95 – 14/2, Trial Chamber Judgment of 26 February 2001.

61. *The Prosecutor v. Radislav Krstic*, IT – 98 – 33 – T, Trial Chamber Judgment of 2 August 2001.

62. *The Prosecutor v. Delalić*, IT – 96 – 21 – A, Appeal Chamber Judgment of 20 February 2001.

63. *The Prosecutor v. Ignace Bagilishema*, ICTR – 95 – 1A, Trial Chamber Judgment of 7 June 2001.

64. *The Prosecutor v. Tihomir Blaskic*, IT – 95 – 14, Trial Chamber Judgment of 3 March 2000.

65. *The Prosecutor v. Musema*, IT – 96 – 13 – T, Trial Chamber Judgment of 27 June 2000.

66. *The Prosecutor v. Dusko Tadic*, IT – 94 – 1 – A, Appeals Chamber Judgment of 15 July 1999.

67. *The Prosecutor v. Aleksovski*, IT – 95 – 14/1, Appeal Chamber Judgment of 30 June 1999.

68. *The Prosecutor v. Jean – Paul Akayesu*, ICTR – 96 – 4 – T, Trial Chamber Judgment of 2 September 1998.

69. *Legality of the Threat or Use of Nuclear Weapons*, Advisory Opinion of 8 July 1996.

70. *East Timor* (Portugal *v.* Australia), Judgment of 30 June 1995.

71. *Questions of Interpretation and Application of the* 1971 *Montreal Convention Arising from the Aerial Incident at Lockerbie* (Libyan Arab Jamahiriya *v.* United Kingdom), Joint Declaration by Judges Evensen, Tarassov, Guillaume and Aguilar Mawdsley (translation), Provisional Measures, Order of 14 April 1992.

72. *Barcelona Traction, Light and Power Company, Limited* (Belgium *v.* Spain), Judgment of 5 February 1970.

73. *North Sea Continental Shelf Cases*, Judgment of 20 February 1969.

74. *Reservations to the Convention on the Prevention and Punishment of the Crime of Genocide*, Advisory Opinion of 28 May 1951.

75. *United States of America et al. v. Göring et al.*, International Military Tribunal (Nuremberg), 1 October 1946.

76. *Mavrommatis Palestine Concessions* (Greece *v.* Britain), PCIJ Judgment of 30 August 1914.

77. Auto del juzgado n° 6 de la Audiencia Nacional, EL MUNDO.

四、参考网站

(一)参考网站(中文)

1.《联合国指定的实施恐怖活动的个人和恐怖活动组织的名单》,United Nations Security Council Consolidated List, Generated on 21 August 2022, https://scsanctions. un. org/jj389en – all. html。

2.《联合国安理会加大承诺,打击数字形式的恐怖活动》,载联合国网,https://news. un. org/zh/story/2022/10/1111912。

3.《联合国安理会辩论期间的讲话:恐怖行动对国际和平与安全所造成的威胁:通过第1373号决议(2001年)20年后打击恐怖主义的国际合作》,载红十字国际委员会网2021年1月12日,https://www. icrc. org/zh/document/counter – terrorism – measures – must – not – restrict – impartial – humanitarian – organizations。

4.《联合国大会第七十五届会议2021年6月30日大会决议,联合国全球反恐战略:第七次审查》,A/RES/75/291,2021年7月2日,https://documents – dds – ny. un. org/doc/UNDOC/GEN/N21/175/69/PDF/N2117569. pdf? OpenElement。

5.《欧亚反洗钱和反恐怖融资组织召开第三十五届全会》,载中国人民银行反洗钱局网2021年11月19日,http://www. pbc. gov. cn/fanxiqianju/135153/135241/135247/4397348/index. html。

6.《中国反洗钱监测分析中心与阿联酋金融情报中心签署谅解备忘录》,载百家号"金融界"2021年9月3日,https://baijiahao. baidu. com/s? id = 17098437 56237212338&wfr = spider&for = pc。

7.《打击洗钱、恐怖融资与扩散融资的国际标准:FATF建议》,载FATF,https://www. fatf – gafi. org/media/fatf/documents/recommendations/pdfs/Chinese – FATF – Recommendations – 2012_(Updated%20June%202019). pdf。

8.《国际人道法中直接参加敌对行动定义的解释性指南》,载红十字国际委员会网,https://www. icrc. org/zh/doc/assets/files/other/icrc_006_0990. pdf。

（二）参考网站（外文）

1. CTED Hosts Discussion on Proceeds from Exploitation and Trade in Natural Resources as Source of Terrorism Financing, United Nations Security Council – Counter – Terrorism Committee, Pubished on 15 July 2022, https://www. un. org/securitycouncil/ctc/news/cted – hosts – discussion – proceeds – exploitation – and – trade – natural – resources – source – terrorism.
2. FATF and INTERPOL Intensify Global Asset Recovery, 13 September 2022, available at https://www. fatf – gafi. org/publications/methodsandtrends/documents/fatf – interpol – 2022. html.
3. Statement by President von der Leyen on Russian Accountability and the Use of Russian Frozen Assets, European Commission, Brussels, 30 November 2022.
4. International Convention for the Suppression of the Financing of Terrorism, United Nations Treaty Collection, available at https://treaties. un. org/pages/ViewDetails. aspx? src = IND&mtdsg _ no = XVIII – 11&chapter = 18&clang = _en.
5. Singapore's Progress in Streugthening weasures to Tackle Mouey Laundering and Terrorist Financing, FATF, Paris, November 2019, available at http://www. fatf – gafi. org/publications/mutualevaluations/documents/fur – singapore – 2019. html.
6. FATF, Anti – Money Laundering and Counter – Terrorist Financing Measures, Russian Federation Mutual Evaluation Report, December 2019, available at https://www. fatf – gafi. org/media/fatf/documents/reports/mer4/Mutual – Evaluation – Russian – Federation – 2019. pdf.
7. FATF, Anti – Money Laundering and Counter – Terrorist Financing Measures, Russian Federation Mutual Evaluation Report, December 2019, available at https://www. fatf – gafi. org/media/fatf/documents/reports/mer4/Mutual – Evaluation – Russian – Federation – 2019. pdf.

8. Statement by Mr. Ali Nasimfar, Representative of the Islamic Republic of I-ran Before the Sixth Committee of the 74th Session of the United Nations General Assembly on "Measures to Eliminate International Terrorism" (A-genda item 109), 9 October 2019, available at https://www.un.org/en/ga/sixth/74/pdfs/statements/int_terrorism/iran.pdf.

9. Clifford Chance, Thailand: Counter – Terrorism and Proliferation of Weapons of Mass Destruction Financing Act B. E. 2559 (2016), 2017, Briefing note, https://www.cliffordchance.com/content/dam/cliffordchance/briefings/2017/02/thailand – counterterrorism.pdf.

10. Germany, Profiles on Counter – Terrorist Capacity, Committee of Experts on Terrorism (Codexter), Council of Europe, 2016, available at https://rm.coe.int/profiles – on – counter – terrorist – capacity – germany/1680641010.

11. FATF, Mutual Evaluation of the Aruba, Kingdom of the Netherlands: 8th Follow – up Report, 2014, http://www.fatf – gafi.org/publications/mutualevaluations/documents/fur – aruba – 2014.html.

12. Amnesty International, Eichmann Supreme Court Judgment: 50 Years On, Its Significance Today, Amnesty International June 2012, available at https://www.amnesty.org/en/wp – content/uploads/2021/06/ior530132012en.pdf.

13. Report of the *Ad Hoc* Committee Established by General Assembly Resolution 51/210 of 17 December 1996, Sixteenth Session, 8 to 12 April 2013, available at https://documents – dds – ny.un.org/doc/UNDOC/GEN/N13/292/52/PDF/N1329252.pdf? OpenElement.

14. FATF, AML/CFT Evaluations and Assessments, April 2009, available at https://www.fatf – gafi.org/media/fatf/documents/reports/Handbook%20for%20assessors.pdf.

15. Caribbean Financial Action Task Force, Mutual Evaluation Report: Anti –

Money Laundering and Combating the Financing of Terrorism: Aruba, Kingdom of the Netherlands, 16 October 2009, https://www.cfatf-gafic.org/index.php/documents/cfatf-mutual-evaluation-reports/aruba-2.

16. International Law Commission: the Obligation to Extradite or Prosecute (*aut dedere aut judicare*), Amnesty International, 2009, https://www.amnesty.org/fr/wp-content/uploads/2021/07/ior400012009en.pdf.

17. UNODC, Revised Manuals on the Model Treaty on Extradition and on the Model Treaty on Mutual Assistance in Criminal Matters, 2004, available at https://www.unodc.org/pdf/model_treaty_extradition_revised_manual.pdf.

18. Interpretative Notes for the Official Records (*travaux préparatoires*) on the Negotiation of the United Nations Convention against Transnational Organized Crime and the Protocols thereto, A/55/383/Add. 1, 2000, p. 2, para. 3, available at https://www.unodc.org/pdf/crime/final_instruments/383a1e.pdf.

19. The U. S. Congress Intended the Term Medicine "to be Understood to be Limited to the Medicine Itself, and does not Include the Array of Medical supplies". U. S. House of Representatives, Terrorism Prevention Act, Report number 104-518, 15 April 1996, https://www.fas.org/irp/congress/1996_rpt/h104518.htm.

20. Model Treaty on Mutual Assistance in Criminal Matters, General Assembly resolution 45/117 of 14 December 1990, Annex, available at https://documents-dds-ny.un.org/doc/RESOLUTION/GEN/NR0/565/06/IMG/NR056506.pdf? OpenElement.

21. International Convention for the Suppression of the Financing of Terrorism (Terrorist Financing Conuention), https://www.oecd-nea.org/jcms/pl_29142/international-convention-for-the-suppression-of-the-financing-of-terrorism-terrorist-financing-convention.

附　件

附件一　联合国大会与安理会通过的制止资助恐怖主义行为的决议

一、联合国大会通过的打击资助恐怖主义行为的决议

联合国大会第51/210号决议

二、联合国安理会通过的打击资助恐怖主义行为的决议

1998年联合国安理会第1214号决议
1999年联合国安理会第1267号决议
1999年联合国安理会第1269号决议
2000年联合国安理会第1333号决议
2001年联合国安理会第1363号决议
2001年联合国安理会第1373号决议
2002年联合国安理会第1452号决议
2003年联合国安理会第1455号决议
2003年联合国安理会第1456号决议
2004年联合国安理会第1526号决议

2004 年联合国安理会第 1535 号决议
2004 年联合国安理会第 1540 号决议
2004 年联合国安理会第 1566 号决议
2005 年联合国安理会第 1624 号决议
2014 年联合国安理会第 2133 号决议
2014 年联合国安理会第 2178 号决议
2014 年联合国安理会第 2195 号决议
2015 年联合国安理会第 2199 号决议
2015 年联合国安理会第 2253 号决议
2017 年联合国安理会第 2347 号决议
2017 年联合国安理会第 2395 号决议
2017 年联合国安理会第 2396 号决议
2019 年联合国安理会第 2462 号决议
2019 年联合国安理会第 2482 号决议
2021 年联合国安理会第 2617 号决议

附件二 恐怖主义相关国际法律文书一览表

分类[1]	全球性文书	是否包含于《制止资恐公约》附件中
关于民用航空	1963 年《关于在航空器内的犯罪和其他某些行为的公约》	否
	1970 年《关于制止非法劫持航空器的公约》	是
	1971 年《关于制止危害民用航空安全的非法行为的公约》	是
	1988 年《补充关于制止危害民用航空安全的非法行为的公约的制止在为国际民用航空服务的机场上的非法暴力行为的议定书》	是
	2010 年《制止与国际民用航空有关的非法行为的公约》	否
	2010 年《关于制止非法劫持航空器的公约的补充议定书》	否
	2014 年《关于修订〈关于在航空器内的犯罪和其他某些行为的公约〉的议定书》	否
关于应受国际保护人员	1973 年《关于防止和惩处侵害应受国际保护人员包括外交代表的罪行的公约》	是
关于劫持人质	1979 年《反对劫持人质国际公约》	是

续表

分类	全球性文书	是否包含于《制止资恐公约》附件中
关于核材料的保护	1980 年《关于核材料的实物保护公约》	是
	2005 年《核材料实物保护公约修正案》	否
关于海上航行	1988 年《制止危害航海安全非法行为公约》	是
	1988 年《制止危及大陆架固定平台安全非法行为议定书》	是
	2005 年《制止危及海上航行安全非法行为公约议定书》	否
	《制止危及大陆架固定平台安全非法行为议定书 2005 年议定书》	否
关于爆炸材料	1991 年《关于在可塑炸药中添加识别剂以便侦测的公约》	否
关于恐怖主义爆炸	1997 年《制止恐怖主义爆炸事件的国际公约》	是
关于向恐怖主义提供资助	1999 年《制止向恐怖主义提供资助的国际公约》	否
关于核恐怖主义	2005 年《制止核恐怖主义行为国际公约》	否

〔1〕此分类方式的依据是联合国反恐怖主义办公室对于 19 部制止恐怖行为的国际法律文书的分类。自 1963 年起制定的 19 部制止恐怖行为的国际法律文书,联合国反恐怖主义办公室网,https://www.un.org/counterterrorism/zh/international-legal-instruments,2022 年 9 月 30 日访问。

区域性国际组织	区域性文书
非洲联盟	1999 年《非洲联盟防止和打击恐怖主义公约》
	《非洲联盟关于防止和打击恐怖主义公约的议定书》

续表

区域性国际组织	区域性文书
东南亚国家联盟	2007年《东南亚国家联盟(东盟)反恐怖主义公约》
独立国家联合体	1999年《独立国家联合体成员国合作打击恐怖主义条约》
	《核准〈在独立国家联合体成员国境内组织和开展联合反恐活动程序条例〉的议定书》
	2007年《独立国家联合体成员国关于打击犯罪所得合法化(洗钱)和资助恐怖主义行为的条约》
海湾阿拉伯国家合作委员会	2004年《海湾阿拉伯国家合作委员会打击恐怖主义公约》
欧洲委员会	1977年《欧洲制止恐怖主义公约》
	2003年《修正〈欧洲制止恐怖主义公约〉的议定书》
	2005年《欧洲委员会防止恐怖主义公约》
	2005年欧洲委员会《关于犯罪收益的清洗、搜查、扣押和没收问题以及资助恐怖主义问题的公约》
阿拉伯国家联盟	1998年《阿拉伯制止恐怖主义公约》
	《阿拉伯制止恐怖主义公约的2008年修正案》
	2010年《阿拉伯国家打击洗钱和资助恐怖主义行为公约》
美洲国家组织	1971年《美洲国家组织防止和惩治以侵害个人罪行和相关勒索罪行形式进行的具有国际影响的恐怖主义行为公约》
	2002年《美洲国家反恐怖主义公约》
黑海经济合作组织	2004年《黑海经济合作组织参与国政府关于合作打击犯罪,尤其是有组织犯罪的协定关于打击恐怖主义的附加议定书》

续表

区域性国际组织	区域性文书
伊斯兰合作组织	1999 年《伊斯兰会议组织打击国际恐怖主义公约》
上海合作组织	2001 年《打击恐怖主义、分裂主义和极端主义上海公约》
	2009 年《上海合作组织反恐怖主义公约》
南亚区域合作联盟	1987 年《南亚区域合作联盟(南盟)制止恐怖主义区域公约》
	《南亚区域合作联盟(南盟)制止恐怖主义区域公约附加议定书》

附件三 FATF 的成员、观察员及 FATF 联系成员

(一)FATF 的成员

阿根廷、澳大利亚、奥地利、比利时、巴西、加拿大、中国、丹麦、芬兰、法国、德国、希腊、中国香港、冰岛、印度、爱尔兰、以色列、意大利、日本、韩国、卢森堡、马来西亚、墨西哥、荷兰、新西兰、挪威、葡萄牙、俄罗斯、沙特阿拉伯、新加坡、南非、西班牙、瑞典、瑞士、土耳其、英国、美国(共 37 个国家或地区)。

欧洲共同体、海湾合作委员会(共 2 个区域组织)。

(二)FATF 的观察员

国家:印度尼西亚

国际组织/银行/其他:

1. 非洲开发银行(African Development Bank)

2. 法郎区反洗钱联络委员会(Anti – Money Laundering Liaison Committee of the Franc Zone)

3. 亚洲开发银行(Asian Development Bank)

4. 巴塞尔银行监理委员会(Basel Committee on Banking Supervision)

5. 卡姆登资产追回机构间网络(Camden Asset Recovery Inter - Agency Network)

6. 埃格蒙特集团财富情报联盟(Egmont Group of Financial Intelligence Units)

7. 欧洲司法合作组织(Eurojust)

8. 欧洲复兴开发银行(European Bank for Reconstruction and Development)

9. 欧洲中央银行(European Central Bank)

10. 欧洲刑警组织(Europol)

11. 国际金融中心监事会(Group of International Finance Centre Supervisors)

12. 美洲开发银行(Inter - American Development Bank)

13. 国际保险监理官协会(International Association of Insurance Supervisors)

14. 国际货币基金组织(International Monetary Fund)

15. 国际证监会组织(International Organization of Securities Commissions)

16. 国际刑事警察组织(International Griminal Police Organization)

17. 美洲国家组织(Organization of American States)

(1)美洲反恐怖主义委员会(Inter - American Committee against Terrorism)

(2)美洲药物滥用管制委员会(Inter - American Drug Abuse Control Commission)

18. 经济合作与发展组织(Organization for Economic Cooperation

and Development)

19. 欧洲安全与合作组织(Organization for Security and Cooperation in Europe)

20. 联合国(United Nations)

(1)联合国毒品和犯罪问题办公室(United Nations Office on Drugs and Crime)

(2)联合国反恐怖主义委员会执行局(United Nations Counter - Terrorism Committee Executive Directorate)

(3)关于"伊斯兰国"、"基地"组织和塔利班及相关个人和实体的第1526号和第2253号决议设立的分析支持和制裁监测小组[The Analytical Support and Sanctions Monitoring Team Pursuant to Resolutions 1526 and 2253 concerning ISIL(Da'esh), Al - Qaida and the Taliban and Associated Individuals and Entities]

(4)联合国安理会第1540号决议所设委员会专家组(The Expert Group to the Security Council Committee Established Pursuant to Resolution 1540)

(5)联合国安理会第1718号决议所设委员会专家组(Panel of Experts to the Security Council Committee Established Pursuant to Resolution 1718)

(6)安理会附属机构处(Security Council Subsidiary Organs Branch)

21. 世界银行(World Bank)

22. 世界海关组织(World Customs Organization)

(三)FATF联系成员(FATF Associate Members)

1. 亚太反洗钱组织(Asia/Pacific Group on Money Laundering)

2. 加勒比金融行动特别工作组(Caribbean Financial Action Task Force)

3. 欧亚打击洗钱和恐怖主义融资组织(Eurasian Group on Com-

bating Money Laundering and Financing of Terrorism)

4. 东非和南非反洗钱组织(Eastern and Southern Africa Anti - Money Laundering Group)

5. 欧洲委员会评估反洗钱措施和恐怖融资专家委员会(Council of Europe Committee of Experts on the Evaluation of Anti - Money Laundering Measures and the Financing of Terrorism)

6. 拉丁美洲反洗钱金融行动特别工作组(Financial Action Task Force on Money Laundering in Latin America)

7. 西非反洗钱政府间行动组织(The Inter - Governmental Action Group against Money Laundering in West Africa)

8. 中东和北非金融行动特别工作组(Middle East and North Africa Financial Action Task Force)

9. 中非反洗钱工作组(Task Force against Money Laundering in Central Africa)

附件四　资助恐怖主义犯罪责任形式中的行为要件和心理要件概览

犯罪中所起作用	责任形式		行为要件与心理要件
主犯	实施	直接实施	行为要件:资助人本人实施或完成了某项罪名要求的所有行为。
			心理要件:资助人故意实施犯罪,或资助人明知犯罪行为违法并期待结果的发生。

续表

犯罪中所起作用	责任形式			行为要件与心理要件
主犯	实施	间接实施		行为要件:资助人单独或伙同他人通过知情或不知情的、不论是否负刑事责任的第三人或组织实施的犯罪;通过第三人实施时,需要控制第三人的意志;通过组织实施时,被告需要控制一个有等级关系的、几乎通过自动遵守来确保犯罪的执行的组织。
				心理要件:资助人故意犯罪或明知犯罪行为违法并期待结果的发生,并且资助人需知道他控制的第三人或组织实施了犯罪行为。
		共同实施	共同犯罪	行为要件:多人有一个共同的计划,在计划的执行过程中,每一个人都为犯罪活动作出不可或缺的贡献,若共同犯罪中的一人不履行任务,则不会完成犯罪。共同犯罪中的共同计划可能是合法的,也可以是非法的;可以是明示的,也可以是暗示的;可从共同犯罪者的共同行动中推断出来。间接共同犯罪与直接共同犯罪的区别在于间接共同犯罪是由间接共同犯罪人通过他人实施的犯罪行为。
				心理要件:直接共同犯罪与间接共同犯罪心理要件相同,即被告拥有被指控犯罪的必要的故意、明知及特殊的心理要件;被告和其他共同犯罪者同意实施将导致犯罪的共同计划;被告人知道他能够共同控制犯罪的实际情况。
			共同犯罪组合	行为要件:三种类型的共同犯罪组合中对于行为要件的规定均相同,即多个行为人根据涉及犯罪行为的共同计划、目的实施的行为,共同犯罪组合中的每个人都对共同计划的实施有显著贡献。

续表

犯罪中所起作用	责任形式			行为要件与心理要件
主犯	实施	共同实施	共同犯罪组合	心理要件:第一种类型的共同犯罪组合要求被告与其他共同犯罪人有相同的故意。第二种类型的共同犯罪组合要求被告与其他共同犯罪人有相同的故意。第三种类型的心理要件是故意参与和促进一个团体的犯罪活动或犯罪目的。对于共同目的外的犯罪,须满足以下条件:犯罪对被告来说是自然的和可预见的后果,并且被告愿意承担该风险。
从犯	计划			行为要件:一个人或几个人在犯罪的准备和执行阶段采取的、可通过文字或可传递方式证明的、对目标犯罪的实施有实质性贡献的作为或不作为;构成计划资助恐怖主义犯罪要求资助恐怖主义犯罪既遂,恐怖主义犯罪不必实际发生;不能以计划犯罪与实施犯罪分别定罪。
				心理要件:行为人故意计划或设计一项作为或不作为,最低要求是资助人必须知道在执行该计划的过程中极有可能实施一项或多项国际犯罪。
	鼓动			行为要件:行为人有促使、鼓励或敦促其他人犯罪的行为,可以通过语言方式表达,也可以以暗示的方式表达;鼓动行为需对资助恐怖主义犯罪的实施有重大影响或重大贡献,鼓动与资助恐怖主义犯罪的实施存在因果关系;但无须证明没有鼓动行为,资助恐怖主义犯罪的实施就不会发生;构成鼓动资助恐怖主义犯罪要求资助恐怖主义犯罪既遂,恐怖主义犯罪不必实际发生。
				心理要件:鼓动者须故意为之,或者知道犯罪的实施很大可能是由鼓动行为导致的,或知道根据事物发展方向会自然发生某结果;鼓动人不需同资助恐怖主义犯罪实施者具备相同的特殊的心理要件。

续表

犯罪中所起作用	责任形式	行为要件与心理要件
从犯	帮助和唆使	行为要件:帮助人或唆使人向资助恐怖主义犯罪实施者提供实际或物质上的帮助、鼓励或精神支持,帮助和教唆的行为对资助恐怖主义犯罪的实施有实质的贡献,资助恐怖主义犯罪的实施人不需要知道帮助人的贡献;帮助和唆使的行为可以发生在资助恐怖主义犯罪实施行为之前、之中或之后,并且资助恐怖主义犯罪需要既遂,恐怖主义犯罪不必实际发生。
		心理要件:帮助或唆使人明知其作为或不作为将协助资助恐怖主义犯罪的实施人实施犯罪仍然从事了帮助或唆使行为,帮助和唆使人需要知道主犯的心理要件;但是,不必同资助恐怖主义犯罪的实施人具备相同的特殊的心理要件。
主犯或从犯	组织或指使他人	行为要件:处于法律或事实权威地位的人指示另一个人犯罪,并且命令须对资助恐怖主义犯罪的实施者产生实质性的影响,即证明因果关系的存在;无须证明除非有关命令的发布,否则资助恐怖主义犯罪不会发生。
		心理要件:被告知道犯罪会根据他的命令而实施或者知道根据他的命令实施犯罪的可能性很大。
主犯或共犯	以共同目的行事的团伙	行为要件:被告对一群以共同目的行事的人实施犯罪作出重大贡献,这一贡献不必是必不可少的;该共同目的不一定是非法的,但应包含一项犯罪的要件。
		心理要件:协助人故意为之,或为了促进团伙的实施公约禁止的行为的犯罪目的,并知道团伙故意实施公约禁止的行为。